KB268220

지역과 삶, 학교교육의 미래

지역과 삶, 학교교육의 미래

초판 1쇄 인쇄 2026년 2월 12일
초판 1쇄 발행 2026년 2월 24일

지은이 김필성·김대현·김재윤·김종남·박현숙·양경아·이정로·주강원
펴낸이 김승희
펴낸곳 도서출판 살림터

기획 정광일
편집 이희연·송승호·조현주
디자인 유나의숲

인쇄·제본 (주)신화프린팅
종이 (주)명동지류

주소 서울 양천구 목동동로 293, 2215-1호
전화 02-3141-6553
팩스 02-3141-6555

출판등록 2008년 3월 18일 제313-1990-12호
이메일 gwang80@hanmail.net
블로그 https://blog.naver.com/salimterbook
한국교육연구네트워크 https://www.kednetwork.or.kr

ISBN 979-11-5930-357-9(03370)

지역과 삶,
학교교육의 미래

김필성·김대현·김재윤·김종남·박현숙·양경아·이정로·주강원 지음

살림터

시리즈 총서 1권:

지역과 삶을 담은 마을교육 사례 1

교육과정 개혁의 시대, 우리가 찾던 '오래된 미래'의 로드맵: 내러티브 교육과정 만들기

오랜 기간 대한민국의 학교교육은 '경쟁'이라는 강력한 프레임에 갇혀, 학생들의 삶과 지역사회로부터 단절되어 왔습니다. 학교가 '입시 기계'를 만드는 공장으로 인식되는 동안, 교육의 본질인 '인간과 세상의 연결'은 희미해졌고, 결과적으로 학교교육과 지역사회 모두 깊은 위기에 봉착했습니다. 교육과정 학자로서 저는 늘 이 단절을 극복하고 삶의 맥락 속에서 배움을 복원할 근본적인 해법을 고심해 왔습니다.

이러한 중차대한 시기에 출간되는 『지역과 삶, 학교교육의 미래』는 우리가 절실히 필요로 했던 교육혁신의 청사진이자, 구체적인 실천 매뉴얼입니다. 이 책은 '지역과 삶을 담은 마을교육'이 단순히 하나의 교육 프로그램이 아니라, 존 듀이(John Dewey)의 사상부터 현재 2022 개정 교육과정의 분권화 흐름까지 이어지는 오래된 미래지향적 과제임을 명확히 제시합니다. 지식은 경험의 배후이며, 경험은 지식으로 조직되어 가르쳐야 인류문화가 제대로 성장할 수 있습니다.

지식과 경험의 통합에 우리 문화가 자리합니다. 우리 인간은 문화권 속에서 우리 존재에 대한 형이상학을 가집니다. 민속심리학이 바로 그것입니다. 문화는 민속심리학의 도구이며, 민속심리학은 지역 구성원들의 내러티브를 주요 원리로 작동합니다. 지역 삶을 토대로 하는 인간 존재의 성장을 위한 교육과정 만들기는 내러티브 교육과정의 핵심입니다. 이런 점에서 본 저서는 내러티브 교육과정의 결정판이라고 봐도 손색이 없을 것입니다.

이 책의 가장 큰 미덕은 균형 잡힌 시각입니다. 1장에서 마을교육의 역사적, 이론적 토대를 깊이 있게 다루어 학문적 엄밀성을 확보하는 동시에, 2~3장(교육과정 설계), 4장(교사의 전문성), 5장(지역 협력 체제), 그리고 6장(생생한 실천 사례)을 통해 현장의 교사, 정책 입안자, 지역 활동가들이 당장 적용할 수 있는 구체적인 로드맵을 제공합니다. 특히, 학교의 위기와 지역의 소멸 위기를 극복하는 공동의 힘으로서 '마을교육공동체'를 분석하고, 그 지속가능성을 위한 정책적 제언(7장)까지 빼놓지 않고 다룬 점은 이 책이 단순한 이론서나 사례집을 넘어선 '종합 교육 개혁서'임을 증명합니다.

저는 이 책이 한국 교육의 미래를 설계하는 모든 이들에게 필독서가 될 것임을 확신합니다. 이제 학습자들의 성장을 위한 학습은 삶의 내러티브를 궤적으로 이루어집니다. 그런 점에서 모든 교육과정은 내러티브입니다. 학교 담장을 넘어 세상을 배움터로 삼고, 학습 동기를 극대화하며, 지속 가능한 공동체를 만들어가는 학교교육의 새로운 패러다임을 찾고 있다면, 이 책을 펼쳐보시길 권합니다. 이 책에 담긴 수많은 동반자의 이야기가 독자 여러분의 교육 실천에 용기와 영감을 불어넣어 줄 것입니다.

강현석 드림

경북대학교 교육학과 교수,

(전)학교교육과정학회장, (현)한국국제바칼로레아(IB)교육학회장

교육 위기 시대, 학교는 어디로 가야 하는가

오랜 시간 동안 한국의 학교교육은 '입시'라는 단일 목표를 향해 달려왔고, 그 결과로 승자 없는 경쟁체제가 나타났다. 성적 중심의 교육은 학생들에게 심리적 부담과 소외감을 안겼고, 교사들은 자신의 직업에 대한 만족감을 잃어갔으며, 학부모들 역시 불안 속에서 악순환의 고리를 끊지 못하고 있다. 학교 교실은 본연의 생동감을 잃고 붕괴의 위기에 처했으며, 학교의 힘만으로는 이 공교육의 위기를 극복하는 것이 불가능하다는 절실한 깨달음이 전국 곳곳에서 터져 나왔다.

이러한 교육의 위기는 지역사회의 위기와도 궤를 같이한다. 학력주의는 우수한 인재를 고향에서 도시로 떠나게 했고, 인구 유출과 저출산의 악순환 속에서 상당수 학교가 통폐합될 위기에 놓이게 했다. 지역은 소멸이라는 거대한 위기에 직면했고, 학교와 지역사회 모두는 이 아픔을 공유하며 '온 마을이 아이를 키운다'라는 공동의 해법을 모색하기 시작했다.

오래된 미래지향적 과제, '지역과 삶'을 담은 교육

이 책은 바로 공동의 해법, 즉 '지역과 삶'을 담은 마을교육에 대한 이야기를 담고 있다. 마을교육은 최근에 갑자기 등장한 새로운 유행이 아니다. 19세기 말 존 듀이(John Dewey)가 학교와 일상이 단절됨으로써 발생하는 '큰 교육적 낭비(the great waste)'를 이미 지적했듯이, 학생의 삶과 배움을 통합하려는 시도는 오래된 미래지향적 과제로 되살아나고 있다.

우리는 이제 기후 위기, 지역 소멸, 공동체 해체라는 인류 공동의 복합적 위기에 직면해 있다. 이러한 불확실성의 시대에 학교교육은 단순히 지식을 주입하는 것을 넘어, 학생들이 일상(real-life)을 탐구하고 성찰하며 사회에 긍정적인 영향(impact)을 주는 주체로 성장하도록 이끌어야 한다. '지역과 삶'을 담은 마을교육은 학교 교실을 넘어 자연환경, 공공시설, 인적 자산 등 풍부한 지역 자원을 연결하고, 학생들이 실제 문제에 참여해 공동의 미래를 만들어가는 공동체 교육을 지향한다.

왜 '마을교육'이 학교교육의 미래인가

학교와 가정, 지역사회의 협력은 학생 성장에 긍정적인 영향을 주는 사회적 자본(social capital)을 형성하며, 이미 해외 연구에서도 학생의 학업 성적 향상과 학교 문제아 감소에 기여한다고 보고된 바 있다. 국내에서도 온 마을이 아이를 키우는 마을교육공동체의 흐름 속에서 놀라운 변화가 있다는 게 확인되고 있다.

첫째, 마을교육은 깊이 있는 학습과 학력 보장의 핵심 전략이 된다. 맥락 없는 추상적인 지식 대신, 주변 동네의 쓰레기 문제나 하천 오염 등 실제 삶의 문제를 탐구함으로써 학생들은 "왜 배워야 하는가"를 깨닫고 학습 동기를 높인다. 이는 창의성 및 문제해결 역량을 강화하고, 깊은 이해를 통해 오래 기억할 수 있는 실질적인 학력으로 이어진다.

둘째, 마을교육은 다양한 학생을 포용하는 완전한 교육을 실현하도록 돕는다. 성적만이 유일한 기준이 되는 교실에서 소외되었던 학생들이 마을이라는 열린 공간을 만나 자신의 다양한 재능을 발견하고 인정받을 수 있고, 새로운 삶과 진로를 만들어갈 수 있다. 또한, 다양한 연령의 지역주민과 만나 소통하며 건강한 정체성을 형성하고, 다양한 삶을 공감하고 협력하는 통합과 배려, 상생의 지혜를 배울 수 있다.

셋째, 마을교육은 지속 가능한 공동체를 만드는 시민을 양성한다. 학생들은 마을의 문제를 해결하는 과정에 주도적으로 참여하면서(청소년 리빙랩, 하천 살리기 프로젝트 등) 지역주민으로 성장할 뿐만 아니라, 커피박 쓰레기 문제해결과 같은 일상의 작은 실천을 통해 지구적인 안목을 기르고 세계시민으로 성장한다.

이 책이 담은 이야기

이러한 '지역과 삶'을 담은 마을교육은 2010년대 혁신학교 운동을 거쳐 교육청과 지자체가 협력하는 혁신교육지구(미래교육지구) 정책으로 확산되며 한국 공교육의 새로운 흐름으로 자리 잡았다. 특히 2022 개정 교육과정에서 지역 교육과정을 강화하는 학교자율시간이 신설된 것은, 마을교육이 일시적인 현상이 아닌 학교교육의 핵심적인 미래 방향이 되었음을 보여준다.

이 책은 '지역과 삶'을 담아 학교교육을 혁신하고 지역의 지속 가능한 미래를 만들어가는 전국 곳곳의 생생한 이야기들로 가득 차 있다. 학교 교실을 넘어서 "학생이 훌륭해졌다", "학교가 행복해졌다"고 고백하는 선생님들, 그리고 마을 살리기를 통해 아이들을 키워낸 지역주민들의 소중하고 즐거운 경험을 담았다.

1장에서는 '지역과 삶'을 담은 교육을 통해 마을교육의 의미와 역사적 맥락, 교육적 가치를 탐색하는 것을 시작으로, 이 교육이 학교 현장에서 어떻게 구체화되고 실현될 수 있는지 그 길을 제시한다.

2장에서는 마을교육의 학술적 근거를 더욱 심도 있게 다루며, '지역과 삶'에 기반한 교육의 이론적 토대를 확고히 세운다.

3장에서는 학교교육과정을 지역사회와 어떻게 체계적으로 연결할 수 있을지에 관해 생각해 보고 아울러 마을교육을 위한 교육과정 설계 및 운영 방안을 구체적으로 논한다.

4장은 마을교육을 실현하는 주체인 교사의 전문적 학습공동체 활동과 역할을 조명하며, 교사 상호 간의 협력적 성장이 학생들에게 미치는 긍정적 영향에 집중한다.

5장에서는 학교-지역사회 협력 체제, 혁신교육지구의 성공 사례와 중간지원조직의 역할을 분석하며, 마을교육공동체를 조직화하는 방안을 탐구한다.

6장에서는 전국의 다양한 지역에서 펼쳐지고 있는 '지역과 삶'을 담은 생생한 교육 실천 사례를 심층적으로 소개하여 독자들에게 실질적인 영감을 제공한다.

7장은 마을교육의 지속 가능한 미래를 위한 정책적 제언을 제시하고, 초·중등 교육의 연계와 지역 교육 역량 강화를 위한 비전을 제시한다.

8장에서는 이 책에서 제시된 모든 이론적, 실천적 논의를 종합적으로 결론 내리며, '지역과 삶'을 담은 마을교육이 만들어갈 학교교육의 새로운 미래상을 제시한다. 독자들이 이 책을 통해 얻은 통찰을 바탕으로 각자의 자리에서 교육공동체의 주체로서 새로운 여정을 시작하도록 독려하는 마지막 메시지를 전달한다.

이 책은 이러한 교육적 실천의 가치를 학문적으로 정립하고, 체계적인 수업 설계와 초·중등 교육 연계 방안에 대한 통찰을 제공할 것이다. 이 책에 담긴 수많은 동반자의 이야기가 독자 여러분의 교육 여정에 훌륭한 길잡이가 되기를 바란다.

마지막으로, 이 책이 세상에 나오기까지, 귀한 경험과 통찰을 나눠주신 집필진과 선생님들께 진심으로 감사드린다. 또한, 이 소중한 이야기들을 독자들에게 전달하기 위해 물심양면으로 지원하고 애써주신 출판사 관계자 여러분께도 깊은 감사를 표한다.

부산대학교 연구센터에서
김필성, 김대현

1장

'지역과 삶'을 담은 마을교육

김필성(부산대학교)

0. 교실을 넘어, 마을이 배움이 되다

이 책은 '지역과 삶'을 담은 마을교육의 이야기들로 가득 차 있다. 학교 교실을 넘어 지역과 삶 전체가 우리 학생들의 배움터가 되면서 전국 곳곳의 학교에서 만난 선생님들에게 소중하고 즐거운 이야기를 들을 수 있었다. "학생들이 훌륭해서 좋은 수업을 할 수 있어요.", "문제를 일으키는 학생들이 많이 줄어서 수업이 정상화되었어요.", "학교가 행복해졌어요." 이것이 어떻게 가능했냐고 선생님들에게 물어보았다.

이야기를 들으면서 분명했던 것은 교사 혼자만의 노력으로는 학생들이 이렇게까지 달라질 수 없다고 하는 것이다. 분명히 다른 선생님이나 학부모, 지역주민들이 함께 힘을 모은 결과라고 말해 주었다. 학부모들 간의 관계도 좋아서 학부모 악성 민원도 많이 줄었다면서, 서로 돕고 사는 것이 학교교육에 좋은 영향을 미친다고 말해 주었다. 아이들은 심리적으로 안전하고 편안한 환경에서 실패의 두려움이 없이 자유롭게 생각을 나누고 경청하고 협력하면서 모두 성장한다고 한다.

스미스(Smith)와 소벨(Sobel)의 연구(2010)에 따르면, 해외에서도 이런 모습을 어렵지 않게 발견할 수 있다. 1987년, 콜먼(James Coleman)과 호퍼(Thomas Hoffer)는 학교, 가정, 지역사회가 협력할 때 학생의 성적이 향상된다고 말했다. 부유한 학생들이 다니는 사립학교보다 가난하지만 이웃 및 교회와 잘 연결된 공립 가톨릭 학교 학생의 성적이 더 높았는데, 상호 신뢰하고 지지하는 사회적 자본(social capital)이 학생의 성장에 긍정적인 영향을 준다고 보았다. 그들은 가톨릭 학교의 종교적 신념이 아니라, 지역의 이해와 관심사를 중심으로 사회적 자본을 형성할 수 있다고 보았다. 1998년에 리버먼(G, Lieberman)과 후디(L. Hoody)는 「성취도 격차 해소(Closing the Achievement Gap, 1998)」라는 연구에서 지역사회와 연계하는 학교교육이 학교의 문제아를 크게 줄인다고도 보고했다. 텍사스의 호치키스(Hotchkiss) 초등학교는 560명의 학생을 징계했지만, 지역 맥락을 통합한 학습을 실천하면서 2년 만에 문제 학생이 50명으로 줄었다고 보고한 바 있다. 교사와 학교장은 이를 학생들의 학습참여율이 높아진 결과라고 설명했다. "아이들이 '심심해서 다른 일을 하고 싶다'라고 생각할 시간도 줄어든다"라고 말했다(Lieberman & Hoody, 1998, p. 25).

우리나라는 '마을'이라는 키워드를 중심으로 학교, 학생, 학부모, 지역사회가 협력하는 교육공동체로 조금씩 나아가고 있다. 전국 곳곳에서 이런 흐름을 한 걸음 한 걸음씩 확장해 가고 있다. 교실을 넘어 지역사회와 연결된 풍부하고 양질의 교육과정을 만들고, '마을에서 세상'과 연대하는 지구공동체에 관심을 갖는 인재를 양성하고 있다.

1. 오래된 미래지향적 과제

'지역과 삶'을 담은 마을교육은 최근에 갑자기 등장한 새로운 것이 아니라 오래된 미래지향적 과제다. '지역과 삶'을 담은 마을교육은 학습동기 부여, 학생 성장을 위한 교육혁신 전략이 되며, 현재는 교육과정 지역화, 삶과 배움의 통합, 개인과 사회의 웰빙 등 다양한 용어로 지속되고 있다. 이런 마을교육은 학교교육과 수업에 자연환경, 공공시설, 산업시설, 역사·문화 자산 등 풍부한 지역 자원을 연결하고 지역사회에 참여해 공동의 미래를 만들어가는 공동체교육이다. 성적 중심 교육을 넘어 일상(real-life)을 알고 탐구하며 성찰하면서 사회에 긍정적인 영향(impact)을 주는 의미 있는 교육이며, 지역 소멸 및 인류 공동의 위기를 극복하여 지속 가능한 지구공동체를 만드는 미래교육이다. 일찍이 존 듀이(John Dewey)는 『학교와 사회(School and Society(1899)』에서 학교와 지역, 경험이 연결되지 못하고 단절됨에 따라 교육적 낭비가 발생한다고 강조했다.

> 학생이 학교 밖에서 경험한 바를 학교 내에서 활용하지 못하는 것은 큰 교육적 낭비(the great waste)다. 학생들은 학교에 등교하면서 집과 이웃, 마을에서 경험한 중요한 활동을 활용하지 못한다. 학교에서 배운 내용을 일상생활에서 적용할 수 없는 것도 마찬가지다. 학교와 일상 간의 고립으로 인해 발생하는 문제다. 결국, 학교 교사는 학생의 학습동기를 높이려고 별도의 노력을 해야 하는 상황이 발생하게 된다. (Dewey, 1899, p.5)

Smith와 Sobel(2010)에 따르면, '지역과 삶'을 담은 마을교육은 역사적으로 다양한 모습으로 발전해왔다. 1918년에 듀이의 동료교수였던 윌리엄 허드 킬패트릭(Wiliam Heard Kilpatrick)은 학교교육과 아이들의 삶을 개방적으로 연결하는 프로젝트 방법 (Project Method)을, 1940년대에 올슨 (Edward E. Olsen)은 학교교육과정과 지역을 체계적으로 연결하는 '삶 중심 교육(life-centered education)'을 제안했다. 1970~80년대에는 청소년들을 의미 있는 활동에 참여시키는 수단으로 지역사회 봉사(service-learning) 프로그램이 활성화되었고, 자연보호 및 환경 교육에서는 기후 위기 시대에 생태주의에 기반하여 지역 환경을 조사하고 수호하는 활동을 추구했다. 더불어 1980년대에 OECD의 정책적 노력으로 지방분권적인 교육과정 개발 방식이 선호되면서 호주와 미국, 이스라엘, 영국 등에서 학교 중심 교육과정 개발(School-Based Curriculum Development) 운동이 나타났고, 미국에서는 현장중심 경영(Site-Based Management) 운동으로 더욱 확산됐다(강현석, 노진규, 2022).

한편 '지역과 삶'을 담은 마을교육은 지역 경제 활성화를 추구하는 지역혁신주의(Local Entrepreneurialism) 운동으로 나타났다. REAL(Rural Entrepreneurship through Action Learning)과 같은 기관들은 1970년대 중반 이후 중학교 학생을 대상으로(지금은 초등학생으로 확대됨) 창업 기술 교육을 제공했고, 설립 이래 30년이 넘도록 도시와 지역 대학은 물론 지역 개발 기관에까지 교육을 제공했다. 또한 '지역과 삶'을 담은 교육은 시민교육과 진로교육으로 나타났다. 야구를 책으로만 배우면 안 되는 것과 같이, 시민교육은 지역 및 도시 현장에 참여하는 방식으로 이루어져야 한다는 것이다. 건강한 시민으로 성장하기 위해서는 지역의 이슈와 문제에 관심을 갖고 협력적으로 소통하여 창의적인 대안을 제안하고 실천하며, 시민들과 함께 성찰하는 자질이 요구된다.

한국 역시 '지역과 삶'을 담은 마을교육에 대한 오랜 역사를 지니고 있다. 교육과정과 관련해서 살펴보면, 1963년 2차 국가 교육과정은 생활 중심 교육과정에 입각하여 일상생활, 문제해결, 유용성, 경험을 강조했으며, 실과 및 실업·가정 교과목을 배우도록 하여 교육과 현장의 괴리를 좁히고자 했다(양윤선, 2017; 양민영, 2019). 1992년 6차 국가 교육과정에서는 교육과정 분권화, 자율화, 지역화 정책이 도입되면서 시도 수준에서 초등학교 3~4학년의 지역화 교과서가 개발 및 보급되었다.

한편, 1960년대에 지역사회학교(Community Schools)가 도입되어 학교와 지역사회의 상호 협력적 관계를 형성하고 지역사회의 모든 자원과 문제를 교육과정 속에 도입하며, 지역사회의 발전을 위해 적극적으로 참여하고자 했다(배태원, 1999; 김향식, 최은수, 2009). 초기에는 지역사회학교가 향토학교, 온마을 교육, 새마을 교육 등으로 불리면서 정부 주도로 운영되다가 1990년대 후반에는 학교 중심으로 이루어지게 되었다(배태원, 1999). 또한 1967년 한국 유스호스텔 협회가 발족해 청소년들이 국내·외의 지리, 역사, 문화, 풍물 등 다방면의 지식을 넓히도록 야외교육을 지원하는 안전한 숙박시설을 제공했다(노성래, 2003). 유스호스텔은 1900년대 초에 세계의 모든 청소년들이 지역에 대한 지식, 사랑, 우의를 돈독히 하고 세계 각지의 문화적 가치를 체득하고 세계평화에 이바지하는 야외교육을 지원하는 운동의 일환으로, 유럽 전역으로 확산되었다(노성래, 2003).

1990년대 중반에는 전국의 초등학교에서 교과서 중심의 학교교육 체제의 전환과 교육개혁을 위해 '책가방 없는 날'을 시행하여 지역사회와 연계하는 다양한 교육 프로그램을 운영했다(유제순, 2013). 학교는 격주로 운영된 '책가방 없는 날'에 학생들이 지역사회 전문가와 소통하고 여러 체험학습을 해왔다. '지역과 삶'을 담은 마을교육은 박물관이나 산업현장에 방문하는 견학(field trips), 현장학습이 이루어지는 수학여행 등과 같이 야외학습(Outdoor-education)의 형태로도 이루어졌다.

2004년 이후 사교육 경감 대책으로 방과후학교가 전면 실시되면서 학교에서 지역이 참여하는 교육의 공간이 확장되었다. 2010년 중반에 자유학기제가 도입되었고, 교육복지우선지역사업과 혁신교육지구 및 마을교육공동체 정책이 추진되면서 학교와 지역이 연계한 교육이 더욱 확장되었다. 2022 개정 교육과정에서는 지역교육과정을 강화하는 학교자율시간이 신설되었다. 더불어 지역사회와 협력하는 여러 교육법이 제정되었다. 2015년에 국가 및 지역사회의 협력 참여 속에서 다양한 사회적 인프라를 활용하는 진로교육법과 지역사회의 참여와 연대를 바탕에 다양한 사회적 기반을 활용하는 인성교육진흥법이 제정되었다.

그러나 한국교육은 입시 위주의 경쟁교육의 아픔과 폐해가 심해지는 상황에서 학교, 교사, 학부모, 지역사회 모두가 협력하여 공교육을 혁신하고 지역사회의 성장에 기여하는 혁신교육지구 및 마을교육공동체 정책을 통해 온 마을이 아이를 키우는 마을교육공동체의 흐름을 전국적인 풀뿌리 운동 형태로 만들어가게 했다.

2. '마을' 중심 교육공동체의 탄생

입시교육과 승자 없는 경쟁은 학교, 교사, 학부모, 학생, 지역사회 모두에게 큰 아픔을 주었다. 하지만 놀랍게도 '마을'이라는 공동의 키워드를 중심으로 미래교육을 함께 만들어가고 있다. '온 마을이 아이를 키운다'라는 속담을 곳곳에서 각자의 구체적 모습으로 그려가면서 서로가 처한 교육위기를 극복하는 공동의 이야기를 써가고 있다. 교실을 넘어 일상을 가꾸고자 했고, 좋은 학교를 넘어 좋은 삶터를 만들고자 노력했다.

- 학교교육의 위기와 교실수업개선
학교는 공교육의 위기를 극복하기 위해 열린교육운동, 교실수업개선,

배움의 공동체 등 다양한 노력을 해왔지만, 학교의 힘만으로는 부족하다는 것을 절실히 깨닫게 되었다. 학교는 입시 중심 교육의 가장 큰 피해자일 수 있다. 학교 교사는 자신의 직업에 만족하지 못했고, 아이들은 학교는 감옥이라고 장난스럽게 말하기도 했다. 학원에서 미리 배운 학생들은 교실에서 딴짓을 자주 했고, 성적경쟁에 대한 부담으로 학생들이 잘못된 선택을 하는 것을 보면서 현장교사들은 자신이 가야 할 길을 심각하게 고민할 수밖에 없었다.

1980년대 초에 '열린교육'이 시작되었다. 당시 우리나라는 학생 수 급증으로 학급당 60명씩을 수용해야 하는 상황이었다. 때문에 열린교육은 학생의 참여 없이 교사가 교과서를 펼치고 암기 위주로 가르치는 획일화된 주입식 공교육에 대한 문제의식에서 나타났고, 학생 각자의 흥미와 관심에 따라 스스로 학습하고 창의력을 키우는 학습자 중심의 개별화 교육을 지향했다(백진아, 2022). 그러나 열린교육은 획일적인 교육 문제를 해결하지 못했고, 2001년에 '교실 수업 개선 운동'이라는 이름으로 전환되었다(백진아, 2022). 하지만 2000년대 후반부터 2010년대에는 국가의 사교육 억제 정책에도 불구하고 매년 20조 이상의 사교육비가 지출되는 등 과도한 사교육 현상이 나타났으며, 교실 수업에서 교사의 권위가 약화되는 교실 붕괴 현상이 가속화되었다(김필성, 2009). 또한 세계적인 청소년 자살률을 기록하는 등 학생의 학교생활은 악화됐고, 학교폭력 문제마저 심화되었다. 결국 교사의 자존감과 직업 만족도가 하락함에 따라 명예퇴직을 하는 교사가 많아졌다.

이혁규의 연구(2019)를 중심으로 살펴보면, 이런 상황을 극복하기 위해 1980년 후반부터 자발적인 교사연구모임이 탄생 및 확대되었으며, 전국국어교사모임, 전국수학교사모임, 전국역사교사모임 등 대표적인 교과연구 모임도 이때 태동했다. 이들은 수업 연구뿐만 아니라 대안교과서나 대안교육과정을 개발했고 자체 연수와 연구, 회지 발간 등을 통해 교육 실천을 개선하기 위해 노력했다. 1990~2000년대에 들어 한국협동학습연구회, 인디스쿨, 교컴 등 교과를 넘어 수업과 교육 실천을 연구하는 전국적 교사단체들이 출범했다. 특히, 인디스쿨이나 교컴은 인터넷 환경을 바탕으로 실천공동체로서 큰 영향력을 발휘했다.

또한 교사모임을 주도하는 리더교사들이 현장수업 실천 사례를 단행본으로 다수 집필해 현장 교육 실천을 개선하는 데 영향을 미쳐왔다. 2000년대에 나타난 수업 비평은 수업 현상을 새롭게 이해하는 방법으로 교실 수업을 꼼꼼히 들여다보고 해석하여 다양한 독자와 소통과 대화를 추구한다는 점에서 한국의 폐쇄적 수업 문화를 개선하려고 했다. 한편, 현장 실천 개선을 위해 실행연구(Action Research) 방법을 활용하는 질적 연구가 다수 이루어졌다. 2010년대에 교실 수업 개선과 관련된 활동으로는 하부르타, 거꾸로교실, 프레네교육, 발도르포 교육, 배움의 공동체 운동, 아이의 눈으로 수업 보기, 수업 비평과 수업 나눔 등 다양한 국내외 수업 혁신 운동들이 영향을 미쳤다.

> 수능은 시험이 아니라 심판과 같았거든… 학교가 너희를 평가하는 곳만은 아니라는 걸 알려주고 싶었어. 그래서 다양한 체험도 하고, 창의적인 활동도 할 수 있게 마련한 거야… 너희의 삶에서 시험이 전부가 아니라는 걸 어떻게든 알려주고 싶었어. 선생님들은 너희가 행복하길 바라는 마음에 열심히 했어.　　　　　　　　　　　　　　　(반송중학교 교육공동체, 2023)

- 지역사회의 노력

입시 위주 교육은 학생을 불행하게 했고 지역사회 소멸 위기를 가속화했다. 학생들은 하고 싶은 꿈을 꿀 시간도 없이 하교 후 여러 학원에 다니면서 학교의 그림자와 같은 팍팍한 삶을 살아야 했다. 학력주의로 인해 학생들은 살던 곳을 떠나는 경우가 많았고, 남은 학생들은 실패감을 안고 살아갔다. 지역 인구 유출과 출산율 감소 등으로 지역경제가 약화되면서 악순환의 고리가 만들어졌다. 지역사회는 지역(마을) 살리기와 지역교육공동체를 통해 이런 문제들을 해결해 보고자 했다.

지역(마을) 살리기는 마을의 전통을 회복하고 지역공동체를 이루기 위해 담장 허물기 운동, 생태마을환경 만들기, 마을만들기 정부정책 사업 등 다양한 노력을 통해 이루어졌다. 서용선 외의 연구(2016)에 따라 아래에서 지역(마을) 살리기에 대해 살펴보면, 1960~80년대 산업화 중심의 경제개발정책으로 소외된 농촌사회를 재건하기 위해 국가 주도로 새마을운동이 추진되었다. 근대화를 목표로 추진된 새마을운동은 전국의 3만여 개 마을에 시멘트를 균일하게 제공했으며, 성과를 낸 마을에 다시 시멘트를 제공했다. 이런 방식으로 농촌주민들이 협력하여 근대화를 이루도록 유도했다. 1990년대에는 마을만들기 운동에 참여한 한국의 사회운동가들이 다른 나라의 생태마을 운동을 접하면서 한국 사회에 맞는 새로운 마을 만들기 운동을 시도했다. 이런 운동이 IMF 구제금융과 금융위기를 겪으면서 시민 주도의 새로운 경제 시스템을 만들고자 하는 대안 경제 운동과 맞물려 다양한 창의성을 발휘했다.

하지만 이런 마을만들기 운동을 하는 동안에도 마을은 해체되고 있었다. 도시는 아파트라는 무의미한 공간으로 대체되고, 농촌은 인구 감소로 낙후되어 갔다. 신자유주의 정책의 추진과 거대자본의 지역경제 영역 침투 등으로 마을의 순환적인 경제가 해체되었다. 마을의 공간적, 경제적 해체로 마을의 정서적 해체가 나타나면서 마을의 공동체가 약화되고 인간적인 고리마저 단절되어 갔다. 교통과 통신이 발달함에 따라 마을의 물리적인 경계가 느슨해지는 동시에 붕괴해 갔고, 아파트 중심의 도시개발이 이루어지면서 마을의 인적 연대가 약해졌다. 지역주민의 지역에 대한 애착과 정주의식이 극도로 낮아지면서 농어촌뿐만 아니라 지방의 중소도시들의 지역사회 소멸이 가속화되었고, 지역에 양질의 일자리가 줄어들어 인구 유출이 심화되면서 지역의 경제적 자립을 고민해야 했다.

지역교육공동체 운동은 지역주민의 요구에 주도적으로 대응하거나 교육적 문제를 해결하는 주민자치적인 교육공동체 운동으로 나타났다. 지역사회에서 주민의 요구를 받아 수행된 교육자치 활동으로는 야학의 형태를 띤 사회참여교육 '안양시민대학'을 비롯하여 노원의 '마들주민회', 청주 '일하는 사람들' 등이 있다. 이들은 글을 모르는 성인, 학교교육에 소외된 청소년, 돌봄이 필요한 아동 등 지역주민의 요구에 대응해 왔다(양병찬, 2008). 학교교육을 보완하면서 교육의 문제를 해결하기 위한 교육공동체 운동으로는 작은도서관 운동을 비롯하여 공동육아, 마을학교, 학습마을, 학습동아리 등 다양한 이름으로 나타났고 지역의 교육적 영향력을 확장해 왔다(양병찬 외, 2011; 김종선·이희수, 2015; 이규선, 2017). IMF 이후 돌봄이 사회적 과제로 대두되고 학교의 부담이 증가하면서 마을이 일정 부분 돌봄 등 교육적 역할을 주도적으로 수행했다(서용선 외, 2016). 서울의 성미산마을과 부산의 대천마을은 공동육아 운동으로부터 시작되었으며, 우이동의 삼각산 재미난 마을, 상도동의 성대골 마을 등의 교육공동체들이 활발히 나타났다. 더불어 획일화된 입시교육에 대해 대안을 제시하고 새롭게 시도하는 대안학교 운동이 활발하게 이루어졌다. 학습자 중심 교육, 공동체성 추구, 지속 가능한 가치, 삶을 위한 교육, 작은학교 등의 특징을 갖고서(박정우, 2023) 간디학교를 비롯한 대안학교들이 전국적으로 확산됐다.

- 학교와 지역의 협력, 마을교육공동체의 탄생

학교와 학부모, 지역주민, 지역사회 모두는 입시교육에 따른 부정적인 영향에서 벗어나기 위해 유사한 아픔을 겪었다. 입시교육은 학교 교실의 붕괴를 가져왔을 뿐만 아니라 지역의 우수한 학생을 고향에서 떠나게 했고, 그 결과 지역 인구 감소로 상당수의 학교가 통폐합되는 상황에 놓이게 되었다. 지역사회 역시, 산업화와 도시화, 출산율 저하로 지역 소멸의 위기 및 지역경제 약화의 어려움을 겪게 되었다.

1999년 교육부는 전국적으로 900여 개의 농어촌학교를 대거 통폐합하는 정책을 추진했다. 지역주민들은 이에 크게 반발하면서 지역살리기 차원에서 학교를 살리기 위해 노력했다. 남한산초등학교가 새로운 학교로 거듭나는 것이 가능했던 것은 학생과 교사, 학부모 세 주체가 모두 소통하는 구조가 마련되었기 때문이다(안순억, 2009; 백진아, 2022 재인용). 여기에서 시작된 작은학교 살리기 운동이 거산초, 삼우초로 확산되며 거듭 성공을 거두게 되었다. 이에 2000년대에 남한성초등학교가 혁신학교의 모델이 되었는데, 학교가 폐교될 위기에 처하자 지역주민까지 모두 힘을 모아 학교를 살렸다(백진아, 2022).

2010년대는 이런 흐름이 정책적으로 채택되어 전국적으로 혁신교육이 확산됐다. 2009년 경기도교육청은 남한산초교를 바탕으로 한 혁신학교 정책을 시작했고, 진보교육감의 당선으로 이 정책은 전국 시도교육청으로 확산됐다. 혁신학교는 민주적 학교 운영체제, 윤리적 생활공동체, 전문적 학습공동체, 창의적 교육과정 등을 중심으로 한국 공교육에 상당한 변화를 일으켰다(이혁규, 2019). 혁신학교 운동은 단순히 교사 개인의 교실 수업을 개선하는 차원을 넘어서서 교사 상호 간의 수업 공개와 소통, 공동 연구를 통해 함께 성장하는 학습공동체를 강조한다(이혁규, 2019).

이와 더불어 경기도교육청은 혁신교육지구 정책을 추진하게 된다. 혁신교육지구는 교육청과 지자체가 협력하여 지역교육생태계 모델을 만들어가는 정책이다. 이 정책은 이후 전국적으로 미래교육지구, 다행복교육지구, 행복교육지구 등 다양한 이름으로 확산됐으며, 2023년 기준으로 전국 230개 지구 중 213개가 참여하고 있다. 혁신교육지구는 학교와 지역의 거리를 좁히고 연결하는 중간지원조직으로 조직화된 코디네이터로서 기능을 할 수 있다. 학교는 학생 삶을 연계한 교육으로 공교육의 위기를 극복하고자 했고, 지역주민은 학교교육을 보완하고 대안적인 역할을 하고자 했으며, 지자체는 인구 유출을 막고 지역발전을 기하고자 했다. 이들이 '마을'이라는 키워드를 중심으로 만나면서 지역교육공동체의 형태로 나아가게 됐다.

3. 지역과 삶, 교육의 가치

학교는 섬과 같다. 한 종합사회복지관장님은 "우리는 파출소장, 소방청장, 동장, 주민자치회 등 여러 기관의 장과 사람들을 모두 알고 있지만, 단 한 사람, 학교장은 누구인지는 모릅니다. 바로 옆에 있는 고등학교의 교장이 누구이고 어떤 사람이 새로 교장으로 왔는지도 모릅니다"라고 말했다.

- 풍부한 교육자원

지역의 이름을 불러 주고 관심을 가지면 우리에게 엄청난 보물로 다가온다. 지역은 사회문화, 경제, 생태, 역사 등 다양한 영역에서 풍부한 인적, 물적 자원을 보유한 보물과도 같다. 학교는 가까운 지역에서 더욱 체계적이고 심층적인 교육과정을 효율적으로 운영할 수 있다.

우리는 왕복 4시간 동안 버스를 타고 가서 견학하는 것보다 학교에서

도보로 10분 거리에 있는 지역 묘지에서 체계적인(well-scaffolded) 교육과정 기반 견학을 더 저렴하고 환경친화적으로 할 수 있음을 알게 되었다. 장거리 버스를 타고 대도시 과학 박물관으로 가지만 90분 정도밖에 학습하지 못할 수 있다.

(Smith&Sobel, 2010)

한 초등학교 선생님은 학교 정문에 있는 문구점과 연계한 수업을 운영했다. 학생들은 장사가 잘되는 문구점과 그렇지 못한 문구점을 비교했다. 두 문구점에 방문하고 인터뷰를 하고 손님들의 동선과 표정들을 관찰했다. 그러면서 '왜 이런 차이가 나는지'를 탐구했다. 학생들은 문구점 사장님을 위해 정성스럽게 제안서를 작성했다. 장사가 잘되는 문구점 사장님은 학생들의 의견을 귀담아듣고서 더 장사가 잘되었다. 그렇지 않은 문구점 사장님은 학생들의 의견을 신뢰하지 않았고, 결과는 더 나빠졌다. 학생들은 이를 통해 복잡한 감정을 느끼면서 많은 것을 배울 수 있었다.

한 중학교 선생님은 동네 하천 살리기 프로젝트 수업을 운영했다. 하천물이 심각하게 오염되었다. 학생들은 4월부터 격주로 하천 오염도를 검사했고, 그 결과를 그래프로 제작하여 10월 마을축제에 공유했다. 또 다른 학생들은 가까운 도시재생지원센터와 협력하여 지역문제를 해결하는 청소년 리빙랩 프로그램에 참여했다. 부산의 한 마을에서는 12세 이하 투표금지 조항을 폐지해 초등학생이 참여하는 주민자치공동체를 만들어가는 등 주민들이 자발적으로 건강한 교육마을을 만들고 있다.

순천과 시흥은 습지를 교육자원으로 개발한 것으로 유명하다. 순천시는 순천만습지를 생생한 경험학습의 보고로 개발했다. 아이들은 습지를 직접 경험하면서 생물다양성을 이해하고 여러 동식물을 모니터링하고 관찰하며, 기후 위기와 해양쓰레기 문제 등을 순천이라는 지역에 기반하여 인류 공동의 위기 문제를 탐구한다. 더 나아가 순천만습지 연안마을의 문화와 생활, 이를 보전하기 위한 사람들의 이야기, 순천만습지를 활용한 생태관광과 건강한 먹거리, 생태적인 도시를 계획하고 미래 순천만을 상상하는 등 순천만습지를 중심으로 하여 다양한 학문을 통합하고 이론과 경험이 교차하는 융합 교육을 실현하고 있다.

지역의 많은 인적 자원은 학교교육과정의 정상화를 지원할 수 있다. 학교는 한정된 자원으로 학생의 다양한 요구를 충족시키기 어렵다. 특히, 1990년대 IMF 이후에 사회가 학교에 기대하는 역할들이 돌봄과 진로, 방과후학교 등으로 확대되면서 학교의 업무도 과하게 부여하고 있었다. 하지만 학부모나 지역주민들은 학생의 기초학습을 지원하거나 다양한 체험교육을 도와줌으로써 학교의 업무 과중을 덜어 줄 수 있다. 지역주민이나 지역전문가들은 학생이 살아가는 지역의 역사나 경제를 잘 알고 있어 학생 삶과 연계한 교육에 기여할 수 있다. 특히, 지역주민은 학생들에게 훌륭한 학습 친구가 될 수 있다. 학생들은 노인을 만나 인터뷰를 하면서 역사적 사건을 생생히 들을 수 있다. 오래된 졸업한 학교 선배에게서 그 당시에는 급식이 없었다는 것을 알고서 현재를 과거와 연결할 수 있다.

도시이든, 농어촌사회이든, 크든 작든 상관없이 지역은 풍부한 자원을 갖고 있다는 점에서 '지역과 삶'을 담은 마을교육은 지역교육의 격차를 해소하는 데에 기여한다. 어떠한 지역일지라도 풍부한 교육자원을 갖고 있다(Olsen, 1946). 작은 농어촌일지라도 습지와 생태자원을 교육자원으로 활용한다면, 습지가 없는 도시보다 더 우수한 교육자원을 갖고 있다고 볼 수 있다. 그러나 대도시는 환경오염, 교통 문제, 주거 문제 등 다양한 이슈들과 문제들, 그리고 도시의 각종 데이터들이 교육자원으로 활용될 수 있다. 한편, 농어촌의 인구 감소, 고령화 및 사회문화의 변동은 도시화 및 산업화와 관련하여 탐구할 수 있는 좋은 질문을 제공한다. 슈퍼마켓에서 과일값이 가파르게 오르고 있는데, 이는 곧 농촌 문제와 얽히고, 또 지역을 넘어 국가와 세계와 관련되어 나타나는 현상이다. 그래서 뉴먼(Newwman)은 지역사회 맥락에 통합하는 교육이 지역, 문화, 인종, 경제 등에 따른 교육격차를 해소하는 데 영향을 준다고 보았다(1995, 2007).

- 삶과 교육의 통합, 깊이 있는 학습

'지역과 삶'을 담은 마을교육은 창의성 및 문제해결 등 핵심역량 강화, 깊은 이해, 학습 동기 향상과 학습몰입도 향상을 통한 학업성취도 향상, 문제 학생 및 악성 민원 문제 해소, 교사 전문성 향상, 학생 진로개척역량 강화, 학교 업무 감소 등 상당수의 교육 문제를 해결하는 핵심 전략이 된다.

첫째, 학생의 자아존중감을 높인다. '지역과 삶'을 담은 마을교육은 학생의 목소리를 존중하는 것이며, 학생이 살아가는 삶터의 가치를 발견하는 것이다. 학생들은 자기의 관심과 경험이 배제된 교실에서 소외감을 느낄 것이다. 우리는 바로 옆에 있는 꽃의 이름도 모르고, 그냥 무심히 지나치는 경우가 많다. 자기 지역을 모르고 혐오하는 학생들은 자존감이 낮을 수밖에 없다. 피란민촌 지역에 사는 한 학생은 자기 지역을 무척 싫어했다. 대도시로 가고 싶었고, 자신과 가족 모두가 싫었다. 하지만 이곳을 살리기 위해 오랫동안 노력해 온 시민단체를 알게 되었고, 전국적으로 가장 먼저 작은도서관을 설립하여 운영했다는 것을 알게 되었다. 쇠락하는 고향을 살리기 위해 노력하는 사람들을 만나면서 존경심을 갖게 되었다. 이곳이 전국 주민자치 운동의 선구적인 역할을 했다는 것을 알고서 모든 세상이 행복한 지역사회를 만들고자 하는 꿈을 꾸게 되었다.

둘째, '지역과 삶'을 담은 마을교육은 학생의 삶과 배움을 통합하여 학습 동기를 높인다. 맥락 없고 추상적인 지식은 이해하기도 어렵고 재미도 없다. 그러나 마을교육은 현실감 있고 생생한 수업 분위기를 조성하고, 왜 배워야 하는지, 자기는 무엇을 해야 하는지 알게 한다. 학생들은 실제 주변 동네에서 버려진 쓰레기를 보거나 바닷가를 오염시키는 폐어망들을 목격하면서 환경문제의 심각성을 깨닫게 된다. 만덕천 살리기 운동에 참여한 한 학생이 좋은 사례가 된다. 2018년, 부산 북구에서 만덕천 살리기 운동이 한창 일어나고 있었다. 고치공동체(부산 지역 청년단체) 등 여러 지역단체가 함께했고, 여기에 만덕고등학교 학생들도 참여했다. 만덕천은 하천 바닥을 시멘트로 덮어 놓는 복개 공사를 해놓았다. 하천은 물을 정화하거나 물고기가 살고 잠자리와 참새들이 놀기 어려운 곳이 되어버렸다. 만덕고 학생은 이 운동에 참여했지만, '어른들이 잘 알아서 하겠지'라는 생각으로 무관심했다. 하지만 하천이 왜 이런 모양을 갖게 되었는지 궁금해서 구청 담당자에게 연락을 해보게 된다. 학생은 담당자의 형식적인 답변에 실망하고서 '내가 하천을 살리겠다'라고 다짐하게 되었다.

셋째, '지역과 삶'을 담은 마을교육은 오래 기억하고 깊게 이해할 수 있는 학력을 보장한다. 올슨은 '삶 중심 교육(life-centered education)'에서 학습자가 '삶'의 문제에 참여하고 이를 탐구할 때, 성공적인 삶에 필요한 자질을 배울 수 있다고 보았다. 개인 또는 지역의 문제를 협력적으로 개선하려고 참여할 때 진정한 학습효과가 나타나고 건강한 시민으로 성장한다고 본 것이다(Olsen, 1972). 한때 마을교육은 학력을 저하시킨다는 등 여러 논의로 몸살을 앓았는데, 기존의 지식 중심 교육 및 문제 풀이 경쟁교육이 점수를 높일 수는 있지만, 깊은 이해와 문제해결력을 기르는 것을 보장하기 어렵다. 이런 문제는 미국에서도 격렬하게 논의되었던 것으로 보이는데, 올슨은 '지역과 삶'에 기반하는 교육이 학습 동기를 향상시키고 학업능력을 높일 수 있음을 강조했다.

삶과 연계한 프로젝트가 오늘날 지역사회의 삶을 개선할 수 있는가? 학생이 자기 삶과 지역사회의 정신적 건강을 개선하려고 한다고 가정해 보

자. 이들은 지역조사를 통해 객관적으로 현황을 알고 평가해야 한다: 미국과 타 국가에서 정신 질병 치료를 비교해야 하고, 인류 웰빙에 기여하는 광범위한 윤리적, 종교적 가치들을 조사해야 한다. 그리고 청년의 일탈과 그 원인, 알코올이 미치는 영향, 인종의 관계들, 더 나아가 정신 질병에 대한 여러 이론과 긴장을 유발하는 조건들도 살펴봐야 한다. 이를 위해 학생들은 정신 질병을 고민해 온 지역주민을 만나거나 관련 지역단체와 소통하면서 여러 지역문제를 알게 되고, 선거에도 적극 참여할 것이다. 이런 학생들은 더욱 건강하게 살 수 있고, 행복을 주는 동료가 되며, 더욱 안정적인 부모가 될 것이고, 앞으로 더 나은 시민이 되는 방법을 지적으로 학습하게 된다.

(Olsen, 1958)

- 다양한 학생을 포용하는 교육의 실현

낮은 성적으로 자존감이 낮아 무기력한 아이들이 많다. 성적으로 비관하고 좌절하는 학생들로 자아를 잃고 있다. 우리 교육은 의욕적인 사람을 배출하기보다는 실패자, 낙오자를 많이 양산하는 것 같아 우려스럽다. 성적만이 아이들을 판단하는 기준이 되다 보니 다양한 개성을 포용하기 힘들다. 서로 비교하는 상황에서 쉽사리 도전하기도 쉽지 않고 자기의 모습을 솔직히 표현하기도 어렵다. 그러나 '지역과 삶'을 담은 마을교육은 다양한 학생을 포용하고 완전한(whole) 학생 중심 교육에 기여한다. 학생은 공부만이 아니라 쉼도 필요하고 놀이도 해야 하며, 정서적 교감도 해야 하며, 다양한 사람과 소통하면서 성장한다. 학생은 지적이면서 정서적이고, 놀이를 즐기고 관계 속에서 정체성을 만들어가는 총체적인(whole) 존재이며, 다양한 재능들을 찾고 인정받아야 한다.

첫째, '지역과 삶'을 담은 마을교육은 학교교육에서 제공하지 못하는 많은 부분들을 보완할 수 있다. 도시화와 산업화, 전문화 시대에 학생들은 놀이와 쉼을 잃고 있다. 학생은 기본적으로 자신이 경험할 삶에서 괴리되어 있다. 학생들이 다양한 친구들이나 이웃들과의 이야기할 기회를 잃고 있다. 이런 상황에서 학부모가 참여하는 전래놀이 등 다양한 체험 프로그램을 마을에서 제공할 수 있다. 또한 학생들은 마을에서 주도적으로 경험하고 문제를 해결하는 학습경험을 할 수 있다. 세종시의 해밀초등학교는 학교와 마을이 연계하는 징검다리 프로젝트를 통해 학생들이 주도하는 학습경험을 제공하고 있다.

둘째, '지역과 삶'을 담은 마을교육은 다양한 학생의 개성을 포용함으로써 완전한 학습자 중심 교육에 기여한다. 특히, 마을교육은 협력 관계를 통해 낮은 학업 성취자로 분류되는 학생들이 자신의 재능을 발견하는 데 도움을 준다는 점에서 매우 가치가 있다. 도전적인 과제를 수행할 수 있는 기회가 주어진다면, 특수교육이 필요한 일부 학생들도 자신을 위한 별도의 프로그램에서 벗어날 수 있다(Smith & Soble, 2010). 또한 학생의 삶을 존중하는 교육을 통해 개별화 맞춤 학습을 강화한다.

셋째, '지역과 삶'을 담은 마을교육은 학생의 생활세계를 가꾸어 온전한 인성교육을 지원할 수 있다. 마을교육은 단순히 프로그램을 제공하는 것을 넘어서 학생이 하교 후 가족, 동네, 마을에서 편안하고 즐겁게 생활하고 다양한 사람들과 건강한 관계를 맺는 생활환경을 만들어주고 있다. 부산 대천마을은 초등학생도 참여하는 주민자치회를 만들어 '아테네광장'을 만들고, 마을 축제를 열어 다양한 주민들과 만나도록 했으며, 대천천에서 물놀이를 할 수 있도록 조성했다. 마을극장(무사이)을 만들어 작가를 초청하는 등 지역주민들과 아이들이 함께 재미있는 시간을 보낼 수 있다.

넷째, '지역과 삶'을 담은 마을교육은 학생이 과거와 현재에 연결되어 지역주민과 함께 미래의 삶을 설계하고 연대하는 완전한 학습자 중심 교육에 기여한다. 학생은 태어난 고장의 역사를 알고, 오래전 졸업한 선배에게 학교의 역사를 이해하면서 과거와 현재를 통합하게 된다. 학생은 학교에서 늘 제공되는 급식에 숨은 역사를 이해하면서 자신이 역사적으로 어떤 위치에 있으며, 앞으로 어떻게 더 나은 급식문화를 만들어야 할지 생각하게 된다. 또, 주민들과 소통하면서 주변 도로나 주택의 변화, 경제생활과 풍습, 놀이의 변화 등을 이해하고 미래의 모습을 상상하게 된다.

다섯째, '지역과 삶'을 담은 마을교육은 학생이 다양한 연령의 사람들과 만나게 하고, 자기를 넘어 세상과 소통하게 한다. 학생들은 학교에서 연령에 따라 단절되어 있다. 또한 사회의 분업화 및 개인화로 인해 다양한 분야의 사람들과 소통하기도 쉽지 않은 상황이다. 그러나 교육은 학생으로서의 삶뿐 아니라 어른이 되어 건강하게 살아갈 수 있도록 지원해야 한다. 1세대와 3세대 간의 세대 통합프로그램을 통해 아이와 어르신들이 서로 돌보는 관계를 만들고, 동일한 지역문제를 중심으로 여러 학년의 학생들과 다양한 지역주민이 마을 공간에 모여서 함께 배우고 연결될 수 있다. 또한 공동육아나 작은도서관 등 주민들의 자발적인 교육공동체 운동을 통해 다양한 아이들과 학부모들의 관계성이 회복될 수 있다.

여섯째, '지역과 삶'을 담은 마을교육은 실질적인 생태전환교육을 강화한다. 학생들은 텃밭 교육을 통해 자연의 경이로움을 경험하게 되고, 자연이 파괴되면 인류의 생존 환경이 무너진다는 것을 이해하게 된다. 학생들은 마을이라는 장소에서 함께 살아가는 크고 작은 다양한 생명들과 연결되어 있음을 알게 된다. 마을은 인간만이 아니라 수많은 생명체들이 공존하는 서식지라는 것을 알고 지속 가능한 삶의 양식을 배운다. 생활 속에서 다양한 쓰레기를 줄이고 소비생활을 성찰하며, 자원순환을 실천하는 건강한 마을을 만들어가면서 인류공동체의 웰빙에 책임을 지는 세계시민으로 성장한다.

세네카이(Senechai)는 GECHS 학생들에게 과학을 가르친다. 그녀는 지역주민들의 이슈와 연결된 교육을 한다면 학생들의 자연수호정신을 길러 줄 수 있다고 보았다. 보스턴에서 환경불평등 문제를 개선하려는 비영리단체 ACE(Alternatives for Community and the Environment)를 알게 되었다. 당시 록스베리(Roxbury)에서 갑자기 천식 발병률이 급증했다. 디젤 배기가스가 그 원인으로 의심되었다. 세네카이는 ACE와 협력하여 과학 프로젝트를 추진했다. 학생들은 학교 정문에서 1시간 동안 관찰한 결과, 100대 이상의 트럭이나 버스들이 과도하게 공회전하는 것을 알았다. 그런데 학생들이 매사추세츠주의 법률을 확인해 보니, 이미 5분 이상 공회전이 금지되어 있었다. 이런 법률이 시행되지 않는다는 것을 알고 학생들은 캠페인을 열게 되었다. (Smith & Sobel, 2010)

4. 지역사회에 기반한 학습공동체

'지역과 삶'을 담은 마을교육은 주변 동네에서 인류공동체의 지속 가능한 삶과 공동체에 기여하는 미래 인재를 양성한다. 지역사회는 모든 생명체가 유기적으로 살아가는 장소인데, 여러 복잡한 공동의 이슈에 직면하여 종종 위기에 처하고 퇴보하기도 한다. 불확실성의 시대에 내외부 변화에 지혜롭게 대응하여 지속 가능한 공동체를 발전시켜야 한다. 학생은 앞으로 살아가면서 직면할 다양하고 복잡한 이슈에 지혜롭게 대처하는 사람으로 성장해야 한다.

- 지역사회에 기반한 공동체 학습

'지역과 삶'을 담은 마을교육은 지역사회와 관계를 맺고 지역주민들과 함께 생각하고 삶을 가꾸는 참여적, 협력적, 관계적 학습공동체를 통해 이루어진다. 한 중학교 선생님은 "학생들에게 바다를 보여준다면, 학생들은 배를 만들 것이다"라고 말했다. 이처럼 학생들에게 지역사회를 보여주면, 학생들은 지역사회를 위해 배를 만들게 될 것이다. 학생들이 지역사회 사람들과 관계를 맺고 지역사회에서 벌어지는 다양하고 역동적인 공동체의 삶에 참여하게 되면서 다채롭고 풍부한 지역사회를 새롭게 알게 될 것이다. 그 과정에서 학생들은 지역사회의 기쁨과 슬픔, 어려움, 여러 노력, 숨겨진 가치들을 알게 되면서 지역사회와 호흡하면서 학습하게 된다.

'지역과 삶'을 담은 마을교육은 학생이 살아가는 교실, 학교, 가정, 동네에서 경험하는 실제(real) 삶을 교육으로 연결하는 것에서 출발하며, 그런 과정에서 학생들이 좁은 교실을 넘어 더 넓은 마을을 알고 주민들의 세상에 참여하도록 돕는다. 예를 들어보면, 학생들은 학교 매점이나 급식소에서 발생하는 여러 쓰레기를 알아보고 이를 줄이기 위해 노력하게 된다. 더 나아가 '지역과 삶'을 담은 마을교육은 이런 학생들이 학교 담을 넘어 마을의 공기질이나 환경문제에 관심을 가지도록 돕는다. 이 과정에서 학생들은 관련 지역전문가나 지자체 담당자의 도움을 받거나 다양한 주민들을 만나면서 마을의 모습을 깊게 이해하고 참여할 수 있다.

또한 '지역과 삶'을 담은 마을교육은 학생들이 지역사회의 다양한 활동이나 봉사에 참여하면서 지역주민의 삶에 기여하는 사람으로 성장하도록 돕는다. 마을의 어려움을 공감하게 되고 마을주민의 마음을 더욱 깊이 이해하게 되면서 지역사회 통합에도 크게 기여할 수 있다. 예를 들어, 마을의 쓰레기 줍기에 참여하면서 여러 사람과 소통하고, 쓰레기 문제를 해결하기 위해 생각을 모으게 된다. 이를 통해 학생들은 창의적 역량, 문제해결 역량, 의사소통역량 등을 효과적으로 강화할 수 있을 뿐만 아니라 마을의 삶과 웰빙에 기여하는 사람으로 성장할 수 있다.

　이처럼 '지역과 삶'을 담은 마을교육은 내가 살고 있는 곳과 주변 마을에서 경험하는 것에서부터 출발한다. 나의 삶과 마을에 관심을 갖고 참여하는 것이고 주변 사람들과 소통하고 함께 문제를 해결하는 과정을 통해 학생은 성장하며, 지역사회 또한 동반 성장하도록 돕는 것이다. 예를 든다면, 대구시의 한 중학교는 1년간 지역사회 프로젝트를 진행했다. 3명으로 구성된 한 팀은 남자 화장실의 공기질이 나쁘다는 것을 공감하고 해결해 보고자 했고, 독특한 식물을 키우면서 격주마다 공기질의 변화를 검사하고 기록했으며, 마지막에 그 결과를 모두에게 공유했다. 이처럼 학생이 학교 내에서 실제로 존재하는 문제, 즉 남자 화장실 공기질의 문제를 학습의 소재로 가져오는 것이다.

　이 책 6장에 나오는 이야기도 있다. 홍동중학교는 특성화 교육과정으로 2학년에 생태환경 교육을 했다. 홍동에서 키우는 한우의 수는 충청도에서 50%를 차지할 정도로 많았는데, 이로 인해 하천이 심하게 오염되었다. 그래서 학생들이 하천 수질을 격주로 조사했고, 그 결과를 마을축제에서 공유하면서 문제를 해결할 수 있었다.

　이외에도 도시든, 농촌이든, 크든 작든 상관없이 주변 동네(마을)에는 우리가 관심을 주고 참여해야 할 이야기들이 많다. "CCTV를 설치해 쓰레기 투기 감시를 했지만, 해결되지 않더라.", "주민들이 이 동네에 관심이없더라. 통장을 2년째 구하지 못하고 있어서 주민이 불편하더라.", "구청의 1년 예산이 어떻게 집행되는지 모르겠더라.", "차들이 가속을 해서 사고위험이 높더라.", "젊은 사람들이 이 도시를 떠나서 학교가 폐교될 것 같다.", "폐허가 있어서 경관을 망치더라.", "학습부진아가 많아 수업 진행이 어렵더라.", "아이들이 입시경쟁으로 쉴 시간이 없더라." 등등의 이야기다.

　국어나 영어, 수학, 음악, 사회 등 모든 교과에서도 지역사회 또는 마을과 연계함으로써 효과적인 교육을 할 수 있다(Smith & Sobel, 2010). 국어에서는 지역의 어른들을 인터뷰해 생애사 글쓰기를 하거나 에세이도 쓸 수 있다. 노인들과 소통하고 기록하고, 이를 지역신문으로 만들거나 노인 문제를 발굴할 수 있다. 음악은 이를 토대로 지역 노래를 만들어 캠페인을 할 수 있고, 미술은 지역 벽화를 그려서 봉사할 수 있다. 사회는 지역 묘지에서 6·25 전쟁사를 탐색하거나 동문을 만나 학교나 우리나라의 역사적 변화를 이해할 수 있다. 과학에서는 학교 텃밭을 활용해 씨앗의 성장을 이해하고, 멸종위기종을 확인하여 하천 수질 개선 원리를 이해할 수 있다. 수학에서는 코로나 감염 확산 속도를 계산할 수 있다.

- 마을과 마을이 연대하기

마을을 보존하는 것이 세계를 보존하는 것이다(Smith & Sobel, 2010). 마을은 세계를 내포하는 소우주와 같다. '지역과 삶'을 담은 마을교육은 마을(로컬, local)에서 세상을 만나고 마을과 마을을 연대한다. 자기 마을에 매몰되는 것이 아니라, 자기 마을에서 상생과 배려, 생태공동체의 삶을 가꾸고, 그 과정에서 더 넓은 세상과 함께하는 것이다. 자기의 마을은 국가, 세계 등 더 넓은 지역사회와 얽혀 있다. 특히, 21세기 지구촌 시대에는 한 마을의 문제가 전 세계에 큰 영향을 줄 수 있어 마을의 문제는 곧 전 지구적인 문제가 된다. 지구적 안목에서 자기 마을을 깊이 이해할 수 있으며, 자기 마을을 이해하고 개선함으로써 지속 가능한 세계의 삶을 보존할 수 있다.

우리는 기후 위기로 생존 위기에 처한 북극곰을 살리기 위해 북극까지 갈 필요가 없다. 가까운 일상생활이 세계의 삶에 영향을 미치고 있다. 오히려 나의 삶과 습관들, 그리고 주변의 동네에서 원인과 해결책을 찾을 수 있고, 이를 더 넓은 지역에 확산하고 다른 지역의 사람들과 연대하는 것이 필요하다. 예를 들어, 일상에서 커피 쓰레기를 줄이거나 재활용한다면 우리는 이곳 마을에서 북극의 곰을 살릴 수 있다. 커피박은 커피를 만들고 남은 부산물로, 흔히 '커피 찌꺼기'라고 불리는데, 아메리카노 한 잔을 만들기 위해 약 15g의 커피 원두를 사용하면서 이 중 99.8%에 해당하는 14.97g의 원두가 커피박이 된다[1]. 현재 쓰레기로 배출되는 커피박을 태우면 온실효과를 일으키고, 땅에 묻으면 토양을 산성화시킨다고 한다. 제철소에서 나오는 금속 쓰레기인 슬래그나 어부들이 사용하는 폐어망 역시 이에 해당하는 예가 된다. 이를 통해 우리나라의 소비문화가 세계에 미치는 영향을 성찰하고 더 나은 소비문화를 창출할 수 있다.

5. 이야기를 마치며

이상에서 '지역과 삶'을 강조하면서 마을교육의 모습들을 그려보았다. 기후 위기 등 세계적 위기와 지역 소멸의 위기, 국가 간 전쟁과 문화 갈등, 급변화는 기술 시대에 다시 교육의 역할이 강조되고 있다. 이런 상황에서 '지역과 삶'을 담은 마을교육은 오래된 미래지향적 과제이고, OECD 교육 2030과 유네스코 2050 보고서에서 강조하는 미래 교육의 방향과 만나고 있다. 이런 교육적 접근은 우리 교육의 여러 문제를 해결하고 학습효과를 높일 수 있으며, 지역을 살리고 지속 가능한 삶을 보장하는 핵심 전략이 된다. 우리나라는 '마을'을 키워드로 학교와 지역이 협력하는 교육공동체를 발전시켜 나가고, 전국적으로 이를 지원하는 중간 지원조직으로써 혁신교육지구가 운영된다는 점은 세계적으로 의미가 있다. 우리나라가 학교, 학부모, 지역이 협력하여 모범적인 교육을 만들어가고 있지만,

---

[1] 출처 : https://coffeebak.kr/explanation

내·외부의 위기들로 인해 일보 뒤처지기도 한다.

다행히 전국 곳곳에서 의미 있는 교육을 만드는 사람들과 교사들이 적잖이 있다. 학교에서 '지역과 삶'을 담은 마을교육 실천들을 하나씩 만들어가는 것은 고무적이다. 특히, 2022 개정 교육과정에서 분권화 시대의 지역교육과정이 강조되고, 학교자율시수가 확보됨에 따라 학교교육에 '지역과 삶'을 담은 마을교육이 더욱 활성화될 것이라고 생각한다. 하지만 학교교육에 '지역과 삶'을 담는 마을교육의 활성화를 위해 다양한 지원과 교원역량 강화 교육이 요구된다. 지속적으로 '지역과 삶'을 담은 다양한 마을교육 사례를 공유하고 확산해야 할 것이고, 무엇보다도 교육학적으로 '지역과 삶'에 기반한 교육의 가치를 정립하고, 이와 관련된 체계적인 수업 설계와 초중등교육의 연계성을 강화하는 방안을 마련해야 할 것이다. 이 책에 나오는 여러 선생님의 이야기들이 지역과 삶이 어우르는 길을 가는 데에 동반자가 될 것이다.

2장

'부부리마을' 학교교과목 이야기

양경아(전북 회현초등학교 교사)

0. 회현마을을 마음에 품다

내가 처음 회현마을을 마음에 품게 된 때는 2017년 9월 즈음이었다. 회현마을은 군산시 대정리에 위치해 있다. 그 당시 나는 아이들의 성장을 위해 학교와 마을이 함께 만들어가는 교육과정 운영의 재미에 몹시 푹 빠져 살 때였다. 문득문득 떠오르는 교육활동 아이디어를 동료 교사와 나누고 교감 선생님과 협의하며 프로젝트를 계획하고 학부모님들과 함께 협력하여 교육과정을 운영하고 아이들에게 행복한 피드백을 받으며 교사인 나도, 학생들도, 학부모님들도 함께 성장하며 '내가 교사로 살아가기를 정말 잘했구나'라는 교사로서의 자존감과 행복감이 샘솟는 시기였다.

하지만, 어느덧 학교를 옮겨야 하는 시기에 도래했다. 5년 만기를 앞두고 나의 교육철학과 교육활동을 계속 이어갈 수 있는 학교가 어디일지, 갈 수 있는 여건은 되는지 고민이 많았던 시기였다. 이런 나에게 어느 날, 교감 선생님께서 회현초 교장선생님을 만나기로 했다며 함께 가자고 제안하셨다. 회현초등학교는 내가 재직 중이던 학교와 철학이나 교육활동이 무척 비슷하여 근무하고 싶은 학교 중 하나였기에 마다할 이유가 없었다.

그렇게 갑자기 회현초 교장선생님을 만나게 되었다. 우리는 회현초 주변의 '마실'이라는 찻집에서 이야기를 나누었다. 회현초의 다양한 교육활동을 소개해 주시는 교장선생님의 말씀 속에서 행복함이 묻어났다. 교장선생님의 열정 못지않게 선생님들의 열정과 아이들의 활기가 대화 속에서 느껴졌다. 우리 또한 질세라 우리 학교의 이야기를 덩달아 풀어놓았다. 두 학교와 아이들에 관한 이야기꽃을 피우며 우리의 담소는 끝없이 이어지고 있었다. 회현초 교장선생님을 만나 뵙고 집으로 가는 내내 나는 '지금 실천하고 있는 교육과정을 더 깊이 있게 펼칠 수 있는 곳이구나…'라는 생각에 회현초에 근무해 보고 싶다는 생각이 더욱 깊어졌다.

9월의 마지막 주 금요일 오후였다. 교감 선생님을 따라나선 회현 나들이에서 가장 기억에 남는 활동 중의 하나가 '회현마을 장터'였다. 매월 마지막 주 금요일 오후, 회현에서만 열리는 '마을 장터'의 현장이 너무 궁금해서 금요일 오후를 기다렸다. 금요일 오후라도 학교는 한가롭지 않다. 학교에서 해야 할 일을 부랴부랴 마치고 헐레벌떡 회현마을로 향했다. 일찍 출발한다고 했지만 도착해 보니 장터는 거의 파장 분위기였다.

9월의 마지막 주 금요일이긴 했지만, 여전히 햇살은 따갑고 더웠던 것으로 기억한다. 회현 농협 창고 앞에 아이들이 돗자리를 펴고 집에 있는 인형, 장난감, 학용품, 옷 등에 가격표를 붙여놓은 채 물건을 파는 것인지, 노는 것인지 모르게 마냥 즐거운 모습이었다. 어떤 것은 거의 새것이고, 어떤 것은 더 이상 사용하지 않는 물건, 또 직접 만든 물건도 있었다. 아이들의 정이 든 물건들을 서로 사고팔며 그들의 추억도 공유하는 모습이었다. 판매대를 친구와 함께 나누며 서로의 물건을 주고받기도 했다. 나도 거기에서 한 아이의 물건을 골랐다. 그 물건이 담은 이야기를 물어보며 그렇게 아이의 추억을 공유했다.

마을 장터는 아이들만의 공간이 아니었다. 학부모님들도 다양한 판매
대를 운영하셨다. 마을 장터에서 빠질 수 없는 코너인 김치전을 학부모
들이 판매하고 계셨다. 학부모님들은 더운 날씨에도 김치전을 부치며 수
입이 많지도 않은 것 같은데도 짜증은커녕 아이들의 행복함을 느껴서인
지 흥겨운 수다를 즐기고 계셨다. 낯선 손님인 나를 반기며 학교와 장터에
대해 묻는 물음에 신이 나서 아주 친절하게 설명해 주셨다. 나 또한 '지글
지글' 소리를 내며 노릇노릇 구워진 김치전을 먹으며 이들과 삶을 공유하
고 싶다고 생각하게 되었다.

이렇게 학교와 마을이 이어진 회현초가 내 마음에 자리 잡게 되었고 그
이듬해 2018년 3월, 나는 마을과 학교 속에서 성장할 '아이들', 그리고 '나'
에 대한 기대를 안고 회현초에 부임하게 되었다.

1. 회현마을에 변화의 바람이 일다

- 학교와 마을이 다시 살아나다

회현초등학교도 여느 시골 마을처럼 점점 작아지는 학교였다. 인근의
작은 학교들이 통합되고도 학생 수가 점점 줄어드는 상태였다. 2010년에
는 단 한 명의 아이가 입학했고, 이후 한 명의 아이가 전학을 와서 1학년
에 두 명이 되었다. 이런 회현마을에 변화가 일어나기 시작했다. 인근의
회현중학교가 2009년 내부형 공모교장 부임을 계기로 2010년 전원학교,
2012년 혁신학교로 지정되면서 학교 시설 및 교육과정을 대폭 개선하기
시작했다. 회현중학교가 전국 단위의 학생 모집이 가능한 자율중학교가
되면서 교육에 관심이 있는 사람들이 자녀 교육을 위해 회현마을을 찾기
시작했다.

회현중학교의 성장 열기에 힘입어 회현초등학교에 대한 인기도 더불어 상승하게 되었다. 회현중학교에 아이를 보내고자 하는 학부모님들이 일찍이 초등학교부터 회현초등학교에 전입해 중학교까지 연계해서 보내고자 하는 마음에 회현마을로 이사하는 가정이 하나둘 늘어나기 시작했다. 2012년에는 입학생이 8명이 되었고, 6학년 학생도 56명으로 늘어났다. 2014년 144명, 2015년 170명, 2016년 203명, 2017년 220명, 2018년 231명 꾸준히 증가했다. 그러다 2019년부터는 인구 자연 감소와 함께 전교생의 수도 조금씩 줄어들고 있기는 하지만 여전히 학교를 찾아 회현마을로 삶의 터전을 옮기는 사람들이 있다. 마을에는 빈집들이 채워지고, 새로운 건물들이 세워지기 시작했다. 학교가 살아나니 마을이 살아나게 된 것이다.

2. 학부모 동아리를 통해 학부모 자치를 시작하다

- 좋은 생각

회현마을에 삶의 터를 잡은 사람들은 각자 마을에 온 시기와 사연은 모두 다르지만 자녀를 잘 키워보고자 하는 마음으로 하나로 모였다. 청암산 아래의 작은 마을이지만, 마을에서 함께 뛰놀며 서로를 세워주고 더불어 살아가며 같이 성장하는 아이들로 자라났으면 하는 마음, 그런 마음으로 학부모들이 하나둘 모이기 시작했다. 그렇게 시작한 모임이 2011년에 '좋은 생각'이라는 학부모 독서동아리가 되었다.

우리 아이들의 바른 성장을 위해, 좋은 부모가 되기 위해, 학교의 교육을 함께 돕기 위해 학부모들은 함께 책을 읽으며 삶을 나누고, 고민을 나누고 방향을 세워나갔다. 여기에는 학부모만 참여한 것이 아니다. 아이가 졸업하여 더 이상 학부모는 아니지만 마을의 어른이 된 분들, 마을로 이사 온 학교의 초·중학교 선생님도 함께했다. 우리 모두의 공통 분모는 마을과 학교와 아이들이었다. 교육에는 정답이 없다. 그저 우리의 아이들이 대한민국의 슬픈 교육 현실에서도 경쟁보다는 협력을 배우며 우리 사회의 진정한 민주시민으로 성장할 수 있도록 부모로서, 마을의 어른으로서 그렇게 함께 성장의 발걸음을 내디뎠다.

학부모들의 자발적인 마음으로 생겨난 '좋은 생각' 독서동아리가 씨앗이 되어 학교 교사들에게도 영향을 주기 시작했다. 처음에는 학부모님들의 강한 교육열이 교사들에게 부담과 두려움으로 다가오기도 했지만, 이 마음을 모아 학교를 제대로 살려 공교육의 기능을 회복하자는 움직임이 교사들 사이에서도 일어나기 시작했다. 이리한 마음이 모아져서 2013년부터 혁신학교를 시작하게 되었고, 2019년부터는 혁신더하기(+) 학교로 그 명맥을 이어오고 있다. 회현초등학교의 혁신학교는 이렇게 마을이, 학부모들이 먼저 움직이고 관심을 가지면서 시작되었다.

- 사랑수book

학부모들의 자발적인 동아리는 '좋은 생각'에 그치지 않았고 점점 다양한 형태의 동아리들이 만들어지기 시작했다. 13년째 매주 수요일 아침이면 바빠지는 학부모 동아리가 있다. 바로 '사랑수book'이라는 동아리다. 수요일 아침이면 아이들의 발걸음도 덩달아 빨라진다. 교실에서 재미난 이야기책을 들고 아이들을 기다리고 계시는 '사랑수book' 어머님이 있기 때문이다. 아이들은 교실에 들어오자마자 가방을 내려놓고 옹기종기 모여 앉아 이야기 속으로 빠져든다. 아침 일찍 학교에 오느라 잠이 덜 깬 아이도 있을 법도 한데 모두 두 눈을 반짝이며 이야기에 귀를 기울인다. 어쩌다 소란을 피워 이야기의 흐름을 방해하는 아이가 있을 때는 아이들의 눈총을 받기도 한다. 아이들도, 이야기 선생님에게도 그렇게 하나의 이야기 속에서 서로의 삶을 공유하는 시간이 만들어진다. '사랑수book'의 어머니도 이렇게 1년 동안 한 학급 친구들을 매주 만나기에 아이들에 대해 아주 잘 알게 된다.

- 따공(따뜻한 공간)

아이의 능력을 키우기 위해서는 "할아버지의 재력, 어머니의 정보력, 아버지의 무관심이 중요하다"라는 교육의 현주소를 꼬집는 씁쓸한 말이 있는데, 회현의 아버지들은 절대 무관심하지 않다. 아니, 때로는 어머니보다 더 적극적이고 열정적이다. 회현초는 학부모회 말고도 아버지회가 따로 결성되어 있다. 그리고 아버지들이 만든 '따공(따뜻한 공간)'이라는 동아리가 중심이 되어 학교와 마을의 공간을 바꾸는 데 앞장서서 활동한다. 학교 안에 있는 벤치, 야외 데크, 트리하우스, 야외 놀이터, 책꽂이 등 학생들이 학교 안에서 필요한 물건이나 시설이 있을 때면 아버지들이 모여서 목재를 이용해 뚝딱뚝딱 만든다. 직장에서 퇴근 후 쉬어야 할 시간인 주말이나 저녁 시간을 이용하여 학교와 아이들의 필요에 따라 작업을 한다. 피곤하고 지칠 법도 한데 아버지들이 만든 물건을 사용할 아이들의 모습이 상상이 되어서일까 연신 즐거움의 미소와 담소를 나누며 즐거운 작업을 이어 간다. 올해는 지자체에 사업계획서를 제출하여 예산을 받아 마을에까지 '따공' 동아리의 활동 범위를 넓혀가는 중이다.

〈학교 숲 놀이터에 세운 트리하우스〉

그 외에도 다잇소(손뜨개 동아리), 회현소리(합창동아리), 흙수다(도예동아리), 칸타빌레(현악앙상블 동아리) 등의 학부모 동아리들이 만들어지게 되었다. 학부모와 마을 사람들이 어우러져 동아리 활동을 하며 서로의 삶을 나누고 이야기꽃을 피우며 동아리에서 만들고 다듬은 솜씨를 학교에, 마을에 기부하는 사랑의 선순환으로 이어지고 있다.

3. '너나들이' 마을 모임으로 마을자치의 시대를 열다

- 너나들이

'너나들이'는 '서로 마음을 터놓고 지내는 사이'라는 순우리말에서 따온 이름이다. '한 아이를 기르기 위해서는 온 마을이 필요하다'라는 말이 진부하게 들릴지 모르지만, 회현마을 사람들에게는 아주 진지한 말이다. 우리의 아이들은 학교에서의 배움이 전부가 될 수도 없고, 전부가 되어서도 안 된다.

아이들에게 마을이 즐거운 배움터이자 놀이터가 될 수 있도록 '너나들이' 마을 모임이 시작되었지만 마을 모임은 또 다른 목적이 있었다. 그것은 회현마을을 찾아 새롭게 이사 온 사람들과 원래 살던 마을 사람들의 하나 됨을 위해, 그리고 새롭게 회현으로 이사 와서 정착해야 하는 새로운 마을 사람들이 빨리 정착하도록 돕기 위해 마을의 문화를 만들어가자는 따뜻한 마음에서 비롯된 것이다. 개인주의가 팽배하고 남을 돌아볼 겨를이 없는 이런 시대에 회현마을에는 따뜻한 온기가 마을 모임에서 피어 오르고 있었다.

마을 모임에는 회현초·중학교 각각의 학부모회, 아버지회, 담당 선생님, 면사무소 마을 담당자, 마을 사람들이 모임에 참여한다. 회의 주제에 따라 아이들이 참여하는 때도 있다. 마을 정기 회의를 통해 마을의 다양한 행사와 마을 문제, 마을 아이들을 위한 이벤트 교육활동 등을 논의한다. 정월대보름 한마당, 부부리 야시장, 가을 음악회, 마을 동아리 모임, 마을 교육인문학 아카데미, 마을 장터 등이 주를 이룬다.

〈 너나들이 마을 정기모임 〉

- 회현마을 장터

여러 활동 중에서 학교, 학부모, 지역사회의 협력적인 관계가 가장 잘 이루어지고 있는 부분을 뽑으라고 한다면 우리 마을 자치 모임 너나들이가 주관하는 '회현마을 장터'라고 말하고 싶다. 2016년부터 시작한 마을 장터는 한 달에 한 번 마지막 주 금요일이 되면 열렸다. 2020년 갑자기 코로나 상황이 발생한 가운데에서도 매달 열리지는 못했지만 소규모로 열리는 마을 장터, 나눔장터 등으로 형태를 바꾸어 꾸준히 운영했다.

약 2시간 정도 열리는 장터이지만 장터는 거의 작은 마을축제 분위기다. 아이들은 자신이 직접 만든 물건이나 사용하지 않는 물건을 장터에 가지고 나와 팔고, 작은 사업 아이템(뽑기, 솜사탕, 달고나, 음료수 등)을 가지고 나오기도 한다. 직접 기른 채소나 곡식, 반찬 등을 가지고 나오는 마을 어르신들도 계신다. 학부모님들은 학부모 동아리에서 만든 물건을 팔기도 하고, 학생들의 교육활동 지원을 위한 재료비를 구하고자 김치전이나 음식을 팔기도 하신다. 회현마을의 음식점이나 반찬가게의 음식들도 장터로 나온다. 회현중학교 언니 오빠들이 만든 목공 제품과 차와 음료, 작은 소품들 등, 시골의 오일장에 버금갈 정도로 다양한 물건과 먹거리, 볼거리들이 즐비하다. 물건을 파는 사람들이 다시 사는 사람이 되어 그날 번 돈을 장터에서 다 소진해 남는 장사도 아니지만 마냥 즐거운 장사다. 그리고 공연하는 크고 작은 아이들, 그것을 바라보는 마을 사람들. 경제교육과 축제, 어우러짐이 우리 모두를 빛나게 하는 우리 마을의 소중한 시간이다.

〈마을 장터〉

- 정월대보름 축제

해마다 정월대보름이면 풍물놀이와 함께 달집태우기 행사가 회현초 운동장에서 열린다. 회현의 죽동마을에서 대대로 이어져 오던 달집태우기 행사를 '너나들이' 마을자치회에서 전통의 맥을 이어받아 마을의 화합을 기원하는 한마당 잔치로 치르고 있다. 회현마을의 정월대보름 행사는 군산 맘카페에도 입소문이 나서 행사가 열리는 날이면 군산 시내의 많은 사람들이 회현마을을 찾아오기도 한다. 달집태우기 행사를 위해서 회현마을 아버지들은 몇 달 전부터 달집을 세우기 위한 구조물 만들기, 대나무 세우기, 새끼꼬기 준비 등으로 분주하다.

정월대보름 행사에 빠질 수 없는 마을 풍물패들이 흥을 돋운다. 학교 운동장 곳곳을 누비며 지신을 밟으며 한 해의 풍요와 안녕을 기원한다. 아이들과 어른들이 어우러져 연날리기, 윷놀이, 투호 등의 전통 놀이 등을 즐기고, 학부모들이 정성스럽게 준비한 오곡밥, 나물, 부럼, 어른들을 위한 한정판 귀밝이술 등 한 해의 건강을 기원하는 상징적인 음식들을 나눔으로써 회현마을 사람들의 넉넉한 인심을 함께 나눈다.

정월대보름 행사의 절정인 달집태우기는 둥근 달이 떠오를 무렵 회현면 죽동마을의 자랑인 대나무와 볏짚으로 만든 원추형 달집에 각자의 소원을 적어 매달고, 달이 뜨면 학생, 학부모, 교원, 마을의 각 대표 점화자가 나서 달집에 불을 놓아 새로운 해의 복을 기원하는 의식을 치르는 방식이다. 불타오르는 달집을 보며 서로가 둥글게 돌며 노래를 부르기도 하고 서로의 안녕을 축복하며 정월대보름 행사를 마무리한다.

<정월대보름 축제>

이처럼 아이들의 올바른 성장을 위해 학교, 학부모, 지역사회의 구성원들이 하나가 되어 아이들의 눈높이에 맞추어 한 걸음 한 걸음 함께 나아간다. 마을의 행사에 학교와 학부모가 참여하고 학교행사에 마을이 함께하는, 마을에서 놀고, 마을에서 배움이 일어나는 즐겁고 행복한 학교의 모습이다. 이를 위해서는 공동체 구성원 간에 많은 노력과 희생이 필요하다. 내 아이를 위해서가 아닌 우리의 아이를 위해 나의 시간과 돈, 재능을 기부해야 하기 때문이다.

4. 학교의 철학과 마을의 철학, 학교의 교육과정과 마을의 교육과정이 만나다

　회현초등학교의 철학은 '즐거운 배움으로 함께 성장하는 우리'다. 혁신학교를 시작하며 학생, 학부모, 교직원, 마을 사람들이 함께 모여 머리를 맞대어 생각을 모으고 마음을 모아 세운 학교의 철학이어서 모두의 마음속에 새겨져 있다. 학교의 철학이 교육구성원들 생각의 흐름에 바탕이 되어 모든 교육활동의 방향을 정할 때 무게추가 되어준다. 구성원들이 같은 방향을 바라볼 수 있는 철학이 있다는 것은 정말 중요하다. 시대와 상황에 따라 교육활동의 내용은 바뀔 수 있지만, 구성원들이 공통으로 추구하는 가치, 철학을 중심에 두고 교육활동을 융통성 있게 변화시킬 때 크게 흔들리지 않고 묵묵히 교육의 길을 잃지 않고 걷게 하기 때문이다.

　회현초등학교는 교육과정을 계획할 때 항상 학생, 학부모, 교직원, 그리고 마을 사람들 등 교육의 4주체가 만난다. 바로 학교의 철학을 공유하고 교육구성원들의 생각을 공유하며 서로의 철학이 어우러지는 자리다. 1년에 서너 번 많은 사람이 참여할 수 있도록 저녁 시간에 만나며, 교육과정 설명회나 교육과정 이야기 나눔에 교육의 4주체가 항상 함께한다. 교육구성원들은 끊임없이 소통하며 함께 회현초등학교 교육의 방향을 정하고 1년의 교육과정을 함께 돌아본다. 1년에 서너 번씩이나 만나는 그 자리가 서로에게 부담스럽기도 하지만, 막상 만나면 긴장감은 어느새 사라지고 우리들이 학교 안에서 마을 안에서 살아온 이야기, 살아갈 이야기로 들썩들썩 이야기꽃을 피우느라 정신이 없다. 시작할 때는 끝나는 시간을 좀 지켜달라 아우성이지만 이야기를 끝내야 할 시간에는 시간을 더 달라고 조르는 웃픈 상황이 벌어지기도 한다.

〈교육과정을 소통하는 학생, 학부모, 교직원, 그리고 마을 사람들〉

　주제는 그때마다 다르지만, 대부분은 우리 아이들의 성장을 중심에 두고 아이들에게 길러주고자 하는 가치, 그해에 좀 더 중점을 두어야 할 교육활동, 학부모님이 교육활동에 어떻게 참여할 것인가, 가정에서 어떻게 아이들을 도와야 할 것인가 등에 대해 이야기를 나누었다. 여기에 꼭 빠지지 않은 이야기는 '마을과 더불어서 어떻게 교육과정을 풀어나갈 것인가?'이다. 그도 그럴 것이 마을에서는 아이들을 위한 다양한 프로그램을 운영한다. 마을 장터, 마을 축제, 주말 프로그램 등이 꾸준하게 이어지고 그 모든 활동의 주인공은 바로 우리 아이들이다. 학교의 교육과정 이야기 나눔에 왜 마을의 교육활동을 함께 이야기하냐고 투덜대는 교사는 하나도 없다. 모두가 우리 아이들을 위한 교육이기에 교육과정의 울타리가 사라진 것이다. 학교와 마을이 하나가 되어갔다.

5. 학교교육과정 안에 마을이 들어오다

　2019년 회현초등학교는 혁신학교에서 한 걸음 더 깊어지는 혁신더하기(+) 학교로 발돋움했다. '교육과정의 깊이를 더하는 학교를 위해 우리가 무엇을 해야 할까? 무엇을 할 수 있을까?' 교사들의 책임감 있는 부담감이 각자의 마음속에 있었다. 그즈음, 전라북도교육청은 교육과정 자율화를 위해 국가교육과정의 대강화와 교사들의 교육과정 개발 권한 확대를 위해 교사교육과정 개발에 대한 정책과제를 추진했었다. 이에 우리 학교는 혁신더하기 학교로서 학교교과목을 개발해 볼 것을 제안받았다. 그때만 해도 교사교육과정이나 학교교과목이 우리에게 생소한 용어였기 때문에 우리 안에서도 많은 고민과 부담감, 거부감이 있었다.

교사교육과정의 의미: 교사교육과정은 교원이 교육과정 문해력을 바탕으로 학생의 삶을 중심에 두고 국가, 지역, 학교교육과정의 기반 위에 학교공동체의 철학을 담아 계획하고 실천하면서 함께 만들어가는 교육과정이다.

학교교과목의 의미: 단위학교의 교사교육과정 차원에서 교과와 범교과 영역을 포괄하여 지역과 학생의 실정에 맞게 학교 자체적으로 범위와 계열성을 갖추어 개설하는 교과목이다. 학교는 학교교과목을 주제에 따라 교과 내 또는 교과 간 통합으로 개발하여 실천할 수 있다. 주요 주제에는 마을, 언어, 수리, 사회탐구, 과학 탐구, 예술 및 신체 활동, 민주시민, 환경, 인권, 평등, 평화 등이 있다.

(전라북도 초등학교 교육과정 총론, 전라북도교육청 고시 제2023-9)

우리 학교는 별도의 학교교과목을 만들지 않더라도 현재 운영하는 교육과정 재구성으로 우리 아이들과 충분히 의미 있는 교육활동을 할 수 있었다. 그럼에도 우리는 왜 학교교과목을 개발해야 하는 걸까? 교사들의 깊은 고민 속에서 우리는 학교교과목 개발을 어찌 보면 숙명처럼 받아들였다.

학교교육과정은 한 사회가 계승 발전한 문화를 다음 세대에 잘 전수하기 위해 교육 내용을 체계적으로 조직한 것이다. 우리 교육과정의 문제는 삶과 배움이 동떨어져 있다는 것이다. 지금까지의 배움이 "무엇을 얼마나 알고 있는가?"라는 대답으로서의 지식이었다면 이제는 "배운 것을 내 삶에서 직접 경험하며 어떻게 실천할 수 있는가?"라는 문제해결로서의 지혜가 더욱 필요하다. 교실에서 배움이 학교의 담을 넘어 아이들의 삶과 연결되는 학교교과목을 만들어 보자는 것이 우리 선생님들의 생각이었다.

그다음 우리의 고민은 학교교과목으로 우리는 "어떤 교육과정을 개발할 것인가?"였다. 회현초는 그 당시 약 5년 동안 해마다 같은 시기에 학년별 교육과정 재구성을 통해 '환경생태' 프로젝트 수업을 진행하고 전 학년이 수업 결과를 공유하는 장인 '회현판'을 운영하고 있었다. 어찌 보면 문서로 체계화만 하지 않았을 뿐 교육과정 재구성을 통해 지역과 학교의 실정에 맞게 학교 자체적으로 범위와 계열성을 갖추어 학교교과목을 운영하고 있었던 것이다. '환경생태' 학교교과목 개발은 그냥 굴비 엮듯 문서로 체계화하면 용이할 일이었다.

하지만 회현초 선생님들은 쉬운 길을 택하지 않았다. 환경생태는 우리 학교 안에 이미 체계화되어 있으니 우리 학교 아이들에게 꼭 필요한 다른 학교교과목을 만들어 보자는 도전장을 만들어 내놓았다. 우리는 또다시 깊은 고민 속에 빠지게 되었다. "여러 학교와는 다른 우리 학교만의 특성은 무엇이 있을까?", "회현의 아이들이 6년 동안의 초등학교 생활을 통해 무엇을 얻으면 좋을까?", "회현초가 우리 아이들에게 길러주고 싶은 역량은 무엇이지?" 등 우리는 끊임없이 서로에게 질문하기 시작했고, 깊은 토론을 통해 얻은 결론은 '마을'이었다.

다른 학교와는 달리 회현초에는 늘 마을 이야기가 끊이지 않는다. 학교교육과정 이야기를 할 때도, 주말에 있었던 이야기를 할 때도, 이야기의 배경이 학교와 가정, 그리고 마을이 주를 이룬다. 그만큼 우리 아이들은 마을에서 놀고, 배우고, 자라고 있다. 마을이 함께 아이들을 키우고 있다는 것을 우리 모두가 느끼고 있었다.

학년별 교육활동 체계화를 위해 우리는 회현마을의 자연환경, 역사, 문화, 인물 등에 대해 더 공부해야만 했다. 회현에서 우리 아이들이 경험하고 있는 다양한 축제, 교육활동, 여기에 더해 마을을 주제로 아이들과 하고 싶은 선생님들의 다양한 창의적인 교육활동 아이디어까지 어떻게 학교의 교육과정과 연결하고 녹여낼지 고민하고 협의했다. 1학년에서 6학년까지 범위와 계열은 어떻게 할지, 학년별로 학년의 다른 교과목과는 어떻게 연결할지 교육과정을 깊이 있게 들여다보는 시간이 되었다. 이렇게 만들어진 학교교과목이 '부부리마을'이다.

- 부부리 마을교육과정 소개

부부리는 회현의 옛 이름이다. 지금의 회현은 삼한시대에는 마한의 '부부리국'이었고, 삼국시대에는 백제의 '부부리현'이었다. 이러한 회현의 옛 이름을 따서 마을 사람들이 먼저 축제 이름에 '부부리 축제', '부부리 야시장' 등으로 이름을 붙이기 시작했다. 그 이름이 우리에게 친숙하기도 하고 마을 사람들이 붙인 회현마을 브랜드 이름을 존중하고 싶은 마음에 학교교과목 이름을 '부부리 마을교육과정'으로 정하게 되었다.

국가교육과정 안의 마을교육은 2학년에 마을 그림 그리기와 공공기관 방문 등 학교 주변을 중심으로 한 교육에 그치고 만다. 아이들이 살고 있는 마을에 대한 구체적인 이해가 이루어지지 않은 채 3학년 교육과정에서는 마을이 군산시로, 4학년에서는 전라북도로 점점 확장된다. 우리 아이들이 살아가는 마을에 대한 이해와 공감을 제대로 얻지 못한 채 더 큰 테두리의 마을을 접하게 되는 것이다.

우리 아이들에게 키워주어야 할 능력은 불확실성의 시대에 나의 주변 사람들(친구, 마을 사람들)과 소통하고 협력하면서 우리 주변의 문제에 민주시민으로서 참여하고 개선하는 역량이다. 주변의 다양한 삶이 보다 적극적으로 학교교육과정 속으로 들어와서 마을을 이해하고, 사랑하고, 마음에 품어 지역의 문제점도 함께 고민하며 해결 방안을 모색하고 실천하는 활동을 담아내야 한다.

이를 위해 부부리마을 학교교과목에 마을의 지리, 역사, 마을 경제 활동, 마을 사람들과의 만남, 마을 구성원으로서의 문제해결을 위한 노력 등을 담았다. 이러한 교육과정을 통해서 우리 아이들에게 마을 공감 능력, 공동체 의식, 민주시민 의식, 사람 이해 능력, 의사소통 능력을 길러주고자 한다.

마을교육	내용	학년	부부리마을 교재명
마을에 관한 교육 (learning about community)	우리 아이들이 속해 있는 마을과 지역에 대해 배우는 것	1	반가워, 마을아. 안녕, 학교야.
		2	이야기 따라 마을 속으로
마을을 통한 교육 (learning through community)	우리 마을의 인적, 문화적, 환경적, 역사적 인프라를 적극적으로 활용하여 이루어지는 학습 형태	3	나는 마을 문화해설가
		4	슬기로운 마을 농부생활
		5	마을 속 삶을 찾아서
마을을 위한 교육 (learning for community)	우리 아이들이 마을 발전의 훌륭한 시민이 될 수 있도록 미래 진로를 키워주는 활동	6	우리, 마을을 바꾸다.

〈 서용선 외(2016: 121-124) "마을교육공동체란 무엇인가?"에서 재구성 〉

이처럼 '즐거운 배움으로 함께 성장하는 우리'라는 학교 철학과 '마을 속에서 성장하는 아이'라는 학생상을 실현하기 위해 2022학년도부터 정식으로 학교교과목 [부부리마을]을 승인받아 편성하여 운영하고 있다.

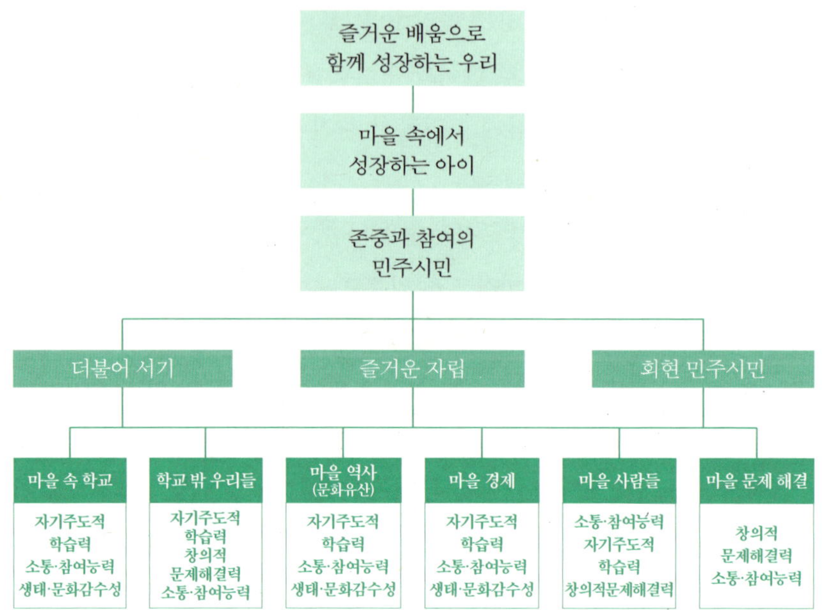

〈 부부리마을 교과목의 비전과 목표 〉

- 학년별 마을교육과정 개발의 목적

부부리마을 학교교과목은 회현초등학교 아이들이 입학 후 졸업할 때까지 삶의 터전이자 배움터인 마을을 제대로 이해할 수 있도록 구성했다. 우리는 학생들이 참다운 학력, 진정한 배움을 얻기를 희망했다. 이제 각 학년별 학교교과목 개발의 목적을 살펴보자.

1학년에서는 '마을 속 우리 학교'를 만나본다. 입학하여 처음 접하는 회현면 안의 '마을 속 우리 학교' 활동을 통해 우리 주변을 살펴볼 수 있는 자기주도적 학습력과 나와 다른 사람의 경험을 연결하며 소통하고 참여할 수 있는 소통·참여 능력을 갖추도록 한다. 성취기준은 다음과 같다.

- 학교 공간과 사람들을 만나서 학교에 대한 소중함을 인식한다.
- 학교 안의 상징물을 통하여 학교에 대해 안다.
- 학교 소개 자료를 만들어 주변 사람들에게 우리 학교를 소개한다.
- 학교 주변의 자연환경에 대한 소중함과 자긍심을 갖는다.

2학년에서는 '학교 밖 우리들'로 나아간다. 학교 밖으로 점차 배움을 넓혀가며 학교 밖 마을 곳곳의 이야기를 통해 마을에 관심을 가지고 마을과 내 삶을 연관 지어 이해하며, 그것을 글과 그림으로 표현하고 나누면서 소통하고 참여할 수 있는 소통·참여 및 창의적 문제해결 능력을 기르도록 한다. 성취기준은 다음과 같다.

- 부부리마을에 전해 오는 이야기를 알아보고 이야기를 간단하게 설명할 수 있다.
- 이야기 속 부부리마을의 모습을 실제 생활과 연관지을 수 있다.
- 부부리마을에 전해 오는 이야기를 설명하며 내가 사는 마을에 대한 자긍심을 기른다.

3학년에서는 마을의 역사(문화유산을 찾아서)를 알아본다. 아이들이 사는 공간인 마을과 관련된 역사와 문화유산을 알아보고 조사하면서 마을에 대한 친밀감과 자긍심을 갖도록 한다. 또한 마을에 대해 배운 내용을 직접 탐방해 몸으로 느끼고 글과 그림으로 표현하며, 마을 구성원들에게 소개하는 활동을 한다. 이를 통해 의사소통능력 및 마을을 사랑하는 마음을 기르고, 마을과 사회의 구성원으로서 책임감 있는 공동체의 역할을 수행하도록 돕는다.

- 부부리마을과 관련된 옛 자료를 통하여 마을의 역사를 알고 내가 사는 마을에 관심을 갖는다.
- 부부리마을의 문화유산을 알아보고 자료를 조사하여 마을 소개 자료를 만든다.
- 부부리마을의 문화유산을 설명하며 내가 사는 마을에 대한 자긍심을 기른다.

4학년에서는 '마을 경제'에 대해 살펴본다. 아이들이 벼농사의 과정을 직접 체험하고 수확물을 가공하고 판매하는 일련의 과정을 경험하면서 생태 문화 감수성을 기르고, 마을 속에서 스스로 경제 활동을 익히도록 한다. 또한, 수확한 마을 특산물(쌀)을 판매하고 기부하는 활동을 통해 자기 주도적 학습 능력, 소통·참여 능력을 기르도록 한다.

- 벼의 한살이 관찰 계획을 세워 벼를 기르면서 벼의 한살이를 관찰할 수 있다.
- 수확한 벼를 가공하고 판매하는 과정을 통해 생산과 소비를 이해할 수 있다.

5학년에서는 '마을 사람들'과 소통한다. 마을 어른들과 만나고 이야기를 나누는 생애사 쓰기 활동을 통해 마을 사람들의 삶을 공감하고 소통하는 능력, 존중과 참여를 포함한 민주시민성을 갖추도록 한다.

- 부부리마을 사람들의 이야기를 듣고 그분들의 삶이 드러나게 글을 쓸 수 있다.
- 부부리마을 사람들의 삶을 이해하고 공감하는 마음을 갖는다.

6학년에서는 '마을의 문제'에 관심을 갖고 참여한다. 학교와 마을의 문제점을 이해하고 창의적으로 문제를 해결할 수 있는 창의적 문제해결능력, 존중과 참여의 민주시민성을 갖추도록 한다.

- 공감을 바탕으로 우리 학교와 마을의 문제점을 찾고 해결 방안을 찾는다.
- 체인지메이커 활동을 통해 사회구성원으로서 민주시민의식을 기른다.

위 목적과 성취기준을 참답게 배우기 위해 학년별로 다음과 같이 활동내용을 구성했다. 1학년에서는 '학교 속으로 퐁당!!', '학교 밖으로 빼꼼!!'이라는 주제로 활동하며, 2학년에서는 '이야기 따라 마을 속으로', 3학년에서는 '알아보자! 부부리마을', '소개해요! 부부리마을'을 주제로 활동한다. 4학년에서는 '슬기로운 농부 생활', 5학년에서는 '사람들을 만나요', '삶을 기록해요'를 배운다. 마지막 6학년에서는 '학교 안에서의 움직임', '마을 안에서의 움직임'을 주제로 활동을 마무리한다.

학년	영역	주제	차시	활동내용	참학력	시기
1	마을 속 우리 학교	학교 속으로 퐁당!!	1	• 부부리마을 속 우리 학교 알아보기	자기 주도적 학습력 공감 및 소통 역량 생태 감수성 문화 감수성	3~12월
			2~3	• 우리 학교 만나보기		
			4~5	• 오감으로 우리 학교 느껴보기		
			6~7	• 우리 학교 식물 친구 찾아보기		
			8~9	• 우리 학교를 상징하는 것 알아보기		
			10~11	• 닭재 알아보기		
			12~14	• 우리 학교 소개자료 만들기		
		학교 밖으로 빼꼼!!	15~16	• 우리 학교의 주변 마을로 산책 나가기		
			17~18	• 학교 밖 우리 마을 소개하기		

학년	영역	주제	차시	활동내용	참학력	시기
2	학교 밖 우리들	이야기 따라 마을 속으로	1~6	• 여러 마을 이름과 유래, 옛 이야기 살펴보기	자기 주도적 학습력 창의적 문제 해결력 공감 및 소통 역량	3~12월
			7~8	• 마을 속 우리 집 친구들과 살펴보기		
			9~12	• 옛 이야기 속 마을 둘러보기		
			13~16	• 옛 이야기 그림책으로 만들기		
			17~18	• 옛 이야기(그림책) 소개하고 나누기		
3	마을의 역사 (문화유산을 찾아서)	알아보자! 부부리마을	1~2	• 부부리마을 역사 살펴보기	자기 주도적 학습력 창의적 문제 해결력 공감 및 소통 역량	3~12월
			3~8	• 부부리마을 문화유산 알아보고 조사하기		
			9~13	• 부부리마을 탐방하기		
		소개해요! 부부리마을	14~17	• 부부리마을 문화유산 소개 자료 설계하기		
			18~21	• 부부리마을 문화유산 소개 자료 완성하기		
			22~25	• 부부리마을 소개하기		
4	마을 경제	슬기로운 농부 생활	1~12	• 마을 전문가(학부모 길잡이 교사)와 함께하는 우리 마을 농부 이야기(육묘, 모내기, 김매기, 추수하기, 탈곡하기)	자기 주도적 학습 능력 공감 및 소통 역량 생태감수성 문화감수성	4~11월
			13~14	• 수확한 쌀(마을 특산품)로 마을 장터(오프라인 또는 온라인) 계획 세우고 준비하기		
			15~16	• 마을 장터(오프라인 또는 온라인) 참여하기		
			17~18	• 수익금 활용 방안 토의하고 실천하기		
5	마을 사람들	사람들을 만나요	1~4	• 면담에 대해 알아보고 계획 세우기	자기주도적 학습력 공감 및 소통 역량 창의적 문제해결력 민주시민성	7~10월
			5~13	• 면담 활동을 통해 마을 사람들의 삶 알아보기		
		삶을 기록해요	14~16	• 생애사 쓰기		
			17~18	• 생애사 작품 발표 및 공유하기		

학년	영역	주제	차시	활동내용	참학력	시기
6	마을의 문제 해결	학교 안에서의 움직임	1	• 최고학년이 된 우리 - 학교에서 우리의 위치와 역할에 대해 생각해 보기 • 신입생이 겪는 문제 생각해 보고 공감하기	공감 및 소통 역량 창의적 문제 해결력 민주 시민성	3~7 월
			2~5	• 1학년과 활동을 통해 학교에서 우리의 위치(역할) 알아가기 - 학교 공간&사람 만나기 - 학교를 오감으로 느끼기		
			6	• 1학년들과의 짝꿍 활동을 통해 체인지메이커의 의미와 필요성 생각해 보기		
			7~8	• 학교 내의 변화의 필요성이 있는 곳 찾아보기 • 학교 내의 찾은 문제에 대한 해결 방안 아이디어 생성하기		
			9~10	• 실현 가능한 해결 방안 만들기		
			11~14	• 학교 내 문제 해결하기(직접 실천하기)		
		마을 안에서의 움직임	15~16	• 부부리마을에서 변화가 필요한 것 생각하기 • 부부리마을 문제 해결 방안 아이디어 생성하기		9~12 월
			17~18	• 유사한 아이디어 중심으로 팀(Team) 구성하기 • 아이디어의 통합을 통해 해결책 결정하기 • 아이디어 실현을 위한 실천계획 세우기		
			19~22	• 팀별 아이디어 및 해결 방안 공유하기 • 아이디어 피드백 및 보완하기 • 함께 문제 해결하기 (직접 실천하기)		
			23~24	• 우리가 배우고 느낀 점 나누기 • 우리의 활동 나누기(학교와 마을)		

〈 부부리마을 교육과정 학년별 내용 체계 〉

또, 이런 활동 내용을 담은 부부리마을 학교교과목 학습 교재를 개발했다.

<부부리마을 학교교과목 학년별 교재>

- 학년별 '부부리마을 교육과정' 살펴보기

1학년: 마을 속 우리 학교

학교는 마을에서 아주 중요한 역할을 하고 있다. 아이들의 사회생활의 첫 출발지인 학교, 1학년 아이들에게 학교에 대해 알아보고 학교를 이해함으로써 학교에 대한 소중함과 자긍심을 길러주고자 한다. 또한 학교 주변의 마을 환경을 살펴봄으로써 학교와 마을을 연결하고 나와 마을의 연결을 찾고 마을 속에 있는 학교와 나를 만나도록 구성했다.

첫 번째 주제는 '학교 속으로 퐁당!!'이다. 학교 안의 공간과 사람들을 만나고, 우리 학교를 상징하는 것을 찾아보며 우리 학교를 자세히 알아감으로써 학교의 소중함을 느끼도록 한다. 이때 1학년과 6학년이 교육과정을 같이 운영한다. 1학년 동생들과 6학년 형님들이 짝꿍을 맺어 학교를 함께 둘러보며 사람과 공간과 자연을 만난다. 동생들은 형님들의 따뜻하고 친절한 보살핌과 도움을 받으며 학교와 선배에 대한 애정과 우정뿐 아니라 학교에 대해서도 차차 알아가게 된다.

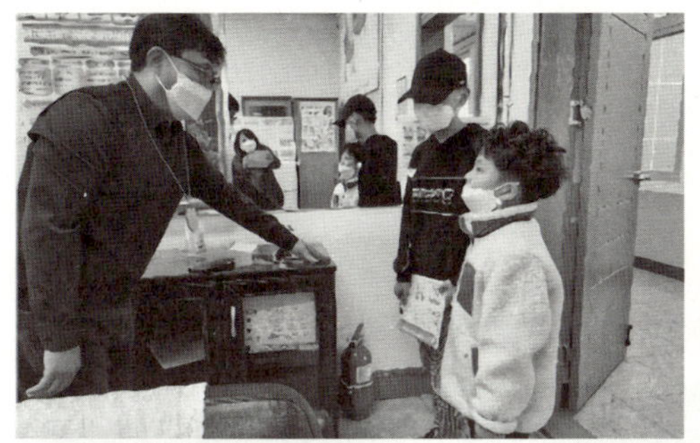

〈 1-6학년 형님동생 짝꿍 활동으로 만나는 학교 안 사람, 공간, 자연 〉

또, 마을 지도를 통해 마을에서의 우리 학교 위치와 학교 주변 환경을 알아봄으로써 학교를 중심으로 하는 마을에 대한 공간 감각을 기르도록 한다. 알게 된 내용을 바탕으로 우리 학교 소개 자료를 만들어 친구들과 선배들, 가족 등 주변 사람들에게 소개하여 학교에 대한 소속감 및 자긍심을 기르도록 한다.

〈 학교 주변 환경 둘러보기 〉

　두 번째 주제 '학교 밖으로 빼꼼!'에서는 학교를 둘러싼 인문환경과 자연환경을 알아본다. 우리 학교 주변 마을을 산책하기, 교가 속에 나오는 장소(닭재)에 올라가 학교 및 주변 환경 둘러보기, 주변 자연환경 탐색하기, 학교 밖 세상 표현하기 등을 통해 학교와 학교 밖 세상을 마을로 연결해 자연스럽게 학교와 마을, 나와 마을을 연결해 마을에 대한 관심을 가지도록 한다.

〈1학년 부부리마을 교육과정 내용 및 평가〉

영역	주제	활동 내용	차시	평가 준거 및 방법
마을 속 우리 학교	학교 속으로 퐁당!!	• 부부리마을 속 우리 학교의 위치 찾아보기 • 학교 만나기(미션 활동)-1·6 공통교육과정 　- 짝꿍 형님과 함께 학교 만나기 　　(각 공간 + 사람) 　- 짝꿍 형님과 오감으로 학교 느끼기 　　(보기/ 듣기/ 맛보기/ 만지기/ 맡기) 　- 짝꿍 형님과 우리 학교 식물친구 찾아보기 　　(우리 학교 식물 빙고, 식물친구 찾기)	1~7	• 우리 학교 소개 자료를 만들어 주변 사람에게 학교를 소개할 수 있다. - 관찰평가, 동료평가
		• 우리 학교를 상징하는 것 알아보기 　- 학교의 역사와 학교의 상징 찾기 　　(철학, 교목, 교화, 교조, 교표, 교가) 　- 닭재 알아보기 　　(닭재의 의미, 닭재에서 보이는 학교 주변 모습 그리기)	8~11	
		• 우리 학교 소개하기 　- 학교 자랑거리 떠올리기 　- 학교 자랑거리 그림이나 글로 표현하기 　- 학교 소개하기	12~14	
	학교 밖으로 빼꼼!	• 학교 밖 둘러보기 　- 학교와 가까운 마을 산책하기 　- 학교 밖 주변 마을에서 찾은 오감 주머니 　- 산책한 소감 나누기	15~16	• 학교 밖 주변 마을을 둘러보며 찾은 오감 주머니 내용을 소개할 수 있다. - 관찰평가, 동료평가
		• 학교 밖 우리 마을 소개하기 　- 내가 좋아하는 우리 마을 장소 　- 우리 마을 장소 세 고개 놀이하기 　- 소개하고 싶은 학교 밖 우리 마을 모습 표현하기(글, 그림 등)	17~18	

2학년: 이야기 따라 마을 속으로

1학년 때는 학교를 중심으로 마을을 알아간다면, 2학년에서는 학교 밖으로 점차 배움의 공간을 넓혀가며 마을에 관심을 갖게 한다.

사람의 이름을 지을 때는 이름의 뜻이 있고, 그렇게 지은 이유가 있다. 마찬가지로 마을 이름에도 모두 그 뜻과 이유가 있다. 지명은 역사와 문화가 담긴 실뭉치다. 지명의 유래를 따라가다 보면 역사와 문화를 솔솔 풀어낼 수 있기 때문이다. 회현 안에는 고사리, 세장리, 학당리, 대정리, 금광리, 증석리, 원우리, 월연리 등 8개의 마을이 있다. 여기에 우리 학교 학군에 해당하는 옥산면 금성리까지 우리는 아홉 개의 마을에 대해 공부한다. 아홉 개 마을 이름의 뜻과 유래를 알아보는 것은 마을 하나하나와 만나는 시간이기에 아주 의미 있는 시간이다. 또한 마을에 전해 내려오는 옛이야기를 모아 이야기를 듣고 그 옛이야기 속에 깊이 빠져 보는 시간을 갖는다.

하지만 마을에 살고 있지 않은 교사들이 마을의 이야기나 역사, 문화, 인물에 관한 문헌 연구, 구전하는 옛이야기를 연구하는 것은 쉬운 일이 아니다. 자료 또한 구하기가 쉽지 않다. 그래서 군산지역에 마을 이야기와 마을의 역사와 문화를 연구하는 기관과 협력해 전문가 선생님을 위촉하고 협력 수업을 진행하여 마을 이야기를 풀어간다.

〈전문가 선생님과의 협력 수업〉

이렇게 마을 곳곳에서 전해 내려오는 이야기를 소재로 아이들이 사는 마을에 대해 관심을 가지게 되고, 이야기의 배경이 되는 마을을 직접 찾아가 보기도 한다. 마을을 돌며 친구들의 집도 직접 찾아보며 우리 마을 곳곳이 자신과 연결되어 있음을 느끼도록 한다.

〈이야기 따라 마을 속으로 가는 아이들〉

또한 선생님을 통해 들은 우리 마을 옛이야기를 친구들과 함께 재구성하여 그림책으로 만드는 활동을 통해 옛 우리 마을에 대한 상상을 해보도록 한다. 마을 옛이야기 책 만들기 활동을 하는 동안 아이들은 마을에 대한 관심에 그치는 것이 아니라 내가 살아가는 마을의 과거와 이야기를 나누고 그 이야기를 주변인과 나누며 내가 사는 마을을 사랑하는 마음을 기르게 된다.

〈2학년 부부리마을 이야기책〉

〈2학년 부부리마을 교육과정 내용 및 평가〉

영역	주제	활동 내용	차시	평가 준거 및 방법
학교 밖 우리들	이야기 따라 마을 속으로	• 단원의 도입 - 부부리마을 책, 안내지도 살펴보기 - 마을에서 공부하고 싶은 것 이야기 나누기 • 여러 마을 이름과 유래, 이야기 살펴보기 - 효열비(세장리, 금광리), 대정리	1~2	• 부부리마을에 전해 내려오는 이야기를 2~3개의 짧은 문장으로 설명할 수 있다. - 관찰평가, 자기평가
		• 여러 마을 이름과 유래, 이야기 살펴보기 - 고사리(오래된 절), 세장리(죽동마을, 사오갯우물)	3~4	
		• 여러 마을 이름과 유래, 이야기 살펴보기 - 금광리(똥매산),-학당리(개구리섬), - 월연리, 원우리, 증석리	5~6	
		• 마을 속 우리집 친구들과 살펴보기 - 내가 사는 마을 알기 - 인공위성으로 우리 반 친구들이 사는 마을 찾아 구경하기 - 마을 지도에 우리가 사는 마을 표시하여 우리 반 마을 별자리 만들기	7~8	• 부부리마을과 내 생활을 연관 지어 2가지 정도 설명할 수 있다. - 관찰평가, 자기평가
		• 이야기 속 마을 둘러보기(학교 주변) - 대정리, 세장리(도보)	9~12	
		• 마을 이야기 그림책으로 만들기 - 이야기 모둠 만들기 - 줄거리 쓰기 - 이야기에 맞는 그림 그리기	13~16	• 그림책을 만들어 소개하며 내가 사는 마을에 대한 자긍심을 갖는다. - 관찰평가, 자기평가, 포트폴리오 평가
		• 마을 이야기(그림책) 소개하고 나누기 - 친구들과 나누기 - 동생들에게 읽어주기 - 활동 소감 나누기(말, 글)	17~18	

부부리마을 교육과정을 운영한 후에 학생들은 다음과 같이 재밌는 소감들을 남겨주었다.

* 개구리섬의 나무가 지금까지 있다는 건 정말 신기했다. 오늘 이야기 마지막 날이어서 슬프고 정말 재미있었다. 또 듣고 싶다.
* 개구리섬 이야기를 알고 있었는데 선생님이 해주니까 재미있었다.
* 그림책에서 나는 사오갓 우물을 그리는 데 시간이 많이 걸리지만 힘들고 지칠 때까지 했다. 우리가 만든 책을 빨리 보고 싶다.
* 책을 만드는 게 힘들지만 재미있었다.
* 용화산 책 만들 때 뱀을 많이 그렸다.
* 그림 그리고 글 쓰는 게 행복하고 즐거웠다.

3학년: 나도 문화 해설가

3학년 과정은 부부리마을 교육과정의 꽃이라고 할 수 있다. 학교교과목을 개발하기 이전부터 마을공부를 시작한 학년이었고, 우리 마을의 역사와 문화에 대해 공부한 것을 학교 선후배와 마을의 사람들과 공유하는 과정을 통해 마을공부의 재미에 듬뿍 빠지는 학년이다.

3학년에서는 학생 삶의 터전인 마을의 유구한 역사를 풀어내고 바르게 인식함으로써 내가 사는 마을에 대한 자긍심을 갖도록 하는 데 주안점을 두고 있다.

부부리마을의 옛 자료와 현존하는 문화유산은 오늘날 아이들이 사는 마을을 보다 잘 이해하고, 마을의 옛 모습과 옛날 사람들의 생활 모습을 깊이 있게 알아보는 데 도움을 준다. 또한 마을에 대해 조사한 내용을 글과 그림으로 표현하고, 학교 구성원 및 마을 사람들에게 소개하는 활동을 통해 자기주도적 학습력, 소통과 참여 능력을 기르며 나아가 마을을 사랑하는 마음을 기를 수 있다. 이러한 마을교육을 통해 아이들은 마을 구성원으로서 역할뿐만 아니라 민주시민으로서 책임감 있는 역할을 수행할 수 있을 것이다.

　첫 번째 주제 '알아보자! 부부리마을'에서는 먼저 마을과 관련된 옛 자료를 통해 마을의 역사를 알고 내가 사는 마을에 관심을 갖도록 한다. 3학년 마을교육과정도 마을 역사와 문화유산에 대한 좀 더 깊이 있는 연구가 필요하기에 담임교사와 마을 전문가 선생님의 협력 수업으로 이루어진다. 아이들 또한 우리 마을에 있는 대표적인 문화유산을 찾아보고 관련된 자료를 조사하여 문화유산이 지닌 특징과 가치를 파악하는 시간을 갖는다. 이를 통해 아이들은 우리 마을에 대해 자긍심과 친밀감을 갖게 된다. 또한 교실 밖을 벗어난 우리 마을 탐방 활동을 통해 마을의 문화유산을 몸으로 느끼고 견학함으로써 생동감 있는 마을 교육이 이루어진다.

〈 우리 마을 탐방 활동 - 문화유산 방문 〉

두 번째 주제 '소개해요! 부부리마을'에서는 먼저 부부리마을 소개자료 만들기 활동을 통해 부부리마을 지도에 각 장소별 문화유산과 관련한 자료와 안내 사항 등을 표기하고, 그에 맞는 소개글을 작성하고 그림을 그려 아름답게 표현함으로써 심미적 능력을 함양하도록 한다. 2019학년도부터 부부리마을 소개자료 만들기 활동으로 부부리마을 소개 책, 마을 지도, 마을엽서, 마을 달력 등이 만들어졌다. 이러한 마을 소개자료는 회현초만의 한정판 굿즈가 되어 학교를 찾아오는 손님들에게 선물로 드리기도 하고 마을의 기관 및 인근 학교에도 비치되어 3학년 아이들의 자랑거리가 되고 있다.

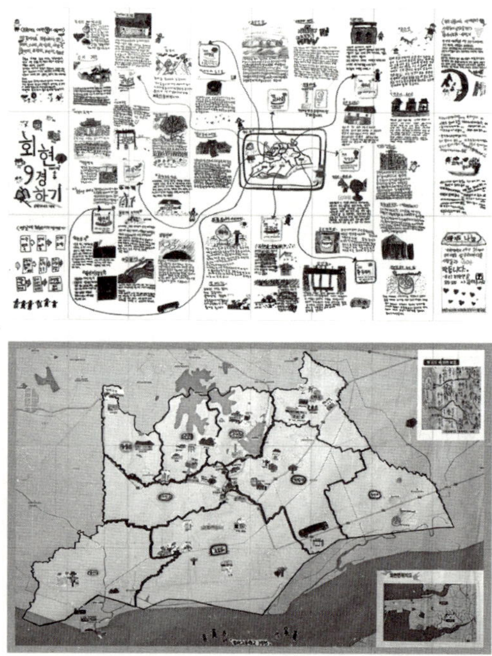

〈 회현 9경하기 마을 지도 〉

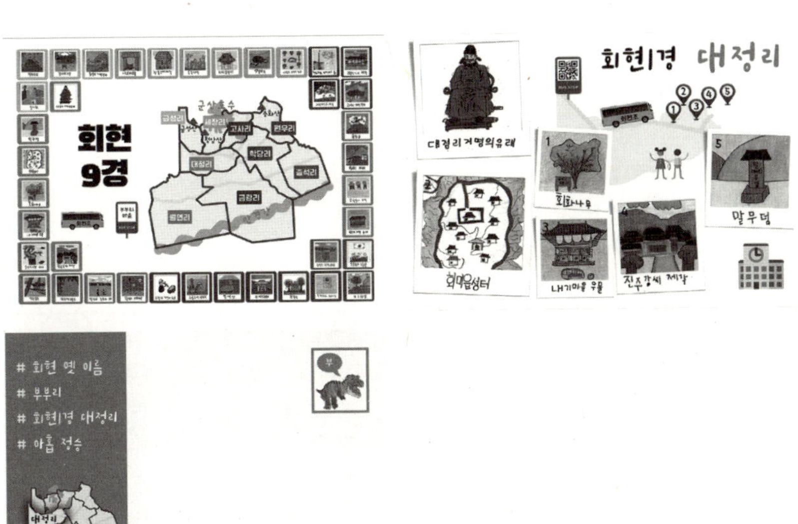

〈 회현 9경 마을엽서 〉

〈 회현 마을 달력 〉

　세 번째 주제, 부부리마을 소개하기 활동에서는 부부리마을의 역사에 대해 문화유산으로 풀어가며 부부리마을 문화해설가 자격증을 취득하는 과정을 거친다. 이어 학교, 마을 기관, 마을 장터에 방문해 학교 구성원 및 마을 사람들에게 부부리마을을 소개하며 우리 마을에 대한 이해를 돕는다. 이때 아이들은 모두 떨리는 마음으로 마을의 홍보대사이자 마을 문화해설가가 되고 마을의 문화유산에 대한 자랑으로 한껏 들뜬 하루를 보낸다. 아이들은 마을에 관해 알면 알수록 마을 사랑에 더욱 깊이 빠지게 된다.

〈 부부리마을 소개하기 활동사진 〉

⟨3학년 부부리마을 교육과정 내용 및 평가⟩

영역	주제	활동 내용	차시	평가 준거 및 방법
마을의 역사 (문화유산을 찾아서)	알아보자! 부부리마을	• 부부리마을 역사 살펴보기 - 부부리마을 이름과 특징, 지명의 변천	1~2	• 부부리마을과 관련된 옛 자료를 통하여 마을의 역사를 알고 내가 사는 마을에 관심을 갖는다. - 관찰평가, 자기평가
		• 부부리마을 문화유산 알아보고 조사하기 1 - 대정리, 세장리, 고사리	3~4	
		• 부부리마을 문화유산 알아보고 조사하기 2 - 학당리, 원우리, 증석리	5~6	
		• 부부리마을 문화유산 알아보고 조사하기 3 - 금광리, 월연리, 금성리	7~8	
		• 학교 버스로 부부리마을 탐방하기 - 고사리, 학당리, 원우리, 증석리, 금광리, 월연리, 금성리 - 마을의 문화유산 찾아보고 특징 관찰하기	9~11	
		• 걸어서 부부리마을 탐방하기 - 대정리, 세장리 - 마을의 문화유산 찾아보고 특징 관찰하기	12~13	
	소개해요! 부부리마을	• 부부리마을 문화유산 소개자료 설계하기 - 마을 문화유산 자료, 안내 사항 등 표시하기	14~17	• 부부리마을의 문화유산을 알아보고 자료를 조사하여 마을 소개자료를 만든다. - 관찰평가, 자기평가, 동료평가
		• 부부리마을 문화유산 소개자료 완성하기 - 문화유산 소개 글 작성하고 그림 그리기	18~21	
		• 학교구성원에게 부부리마을 소개하기 - 마을 소개자료를 활용하여 학교 구성원에게 부부리마을 소개하기	22~23	• 부부리마을 소개자료를 만들어 주변 사람들에게 소개하며 마을에 대한 자긍심을 갖는다. - 관찰평가, 자기평가, 동료평가
		• 마을 사람들에게 부부리마을 소개하기 - 마을 소개자료를 활용하여 마을 사람들에게 부부리마을 소개하기	24~25	

부부리마을 교육과정 운영 후에 학생들은 다음과 같이 소중한 소감을 남겼다.

- 나는 회현에서 태어났다. 지금까지 회현에서 10년 동안 살아왔기 때문에 회현에 대해 잘 알고 있다고 생각했다. 그런데 3학년에 들어 그 생각이 틀렸다는 것을 알게 되었다. 회현 곳곳의 이름들에는 이유가 있다는 것도 알게 되었고…
- 또 회현에 관해 알기만 하는 것이 아니라 실제로 가보니 더 좋았다. 회현에 있는 효열비도 직접 가보았는데 옛날 사람들이 얼마나 효를 중요하게 생각했는지도 알게 되었다. 내가 부모님께 효도를 하고 효열비를 받는다면 얼마나 자랑스러울까.
- 나는 공부를 책상에서 할 때가 많아 공부가 재미없던 경우가 많았는데 내가 살던 곳을 직접 배우고 가볼 수 있어서 너무 즐거운 경험이었다.
- 마을 소개를 준비하고 홍보 피켓을 만들며 차오르던 떨림이 교문 앞에 한데 모였을 때는 정말 한껏 차올랐다. 정말 많이 떨렸는데 함께 떨면서도 즐거워하는 친구들 표정을 보면 당차게 멋진 도전을 했던 것 같다. 정말 멋진 경험이었다.

4학년: 슬기로운 농부 생활

회현면은 군산과 김제를 잇는 중요한 통로로 특히 만경강 충적평야와 해안 간척 평야에서 생산되는 쌀은 '옥토진미'라는 이름으로도 널리 알려져 있다. 그만큼 마을 사람들의 경제 활동이 주로 벼농사에 의존하고 있음을 알 수 있다. 이러한 자연환경 특성을 살린 경제교육을 4학년 부부리마을 교육과정과 연결 짓게 되었다.

그런데 문제는 벼농사를 지을 논이 없다는 것이었다. 그래서 "커다란 고무대야에 벼를 심어볼까?", "화단을 이용해서 벼농사를 지어볼까?", "학교 운동장 일부를 논으로 개간해야 할까?" 등 농사의 '농(農)'자도 모르는 교사들이 벼농사를 짓겠다고 고민이 이만저만이 아니었다. 그리고 이러한 고민을 학부모님과 공유했다. 우리의 고민이 하늘에 닿았던 것일까? 마을에서 희소식이 들려왔다. 마을주민이 논을 학교에 임대해 주시고 임대료를 수확한 쌀로 받겠다고 하셨다. 우리 아이들이 소작농이 된 것이다. 이렇게 하여 청암산 아래의 논에서 우리 아이들이 봄부터 가을까지 벼농사에 도전하게 되었다.

벼농사가 시작되는 계절이면 회현면 주변이 새벽부터 분주해진다. 모판에 심어진 벼가 푸릇푸릇 줄지어서 논에 심어지길 대기하고, 농부들은 며칠 전부터 논에 물을 가득 채우고 벼 심을 준비를 한다. 그쯤 되면 우리 4학년 아이들의 마음도 덩달아 신나고 바빠진다. 부모님이 사용하시는 물장화를 준비하는 아이, 거머리에게 물려보는 것이 버킷리스트에 있다며 설레는 아이, 진흙에 들어가는 것을 죽기보다 싫어한다는 아이… 다양한 설렘과 생각을 가진 아이들이 벼농사의 시작인 모심기를 위해 학교가 임대한 논을 향해 행군한다.

< 모내기 >

  마을의 길잡이 선생님이신 학부모님, 마을 사람들이 아이들보다 앞서 가서 모를 심을 준비를 하고 우리를 반갑게 맞이하신다. 요즘에는 모두 다 기계로 모를 심지만 우리는 옛날 방식의 모심기와 현대식 모심기를 병행한다. 오늘의 벼농사 선생님은 다름 아닌 마을 어른이시다. 마을 어른의 친절한 설명으로 모를 얼마만큼 떼어야 하는지, 손으로 어떻게 심는지, 간격은 어느 정도 주어야 하는지 차분차분 알 수 있다. 마을 어른들이 논의 양쪽 끝에서 못줄을 늘여 잡으면 아이들과 학부모님, 선생님들이 뒤섞여 간격에 맞춰 모를 심는다. 삐뚤빼뚤 심길 거라고 생각했던 모가 못줄에 맞춰 가지런히 심어진 모습을 보며 모두가 하루 농부의 흐뭇한 미소를 짓는다.

  이렇게 초여름에 모심기를 하면 아이들은 1년 내내 청암산을 드나들며 논에 관심을 갖고 벼의 한살이를 관찰한다. 유기농 벼재배를 위해 우렁이도 뿌려준다. 여름방학 동안 벼가 얼마나 자랐는지 궁금해할 아이들을 위해 마을의 어른들이 가끔 영상이나 사진을 찍어서 SNS에 공유해 주시기도 하신다. 이처럼 벼농사는 4학년 마을교육과정이지만 온 마을의 교육과정이기도 하다.

  무더운 여름이 지나고, 선선한 가을바람이 불어올 때면 이제 추수할 계획을 세운다. 아이들에게 낫을 안전하게 사용하는 방법, 낫을 이용하여 벼를 베는 방법 등을 지도하고 또다시 4학년 마을교육과정 운영을 위해 수확의 현장에 아이들, 학부모님들, 마을 사람들이 함께 모인다. 벼를 낫으로 베어 한곳에 모은다. 난생처음 낫을 사용해 보는 아이들의 벼 베기 성취감은 수확의 기쁨만큼 크다. 이때 벼 베기를 하는 것만큼 중요한 것은 떨어진 이삭을 줍는 일이라는 것도 알려준다. 1년의 수고로 맺은 결실을 땅에 떨어뜨리지 않게 주워야 한다. 벼농사를 통해 농부들의 수고가 얼마나 가치 있는 일인지 아이들은 직접 몸으로 경험하며 깨닫게 된다.

<추수하기>

　추수한 곡식을 직접 탈곡하는 과정도 경험해 본다. 홀테와 수동 탈곡기를 동원하여 4학년을 비롯한 전교생이 점심시간, 쉬는 시간을 이용해 경험해 볼 수 있는 기회를 제공한다. 이를 통해 옛날의 농기구와 오늘날의 농기구를 직접 경험하며 비교해 볼 수 있다. 이처럼 우리 마을(농촌)에서 주로 볼 수 있는 자연환경인 논을 활용하여 마을 전문가 선생님과 협력해 벼를 직접 기르고 수확하는 경험을 통해 먹거리의 소중함과 농사의 가치를 느낄 수 있는 기회를 갖게 된다.

　더 나아가 수확한 쌀을 판매하기 위한 계획을 세우고, 마을 장터에서 직접 판매하는 일련의 과정을 통해 생산, 가공, 판매의 경제 활동을 몸소 경험하게 된다. 또한 판매한 수익금을 어떻게 활용할지를 결정하기 위한 토의 활동을 하며 주변의 어려움을 겪는 이웃들을 도울 방안에 대해 함께 고민하고 나눔을 실천하는 민주시민으로 성장하게 된다.

〈쌀로 만든 음식 장터 운영 및 판매 수익금 기부〉

〈 4학년 부부리마을 교육과정 내용 및 평가 〉

영역	주제	활동 내용	차시	평가 준거 및 방법
마을 경제	슬기 로운 농부 생활	• 단원의 도입 - 벼의 한살이 알아보기 • 육묘하기 - 육묘하는 방법 알아보고 육묘하기	1~2	• 벼의 한살이 관찰계획을 세워 직접 기르면서 벼의 한살이를 관찰할 수 있다. - 관찰평가, 자기평가
		• 모내기 - 모내기하는 방법 알아보고 모내기하기	3~4	
		• 김매기 - 벼의 자람 관찰하기 - 김매기 하는 방법 알아보고 우렁이(친환경 농법) 뿌리기	5~6	
		• 벼꽃 관찰하기 - 벼의 자람 관찰하기 - 벼꽃의 특징(색, 모양, 크기 등) 알아보기	7~8	
		• 추수, 탈곡하기 - 벼의 자람 관찰하기 - 추수, 탈곡하는 방법(옛날, 오늘날) 알아보고 추수, 탈곡하기	9~10	
		• 벼가 쌀이 되는 과정 알아보기 - 회현 미곡종합처리장(RPC) 견학하기 - 벼가 쌀이 되는 과정 살펴보기	11~12	
		• 수확한 쌀 판매 계획 세우기 - 수확한 쌀(마을 특산품) 판매 계획 세우기 - 판매 시기, 가격, 방법 등 토의하기	13~14	• 수확한 벼를 가공하고 판매하는 과정을 통해 생산과 소비를 설명할 수 있다. - 관찰평가, 자기평가
		• 마을 장터 참여하기 - (온라인, 오프라인) 마을장터에 참여하여 쌀 판매하기	15~16	
		• 판매 수익금 활용 방안 토의하기 - 판매 수익금 활용 방안 토의하기 - 결정 내용 실천하기	17~18	• 판매 수익금을 기부하기 위한 토의 과정을 통해 나눔의 중요성에 대해 설명할 수 있다. - 관찰평가, 자기평가

4학년 부부리마을 교육과정 운영 후 학생들은 다음과 같은 소감을 남겼다.

5학년: 마을 속 삶을 찾아서

어느 마을이나 그렇겠지만 회현마을에는 다양한 사람들이 살고 있다. 하지만 다른 마을과 또 다른 점이 있다. 우리 회현마을 사람들은 우리 아이들에게 정말 많은 관심과 사랑, 지지를 보내고 있다는 점이다. 회현의 모든 아이들이 마을 어른들의 자녀이자 손자, 손녀인 것처럼 애정을 쏟아 부어 주신다. 어쩌면 그런 따뜻한 울타리가 있었기에 우리 아이들이 해맑게 자랄 수 있을 거라 생각된다.

5학년 부부리마을 교육과정에서는 우리 아이들이 이런 우리 마을 사람들을 직접 만나 그분들의 삶의 이야기를 들으며, 마을 사람들의 다양한 삶의 모습을 이해할 수 있도록 '생애사 쓰기' 활동을 계획하고 운영한다.

첫 번째 활동 '사람들을 만나요'에서는 우리 마을 사람 면담을 통해 마을 속에서 함께 어울려 살아가는 사람들에 대해 자세히 알아볼 수 있도록 계획했다. 마을 사람들 중 누구를 만나서 어떤 질문을 하고 어떻게 기록할지 많은 고민을 안고 교육과정이 운영된다. 해마다 만나고 싶은 인물은 다양하다. 마을에서 회현에서 오랫동안 거주하셨던 할아버지, 할머니나 부모님이 될 수도 있고, 우리 마을 이장님이 될 수도 있다. 모둠별로 마을의 누구를 만날지 정해지면 학교 선생님, 학부모님, 마을 어른들의 도움을 받아 면담자 섭외에 들어간다. 한 사람의 인생을 돌아보며 이야기를 풀어놓는 것은 면담자에게도 큰 도전이자 부담이 될 수도 있기 때문에 큰 용기가 필요한 일이다.

면담자가 확정되면 6~7명이 한 모둠이 되어 모둠별 면담이 진행된다. 이때 담임교사가 모든 모둠활동 진행을 할 수 없기 때문에 모둠별 면담 진행에 마을 선생님들이 도움을 주신다. 면담은 한 차례로 끝나지 않는다. 처음에는 면담자가 자신의 인생을 스토리텔링 하듯 들려주시고 아이들이 준비한 질문에 답하는 시간을 갖는다. 모둠별로 면담자에 대한 사전 조사와 사전 질문지를 준비했기 때문에 두 시간 동안 진행되는 면담 활동이 굉장히 밀도 있게 이루어진다.

내용은 주로 면담자의 직업에 관한 이야기로 제한하지 않고, 그분의 삶에 대해 온전히 느낄 수 있도록 다양한 질문을 준비한다. 한 차례 면담이 끝나면 면담 내용을 정리하고 기록하는 작업이 이루어진다. 그리고 그 과정에서 나오는 또 다른 질문지를 작성하고 다음 면담을 준비한다. 이렇게 두 차례, 그리고 필요하다면 더 추가로 면담의 과정을 거쳐 한 인물에 대한 생애사의 밑그림을 그린다.

〈마을 사람과의 만남, 면담 활동〉

두 번째 활동 '삶을 기록해요'에서는 면담 내용을 바탕으로 생애사 이야기 형식의 기록물을 만들어 공유하는 작업을 한다. 아이들은 녹취한 면담 이야기를 몇 번씩 다시 들으며 기록하고 정리한다. 모둠원끼리 나누어서 정리를 하긴 하지만 여간 어려운 것이 아니다. 면담 이야기를 글로 옮기는 작업은 어른들도 매우 힘들어하는 일이다. 몇 날 며칠을 듣고, 옮기고, 정리하는 과정을 반복해 모둠원끼리 한 인물의 생애사를 정리하는 대단한 작업을 한다. 생애사에 들어갈 삽화도 모둠원들의 몫이다. 그림을 잘 그리는 아이만의 몫으로 돌리지 않고 함께 그림을 그리고 참여하려고 노력한다. 그렇게 완성된 글과 삽화가 모아져서 우리 마을 사람의 생애사가 완성된다.

<생애사 기록 활동>

생애사 책이 완성되면 생애사 주인공분들을 초대하여 출판기념회를 열고 아이들의 자축과 생애사 주인공님들께 감사의 마음을 전한다. 또한 책 출판 소감을 서로 나누며 서로를 격려하는 시간을 갖는다. 아이들은 힘들었지만 생애사 책을 보니 작가가 된 듯 뿌듯하다고 말한다. 아이들뿐만

이 아니다. 생애사의 주인공인 마을 사람들도 자신의 인생을 돌아보는 시
간이었고, 자신의 삶이 담긴 책이 나온 것에 대해 벅찬 감동을 느낀다고
하신다.

　생애사 쓰기 과정은 아이들이 마을 사람들의 다양한 삶을 느끼고, 모든
삶을 존중하는 태도를 가질 수 있는 기회가 된다. 또한 다양한 마을 인물
과의 만남을 통해 공감하고 소통하는 소통·참여 능력을 기르게 된다.

〈5학년 부부리마을 교육과정 내용 및 평가〉

영역	주제	활동 내용	차시	평가 준거 및 방법
마을 사람들	사람들을 만나요	• 면담에 대해 알아보기(1) - 면담의 개념 및 목적 알아보기 - 면담의 종류 및 과정(절차) 알아보기 - 올바른 면담 태도 및 질문 만드는 방법 알아보기	1~2	• 면담의 목적과 방법을 설명할 수 있다. - 관찰평가, 자기평가
		• 면담 계획 세우기 - 모둠별 면담 대상자 선정하기 - 모둠원들과 토의하여 면담 질문 만들기	3~4	• 모둠원들과 협의하여 면담자에 알맞은 질문을 만들 수 있다. - 관찰평가, 자기평가
		• 면담 활동 (1) - 모둠별 면담 실시	5~6	
		• 1차 면담 결과 수정 및 보완 - 모둠별 면담 자료 정리 및 기록 - 2차 면담 준비	7~8	• 면담을 통해 알게 된 내용을 바탕으로 면담자의 생애사를 글로 쓸 수 있다. • 관찰평가, 자기평가
	삶을 기록해요	• 면담 활동 (2) - 모둠별 면담 실시	9~10	
		• 1, 2차 면담 결과 정리 - 모둠별 1, 2차 면담 자료 정리 및 기록 - 면담 결과 수정 및 보완	11~13	
		• 생애사 쓰기	14~16	• 생애사를 발표하고 서로의 생각을 나눌 수 있다. - 생애사 결과물
		• 생애사 발표 및 공유 - 모둠별 결과 발표 및 작품 공유하기	17~18	

< 생애사 출판기념회 >

5학년 부부리마을 교육과정 운영 후에 학생들은 소중한 소감을 남겼다.

• 우리 5학년은 생애사 쓰기를 했다. 우리 모둠은 수민이 할아버지의 인생 이야기를 듣고 그것을 간추려 쓰기로 했다. 처음에는 조금 지루할 것 같다고 생각했는데 할아버지와 1차 만남 때 정말 재미있었다. 뭔가 역사책을 읽은 느낌이었는데 원래 역사책은 재미없지만 할아버지께서 말씀하시는 게 왠지 귀에 쏙쏙 들어오고 집중이 잘 되었다. 할아버지의 이야기를 듣는 것은 재미있었지만 할아버지의 생애사를 쓰는 것은 정말 힘들었다. 2차 만남 때는 조금 편해서인지 할아버지께서도 더 친근하게, 더 재미있게 말씀해 주셔서 그냥 함께 수다를 떠는 것같이 편했다. 재미있는 수다를 마친 후에 또 재미없는 걸(쓰기) 했지만 생애사 쓰기 전체를 통틀어 말하면 재미는 있었던 것 같다. 이런 기회가 있다면 또 해보는 것도 재미있을 것 같다.

6학년: 우리, 마을을 바꾸다

부부리 마을교육과정의 궁극적인 목적은 우리 아이들이 마을 안에서 참여하고 실천하는 민주시민을 기르는 것이다. 아이들은 학교와 마을의 구성원으로서 다양한 활동을 통해 학교와 마을의 변화가 나타나게 할 수 있는 위치에 있다는 것을 인식하고 공감해야 한다. 이에 6학년 마을교육과정은 학교 안에서 학교를 위한 움직임과 마을 구성원으로서 마을을 위한 움직임으로 내용을 설정했다.

이를 바탕으로 마을의 구성원으로서 우리 마을의 문제점에도 공감하고 함께 해결하는 움직임을 갖고 실천할 수 있도록 한다. 마을의 문제점을 찾고 공감하는 과정에서 기후변화와 환경오염으로 인해 변화하고 있는 우리 마을 주변의 환경에 대한 문제점을 인식할 수 있도록 하며 해결하는 과정을 통해 아이들 스스로가 사회 구성원으로서 일원이 될 수 있는 경험을 제공하고 민주주의를 생활 속에서 실천하는 능력과 태도를 함양하도록 한다.

첫 번째 '학교 안에서의 우리들의 움직임'에서는 학교 안에서 최고 학년으로서 동생을 도와주거나, 학교의 문제를 찾아보고 공감하여 문제를 해결하는 과정을 학습하게 된다. 6학년이 1학년과 함께 짝꿍 형님 활동으로 입학식 축하해 주기, 우리 학교 함께 알아보기 미션 활동, 줄넘기 가르쳐 주기, 띠앗장으로 띠앗 활동 이끌기 활동 등을 하며 학교의 형님으로서 활동한다. 이를 통해 6학년으로서 학교와 마을을 위해 할 수 있는 일을 찾아보는 동기를 가질 수 있도록 한다.

또한, '체인지메이커' 활동과 연계하여 체인지메이커 활동에 대해 알아보고, 우리 학교의 체인지메이커가 되어 문제를 찾아보고 이를 해결하기 위한 방법을 모색한 후 해결해 보는 활동을 통해서 문제에 대한 공감 능력을 기른다. 체인지메이커는 말 그대로 변화를 만들어 내는 사람이다. 평소 우리 주변 즉, 학교나 마을의 문제를 인식하고 분석해 공동체나 사회문제를 해결하고 공동체의 이익을 위해 노력하고자 6학년 교육과정에 체이지메이커 활동을 도입했다. 주도성과 자발성을 가지고 아이들이 문제를 발견하고 협업을 통해 문제해결을 위한 행동을 실천해 보는 과정이다. 그동안 학교 안에서의 움직임으로 학교 안의 공간 구성에 필요한 화분 만들기, 식물 심고 가꾸기, 공간 재구성의 활동 등을 진행했다.

< 학교 안 동생 돌보기, 생태숲 가꾸기, 화단 만들고 보수하기 >

두 번째 '마을 안에서의 우리들의 움직임'에서는 마을에서의 '체인지메이커'가 되어 마을을 돌아다니며, 각자 어떤 점이 바뀌면 좋을지 관심을 가지고 그 문제를 공감할 수 있도록 한다. 다음으로는 찾은 문제를 정의하고 그 문제를 해결할 수 있는 방안이 무엇일지 서로 아이디어를 제시하며 해결 가능한 아이디어를 선정한다. 선정된 아이디어는 프로토타입으로 만든 후 발표하고 피드백을 받으면서 아이들이 직접 실천할 수 있는 해결 방안을 선정한다. 선정된 해결 방안은 다양한 방법으로 직접 행동함으로써 마을의 구성원으로서 문제를 해결해 보도록 한다. 문제를 다 해결한 이후에는 학생들이 문제점 해결하기 활동을 통해 배우고 느낀 점 등을 나누고 학교에 활동한 내용을 홍보하면서 마을의 문제해결에 학생들의 움직임으로 해결될 수 있음을 알 수 있도록 한다.

〈 마을 쓰레기 문제해결을 위한 움직임 〉

〈 6학년 부부리 마을교육과정 내용 및 평가 〉

영역	주제	활동내용	차시	평가준거 및 방법
마을의 문제 해결	학교 안에서의 움직임	• 최고 학년이 된 우리-학교에서 우리의 위치와 역할에 대해 생각해 보기 • 신입생이 겪는 문제 생각해 보기	1	
		• 1학년과 활동을 통해 학교에서 우리의 위치(역할)알아가기 - 학교 공간&사람 만나기, 학교를 오감으로 느끼기 등	2~5	
		• 1학년들과의 짝꿍 활동을 통해 체인지메이커의 의미와 필요성 생각해 보기	6	
		• 학교 내의 변화의 필요성이 있는 곳 찾아보기 • 학교 내의 찾은 문제에 대한 해결 방안 아이디어 생성하기	7~8	• 공감을 바탕으로 우리 학교의 문제점을 찾고 해결 방안을 찾는다. (관찰평가, 자기평가)
		• 실현 가능한 해결 방안 만들기	9~10	
		• 학교 내 문제 해결하기(직접 실천하기)	11~14	
	마을 안에서의 움직임	• 부부리마을에서 변화가 필요한 것 생각하기 • 부부리마을 문제 해결방안 아이디어 생성하기	15~16	• 공감을 바탕으로 우리 마을의 문제점을 찾고 해결 방안을 찾는다. (관찰평가, 자기평가) • 체인지메이커 활동을 통해 사회 구성원으로서 민주시민의식을 기른다. (서술형 평가, 동료평가)
		• 유사한 아이디어 중심으로 팀(Team) 구성하기 • 아이디어의 통합을 통해 해결책 결정하기 • 아이디어 실현을 위한 실천 계획 세우기	17~18	
		• 팀별 아이디어 및 해결 방안 공유하기 • 아이디어 피드백 및 보완하기 • 함께 문제 해결하기 (직접 실천하기)	19~22	
		• 우리가 배우고 느낀 점 나누기 • 우리의 활동 나누기(학교와 마을)	23~24	

6학년 부부리 마을교육과정 운영 후 학생들은 다음과 같은 소중한 소감을 남겼다.

- 우리 마을의 문제점을 찾아보고 직접 해결할 수 있어서 좋았다.
- 귀여운 1학년 동생들을 도와 1년의 학교생활을 잘 해낼 수 있도록 형님 역할을 해서 뿌듯했다. 1학년 동생 귀여워요!
- 마을을 위해 어떤 일을 할지 생각하면서 마을을 생각하는 마음이 생겼다.
- 학교의 광장에 나무화분을 만들고 나무를 심어서 학교가 더 아름다워졌다.
- 줍깅을 하며 우리 마을의 쓰레기를 조금이라도 치울 수 있어서 좋았다.
- 우리 마을의 쓰레기 문제에 대해, 더 넓게 지구의 쓰레기 문제에 대해 더 깊이 생각하는 시간이 되었다.

6. 부부리 마을교육과정! 아이도, 교사도, 마을도 성장하게 하다.

우리 학교에만 있는 유일한 교육과정 '부부리 마을교육과정'은 우리 학교 아이들, 학부모님들, 교사들, 마을 사람들 모두에게 큰 자랑거리가 되었다. 마을교육과정을 운영하며 아이들의 배움의 영역이 교과서와 학교의 담을 넘기 시작했다.

아이들의 삶의 공간이 되는 마을을 교육과정 안으로 들이고 아이들의 삶과 연결 짓는 교육을 통해 아이들은 더욱 적극적이고 실천적으로 교육활동에 참여하게 되었다. 힘은 들어도 하고 나면 배움의 결실이 몽글몽글 맺어진 모습들이다. 그래서 다음 학년의 마을교육과정을 기대하게 한다. 이렇게 1~6학년까지 6년의 마을교육과정을 배우고 나면 아이들은 학교와 마을을 더 잘 이해하고, 더 나아가 마을을 사랑하고, 학교와 마을의 구성원으로서 선한 영향력을 발휘하는 그런 사람으로 성장하지 않을까 기대해 본다.

교육과정을 운영하며 아이들이 행복해하는 모습을 볼 때, 아이들이 성장하는 모습을 볼 때, 교사들은 그동안의 힘듦이 온데간데없이 사라지고 교육적 보람으로 채워진다. 또다시 아이들을 가르칠 맛이 나게 한다. 처음 부부리 마을교육과정을 개발할 때 어느 누구도 가보지 않은 길이기에 막막했는데, 국가교육과정을 샅샅이 살펴보고, 교육과정을 개발하고, 재구조화하고, 연결하는 작업은 선생님들의 교사로서의 교육과정 문해력을 길러주고 아이들의 삶을 더 들여다보며 교육과정으로 연결 짓는 힘을 길러주었다. 매일 교사들이 함께 머리를 맞대고 고민하며 고군분투하던 날들이 교사들에게도 성장의 시간이었다. 부부리 마을교육과정의 내용의 체계를 세우고 학교교과목으로 승인되었지만 고정되어 있지 않다. 해마다 교육과정 워크숍을 통해 다양한 의견을 듣고 논의하면서 상황에 따라 구성원에 따라 계속 변화하고 발전시켜 나간다.

마을교육과정을 운영하니 마을 사람들이 더욱 학교의 교육과정에 관심을 갖고 주체적으로 참여하는 계기가 되었다. 학교 밖 마을 사람들로 존재했던 마을주민들이 학교 안 마을주민이 되고 학교의 범위가 마을로 확장되었다. 마을의 어른들이 아이들의 친구이자 이웃, 선생님이 되어갔다. 마을교육과정 운영을 위해서는 마을 사람들의 긴밀한 협조가 없이는 이루어질 수 없기 때문이다.

이제는 마을이 학교가 되어가고 있다. 회현의 마을공동체는 아이들을 위해 마을학교를 열기 시작했다. 2020년부터는 전북교육협력지구 사업을 지원받아 '풀뿌리 마을교육협동조합'을 만들고 마을의 아이들을 위해 주중의 돌봄 프로그램, 주말 프로그램, 계절 프로그램 등 다양한 교육활동들이 펼쳐지고 있다. 마을학교 프로그램의 선생님들은 우리 마을의 학부모이자 마을주민이다. 주말이나 방학 중에도 아이들도, 어른들도 심심할 틈이 없다. 친구들의 손을 맞잡고 학교로 마을로 모여 즐거운 놀이에 빠져

든다. 마을 선생님들은 아이들을 위한 다양한 프로그램을 위해 꾸준히 고
민하고 토론하며 계획을 세우신다. 아이들은 그렇게 마을 어른들의 따뜻
한 보살핌을 받으며 행복하게 성장하고 있다.

　마을교육과정 운영을 통해 학생, 학부모, 교사, 마을 사람들의 의미 있
는 관계가 형성되고 서로의 성장에 도움을 주는 존재가 되고 있었다.

〈 마을학교 홍보 포스터 및 마을학교 활동 모습 〉

7. 마을-학교의 더불어 성장을 위하여

교육의 패러다임이 변화하고 있다. 학교라는 울타리를 벗어나 학교 밖의 모든 자원이 교육의 소재가 되고 교육의 주체가 되어 교육생태계가 확장되고 있다. '한 아이를 키우기 위해 온 마을이 필요하다'라는 아프리카의 속담은 4차 산업혁명 시대, AI 디지털 시대에 사람과의 관계 형성을 맺기 어려워하는 우리 아이들을 위해 어쩌면 더욱 마음에 새기고 실천해야 하는 마을의 철학이다.

우리 아이들이 살고 있는 마을이 삶터이자, 놀이터, 배움터가 되어 마을 사람들이 아이들을 함께 키우고, 마을의 건강한 어른들이 아이들의 길잡이 역할을 해 우리 아이들이 지역의 주민으로서 민주시민적 역량을 기를 수 있도록 도와야 한다. 이를 위해 마을의 물적, 인적 인프라를 활용한 학교교육과정을 개발하고 운영하는 것이 학교의 중요한 역할과 기능이라고 생각한다. 물론, 이를 위해 많은 교사들의 집단지성과 협력, 그리고 어쩌면 희생이 필요할 수도 있다. 쉽지 않은 길이다. 하지만 마을과 연계한 교육활동을 통해 성장하고 있는 아이들, 선생님, 학부모, 지역주민의 모습을 볼 때, 한번 해볼 만한 일임은 분명하다.

마을교육과정의 지속 가능한 힘은 공동체의 자치에서 나온다고 생각한다. 학교교육 공동체 안의 학생 자치, 교사 자치, 학부모 자치, 그리고 마을공동체 안의 마을 자치가 확립되어 각자의 역할을 하며 톱니바퀴가 맞물려 움직이듯 서로 협력하여 교육이 이루어질 때 강해진다. 그리고 그 공동체의 힘으로 또다시 그 안의 구성원들이 성장하게 된다.

이러한 공동체 자치의 힘을 기르기 위해서는 공동체의 노력도 필요하지만 공동체 운영을 위한 예산지원과 민·관·학의 협력이 필수다. 도교육청을 비롯한 교육지원청, 지방자치단체, 그리고 마을교육을 지원할 수 있는 중간지원조직체인 마을교육 거버넌스의 구축과 협력이 필요하다. 마을교육을 하다 보면 학교도 마을도 도움이 필요할 때가 많다. 하지만 도움을 요청하면 교육청과 지자체가 서로의 영역이 아니라며 미루는 경우도 있고, 학교와 마을을 넘나들며 이해하고 지원하는 역할을 제대로 하지 못하는 경우가 있다. 이에 학교와 지역의 교육생태계를 하나로 연결하는 전문적인 조직이 절실히 필요하다. 마을교육을 위해 이러한 행정적, 재정적 지원을 받는다면 학교-마을 교육공동체가 활성화되고 마을에서 자란 우리 아이들이 마을의 구성원으로 자립할 수 있는 선순환구조를 만들어 지속 가능한 학교-마을이 될 수 있을 것이다. 이러한 지역적인 이상이 공교육의 큰 목적이 되어야 한다고 생각한다.

학교와 마을의 상생을 위한 배움과 삶을 연결하고 학교와 마을의 울타리를 허물어 하나가 되는 교육공동체의 지속적인 성장을 기대해 본다.

3장

순천 마을교육과정의 궤적과 발전

김재윤(전남 신대초등학교 교사)

0. 순천 마을교육공동체와 마을교육과정

전라남도 순천시를 묘사하는 여러 수사 가운데서 단연 두드러지는 것은 '교육의 도시'다. 순천은 최근 순천만습지와 순천만 국가정원으로 정원의 도시로 많은 이들의 머릿속에 알려져 있으나, 교육의 도시로서 명성 또한 순천을 잘 보여준다. 순천은 오래전부터 지역주민들이 교육에 대한 높은 관심을 보여주었으며, 높은 명문대학 진학률 그리고 다양한 분야에서의 걸출한 인재 배출을 한 지역으로서 정평이 있다. 오늘날에도 순천은 평생학습도시 지정, 미래형교육자치협력지구 선정 등 교육의 도시로서 그 명성을 이어오고 있다. 교육의 도시로서 순천은 교육에 관한 새로운 지평을 열어젖히는 데에 앞장서고 있다. 입시 중심 교육 측면에서 부각되었던 과거와 달리, 현재 순천은 지역교육 혁신을 통해 교육의 패러다임을 선도하고 있다. 이러한 교육의 도시로서 순천의 선도적 역할을 잘 보여주는 실천 사례가 바로 순천 마을교육공동체다.

순천 곳곳에서는 마을과 학교가 협력하여 지역 학생들과 주민들의 교육 및 학습 실천을 지원하고 촉진하는 마을 교육공동체가 확산, 활성화되고 있음이 어렵지 않게 확인된다. 마을교육공동체는 마을의 어린이, 청소년, 주민의 배움과 성장을 위해 다양한 차원에서 마을 기반 교육활동을 모색하는 데에 실천적 지향점을 둔다. 이러한 마을 기반 교육활동의 한 차원으로, 마을교육공동체에서는 학교와 마을이 함께하여 지역 학생에게 마을에 대해 가르치는 학교-마을 연계 교육이 실행되고 있다. 학교-마을 연계 교육은 마을과 학교 각자의 자원과 정보, 전문성을 공유, 활용하여 학교에서 마을에 대해 가르치는 교육활동을 의미한다.

작금의 학교-마을 연계 교육은 학교 교육에 마을의 인적·물적 자원을 연계 또는 동원함으로써 진행되어 오는 것이 사실이다. 교과 수업, 창의적 체험활동, 방과후학교, 돌봄교실 등 학교 교육의 여러 장면에서 활발하게 진전되고 있다. 예를 들어, 지역주민들로부터 지역의 직업에 대해 배우는 진로교육 프로그램, 순천 지역 역사문화를 지역주민들과 함께 답사하는 체험 프로그램, 지역 학생들이 마을의 미래 주역으로서 마을이 직면한 문제를 해결하기 위한 정책을 탐색하고 제시하는 정책 제안 활동 등이 있다. 이처럼, 순천의 마을교육공동체는 지역 학생들이 마을에 대한 배움을 영위할 수 있는 학교-마을 연계 교육을 다각적으로 실천하고 있다.

최근에는 학교-마을 연계 교육의 한 형태로 순천에 관해 전문적으로 학습할 수 있는 교육과정 '순천 마을교육과정'이 새롭게 나타나고 있다. 순천 지역의 마을주민, 마을교육활동가, 지역사회 내 전문가, 학교 교원 등 지역과 교육에 대해 고민하고 실천하려는 다양한 주체들은 순천 마을교육과정을 자생적으로 개발하기 위해 노력해 왔다. 이들의 꾸준한 노력 속에서, 동천 마을교육과정부터 철도 마을교육과정, 순천만습지 마을교육과정 그리고 여순10·19 마을교육과정까지 순천을 학습 내용으로 다루는 토착적이고 맥락적인 교육과정이 다채롭게 출현해 오고 있다. 기존의 학교-마을 연계 교육이 국가에서 개발한 교육과정을 마을의 여건 및 실정에 맞게 재구성하던 형태였음을 생각하면, 마을 단위에서 자체적으로 만들어진 순천 마을교육과정은 학교-마을 연계 교육의 일반적인 실천 양상과는 다르다.

국가 단위에서 개발된 국가 수준 교육과정의 경우, 교육과정의 전반적인 내용을 국가에서 설정하고 국가를 중심으로 교육과정이 설계되어 있다. 하지만 순천 마을교육과정은 마을이 학교와 함께 교육과정을 설계했기에, 국가 수준 교육과정을 중심에 놓여 있던 기존 학교-마을 연계 교육과는 분명히 질적으로 구별된다. 그리고 순천 마을교육과정은 마을의 자원이 학교 교육활동을 위해 도구적으로 단순히 활용되었던 기존 학교-마을 연계 교육과는 사뭇 다른 양상을 드러낸다. 마을이 학교와 함께 대등한 주체로서 개발한 순천 마을교육과정은 학교-마을 연계 교육의 기존 모습과 차별성이 있다. 이러한 점에서, 순천 마을교육과정은 마을교육공동체 혹은 학교-마을 연계 교육의 새로운 모델로서 높이 주목받고 있다. 마을교육공동체와 학교-마을 연계 교육을 실천하고자 하는 전국 곳곳에서 순천 마을교육과정을 벤치마킹하기 위해 순천 마을교육공동체 현장을 찾는 발걸음이 잦다는 근래의 사실은 순천 마을교육과정의 특이성과 위상을 방증해 준다.

1. 순천 마을교육과정의 흐름과 전경(全景)

순천 마을교육과정은 우리 학생들이 우리 지역을 충실히 배우기 어려운 학교교육에 대한 안타까움에서 나타났다. 학교 선생님과 마을주민들, 그리고 마을활동가 모두 너 나 할 것 없이 학교교육에 지역을 보완해야 한다고 동감하고 있었다. 아무래도 학교교육은 국가가 주도하여 운영된 측면이 있는데, 특히 입시경쟁 교육에서 학생들이 살고 있는 지역과 삶에 관심을 갖기 어렵다. 이에 순천 마을교육공동체는 기존 학교교육과는 달리 지역성을 담는 교육 실천을 모색하고자 했고, 순천 지역의 학교 교원, 마을주민, 마을교육활동가 등이 합심하여 학교-마을 연계 교육을 실행해 왔다. 다양한 차원에서 수많은 시도를 하는 과정 끝에 순천 마을교육과정을 개발해야겠다는 결심에 이르렀다. 국가 수준 교육과정에 마을의 인적·물적 자원을 연결하는 차원만으로는 순천에 대한 깊이 있는 교육을 도모하기에는 부족함이 있음을 깨달았다. 국가 수준 교육과정 혹은 학교 교육에서는 시도하지 못했던 순천에 관해 전문적으로 배울 수 있는 교육과정 개발의 필요성을 절감했으며, 이에 기초해 순천 마을교육과정 개발이라는 실행에 나서게 되었다.

순천 마을교육과정 개발은 2020년의 동천 마을교육과정을 기점으로 같은 해 철도 마을교육과정, 그리고 2021년 순천만습지 마을교육과정, 2022년 여순10·19 마을교육과정으로 이어졌다. 순천 마을교육과정은 순천 도심을 관통하는 하천인 동천부터 순천의 근대문화유산인 철도관사마을, 유네스코 세계자연유산이자 생태환경 보고인 순천만습지, 순천 지역의 아픈 현대사인 여순 10·19 사건에 이르기까지 순천의 다양한 자산을 교육적 소재로 삼아 진행하고 있다. 소재 전반은 국가 수준 교육과정, 학교 교과서에서 접하기 어려운 내용이다. 예컨대, 여순 10·19 사건은 한국 현대사에서 제주 4·3과 함께 잊힌 역사적 사건이었다. 순천 마을교육과정은 순천 지역의 학생들이 순천에 대한 이해와 관심을 제고하고, 이를 토대로 순천 지역주민이라는 정체성을 함양할 수 있도록 한다.

순천 마을교육과정이 처음부터 지금까지 무조건 순탄하게 실행될 수 있었던 것은 아니었다. 순천 마을교육과정을 개발, 운영하기 위한 사람을 모집하는 일부터 마을교육과정 개발 과정에서 조우하게 된 마을교육과정을 향한 반대와 우려의 목소리, 마을교육과정 실행에 관한 교육행정기관 및 학교의 비협조적 태도 등까지 수많은 난제가 순천 마을교육과정 실천 앞에 놓여 있었다. 이전에는 시도된 적이 없는 마을교육과정이라는 새로운 도전에 나서기란 쉽지 않았다. 순천 마을교육과정 개발에 관해 기관, 학교 측으로부터 마을교육과정 개발을 반대하는 목소리와 마을교육과정의 실효성에 대해 회의적인 시선을 수시로 마주했다. 기관과 학교는 마을교육과정 개발에 대한 지원과 협조에 소극적인 태도를 보이기도 했다. 기관과 학교에게는 마을과 연계하는 교육이 낯설었던 것 같다.

그럼에도 교육의 변화와 순천 지역의 발전을 바라는 학교 교원, 마을주민, 마을교육활동가 등이 순천 마을교육과정 개발에 흔쾌히 동참해 주었다. 이때 순천 마을교육공동체를 지원하는 중간지원조직 '순천풀뿌리교육자치협력센터'의 보이지 않는 노력과 수고가 있었다. 순천풀뿌리교육자치협력센터는 마을교육공동체로 활동하던 여러 사람을 순천 마을교육과정 개발을 위한 팀으로 엮어내는 데에 학교와 마을의 연결망으로서 큰 도움이 되었다. 순천풀뿌리교육자치협력센터는 순천 마을교육공동체 지원을 위해 구성된 학교와 마을을 중간에서 연결하는 조직으로서, 마을교육공동체를 위한 여러 일을 도맡아 하고 있다. 순천풀뿌리교육자치협력센터의 지원과 협조는 동천 마을교육과정을 뒤이어 철도 마을교육과정, 순천만습지 마을교육과정, 여순10·19 마을교육과정을 개발하는 데 있어 매번 다양한 측면에서 도움이 되었다. 순천풀뿌리교육자치협력센터의 이러한 물밑 작업 덕분에 학교, 마을의 교육 주체들이 참여하는 순천 마을교육과정 개발을 위한 팀을 구성할 수 있었다. 교원, 주민, 활동가 그리고 전문가, 단체가 순천 마을교육과정 개발에 합류했다.

전술했다시피, 순천 마을교육과정은 마을에 관한 심도 있는 학습 기회를 제공해 주지 않는 기존 학교 교육시스템, 교육과정 및 교과서에 대한 반성을 바탕으로 시작되었다. 이러한 점에서, 순천 마을교육과정 개발 여정의 첫 출발은 학교 교육에 대한 철저한 분석과 비판으로부터 이뤄졌다. 학교 교육과정, 교과서가 어떠한 점에서 마을에 관한 학습 기회를 제공하는 데에 부족한지를 깊이 탐색했다. 주로 수도권 서울과 국가를 위주로 교육과정, 교과서의 내용들이 설정되어 있었다. 그리고 기존 학교 교육과 어떠한 점에서 차별화된 학습 내용과 요소를 구성해야 하는지에 대해 구상할 수 있었다. 기존 교육과정과 연계 가능한 지점까지도 파악하여 기존 학교 교육과의 차별화뿐만 아니라 유기적인 연결을 도모하고자 했다. 기존 학교 교육에 대해 비판적으로 분석하는 일과 함께, 순천 지역 내 다양한 자산의 교육적 활용 방안에 대한 탐색 작업이 이뤄졌다. 지역에 대한 이해 향상과 지역 정체성 함양을 고도화하는 데 있어 어떠한 소재가 교육적으로 유용한지를 확인했다. 순천 지역 내에 있는 다양한 자산들을 물색하고, 각 자산이 학습 소재가 될 가능성에 대해 탐색하는 절차가 진행되었다. 이러한 과정을 거쳐 동천, 철도관사마을, 순천만습지, 여순 10·19 사건 등을 순천 마을교육과정의 소재로 선정했다. 기존 학교 교육의 한계에 관한 분석과 마을에 대한 교육적 탐색은 순천 마을교육과정의 기본적인 틀을 정립하는 토대가 되어주었다.

〈워크숍 장면〉

순천 마을교육과정 개발의 기초를 다지고 나서 순천의 다양한 지역교육 주체들이 참여하는 순천 마을교육과정 개발을 위한 워크숍을 실시했다. 워크숍은 순천 마을교육과정 개발의 세부 방향과 학습 요소에 관해 순천 지역교육 주체들이 다 함께 논의하고, 서로의 생각과 의견을 공유하기 위해 마련되었다. 워크숍에서는 학교, 마을, 기관, 그리고 대학, 시민단체 등 순천 지역 곳곳에서 교육을 고민하는 이들이 한자리에 모여 순천 마을교육과정에 대한 집단 숙의를 나눌 수 있었다. 또 워크숍 참가자들은 우리 교육 현실에 대해 저마다의 견해를 주고받으며, 학교와 마을이 교육을 위해 해야 할 길 그리고 순천 마을교육과정을 어떻게 개발해야 할지를 자연스레 이야기할 수 있었다. 또 워크숍 이전에 했던 기존 학교 교육의 한계, 마을에 대한 교육적 탐색의 결과를 함께 살펴보며 순천 마을교육과정의 세부 내용을 구체화할 수 있었다.

워크숍은 그저 한두어 차례에 그치지 않고 매 교육과정을 개발할 때마다 5~6차례에 걸쳐 진행되었으며, 이러한 잦은 만남을 통해 순천 마을교육과정에 대한 심도 있는 토의를 진행하며 순천 마을교육과정 개발에 관한 깊이를 더할 수 있었다. 교육에 대한 지역사회의 목소리와 바람을 들을 수 있는 자리로서 워크숍은 순천 마을교육과정뿐만 아니라 앞으로 학교-마을 연계 교육이 어떠한 방향으로 나아가야 하는지를 모색할 수 있는 공론장이었다. 이처럼 워크숍을 통해 순천 마을교육과정 개발을 실행해 가는 데 있어 유용한 시사점을 얻을 수 있었으며, 더 나아가 순천 마을교육과정에 대한 지역사회의 관심을 환기할 수 있었다.

워크숍에서 확보한 다양한 사항을 토대로 순천 마을교육과정 개발에 박차를 가할 수 있었다. 워크숍에서 나온 여러 의견과 제안을 정리하고, 이를 순천 마을교육과정 개발의 취지와 결합하여 순천 마을교육과정의 목표와 비전, 인간상을 확립했다. 교육과정별로 세부적으로는 일부분 상이하지만, 순천 마을교육과정은 순천에 대한 이해 제고, 지역 정체성 함양이라는 본래 의의를 구현하기 위해 순천을 기반으로 한 지역성, 주체성, 시민성을 함양할 수 있도록 하는 데에 중점을 두었다. 이렇게 설정한 목표와 비전, 인간상에 기초하여 순천 마을교육과정의 내용 구성을 위한 각종 자료를 수집했다. 자료수집 과정에서 순천 지역에 관한 문헌 자료나 기록물, 관찰 자료 등을 최대한 다원적으로 확보해 내용을 풍부하게 구성하고자 했다. 이는 순천 지역의 다양한 단체, 기관들이 자료수집 과정에 협조해 주어 가능한 일이었다. 동천 마을교육과정과 순천만습지 마을교육과정에는 순천 지역 생태환경 보전을 위해 노력해 온 환경단체가, 철도 마을교육과정에는 철도관사마을 공동체와 철도노조가, 여순10·19 마을교육과정 개발에는 여순 10·19 유족회, 전국역사교사모임, 순천대학교 10·19연구소가 자료를 제공해 주었다.

순천 마을교육과정 구성을 위한 탐색, 수집한 기초적인 자료에 근거하여 순천 마을교육과정의 구체적인 학습 요소, 학습 내용을 설계, 생성할 수 있었다. 이렇게 도출해 낸 순천 마을교육과정의 초안을 바탕으로 순천 마을교육과정을 운영하는 데에 적합한 수업 모형, 교수·학습자료 등을 제작했다. 그리고, 실제로 순천 마을교육과정을 여러 초·중등학교에서 실행해 봄으로써 순천 마을교육과정이 학교-마을 연계 교육으로서 타당성과 정합성을 갖는지 검증했다. 순천삼산초, 순천성동초, 송산초, 신대초, 순천이수중, 순천별량중, 순천왕운중 등 순천 지역의 여러 학교가 순천 마을교육과정 실행에 적극적으로 협조해 주었다. 실천 기반 검증 작업을 통해 순천 마을교육과정이 교육 현장에 자리 잡고, 활용되기 위한 세부적인 측면을 검토하고, 이 과정에서 포착된 부족한 부분들을 보완할 수 있었다. 이상의 절차에 기초하여 장장 3년에 걸쳐 동천 마을교육과정부터 여순 10·19 마을교육과정까지, 이전에는 찾아볼 수 없었던 순천 마을교육과정을 실제로 구현해 낼 수 있었다.

2. 동천 마을교육과정, 교육과정으로 흘러가는 순천 동천

순천 마을교육과정의 첫 출발은 2020년에 개발된 동천 마을교육과정으로부터 기인한다. 마을교육공동체가 함께 꾸려가는 교육과정이라는 점에서, 학교 교원과 마을주민, 마을교육활동가 모두가 동천 마을교육과정 운영 과정 전반에 함께한다. 동천 마을교육과정 실천을 위해 순천 지역의 학교 교원, 마을주민, 마을교육활동가 그리고 환경과생명을지키는교사모임, 순천시지속가능발전협의회 등 순천 지역에서 생태환경 보존과 지역교육 혁신을 위해 노력해 왔던 개인과 단체들이 함께했다.

동천 마을교육과정은 순천의 대표적인 하천인 동천을 소재로 지역의 생태환경교육에 초점을 둔 마을교육과정이다. 동천은 순천 시내를 관통하는 하천으로, 수려한 자연경관을 가진 순천을 상징하는 하천이다. 예로부터 지금까지 순천을 일컫는 '삼산이수(三山二水)' 표현의 두 물줄기(二水) 중 하나가 바로 동천일 만큼, 동천은 순천을 상징하는 그 자체나 다름없는 생태환경으로 인식되고 있다. 일급수 하천인 동천에는 멸종위기종이나 천연기념물 등등 다양한 동식물들이 서식하고 있으며, 흑두루미부터 수달, 꽃사슴 그리고 원앙, 부엉이, 소쩍새 등까지 어렵지 않게 목격할 수 있다. 공원과 산책로가 조성되어 있어 순천 지역주민들에게 동천은 휴식과 건강을 위한 역할로 이용되고 있다. 한때는 '똥천'이라 불릴 만큼 지저분하고 오염된 하천이었지만, 순천 지역주민들의 관심과 노력 끝에 깨끗한 일급수 하천으로 복원되었다. 순천 지역을 대표하며 지역주민의 애정이 어린 생태환경 보고로서 동천은 순천의 소중한 자산과 다름없다.

이러한 특징을 가진 동천은 순천 마을교육과정의 자원으로 활용되기에 적합해 순천 마을교육과정의 첫 소재로 채택되었다. 동천 마을교육과정은 동천이라는 지역의 생태환경에 관한 학습을 통해 지역을 이해하고 애향심을 도모하는 데에 목표가 있다. 동천 마을교육과정의 전반적인 내용은 동천을 주제로 한 다양한 학습활동에 기초하여 동천에 대한 지식을 습득하고, 동천에 대한 흥미와 관심을 유도해 동천을 비롯한 지역에 대한 애정을 신장함과 함께 생태환경 감수성을 기르는 흐름으로 구성되어 있다. 이러한 동천 마을교육과정을 통해 마을에 대한 애향심 그리고 생명 존중과 생태 감수성을 키워 지역의 학생들이 성장하고, 생태 도시 순천의 미래를 열어가는 주체로 성장할 수 있도록 하고자 한다.

동천 마을교육과정의 기본 철학은 순천의 학생들이 순천을 사랑하고,

자연의 소중함을 알아가면서 스스로 탐구하는 민주시민으로 성장하는 데에 있다. 지역의 학생들이 자신들이 사는 순천 지역에 대해 지역의 생태환경 자원을 매개로 깊이 이해하고, 생태 감수성을 함양하도록 하고자 한다. 종국적으로 동천 마을교육과정은 학생들이 지역의 생태환경에 기초하여 함께하는 지역공동체의 일원으로 발돋움할 수 있도록 돕는 교육과정이다.

동천 마을교육과정은 초등학교 교육과정에 긴밀히 연계될 수 있도록 학습 영역 및 세부 내용이 학년별로 이뤄져 있으며, 다음과 같이 '동천아 반가워(1학년) - 동천은 즐거워(2학년) - 동천아 신기해(3학년) - 동천은 참고와(4학년) - 동천은 다양해(5학년) - 동천은 즐거워(6학년)' 순으로 구성되어 있다. 동천과 생태환경에 대한 기초적 지식 이해부터 동천을 소재로 한 다양한 표현 및 놀이 활동, 동천과 관련한 공동체 활동까지 다양한 활동을 망라함을 살펴볼 수 있다. 학년별 학생들의 수준과 여건 등을 세심히 고려해 학생들이 동천에 대한 학습에 어렵지 않게, 즐겁게 참여할 수 있도록 하는 데에 신경을 기울였다. 그리고, 기존 학교 교육과의 면밀한 연계를 위해 과학, 미술, 국어, 체육 등 동천 마을교육과정의 각 영역 및 내용과 관련되는 교과를 제시했다. 동천 마을교육과정은 학교 교실에서 기본적인 수업이 진행되고, 이를 바탕으로 동천 현장에 직접 답사를 가서 심화 활동을 하며 동천에 대한 이해를 높이고, 다시 학교 교실로 돌아와 다양한 학습활동을 하는 것으로써 전개된다.

〈순천 학년별 동천 마을교육과정 주제 및 차시 운영〉

학년	프로그램명	학기	주제	차시 운영
1학년	동천아 반가워	1학기	오감으로 만나는 동천	12차시(자율8, 즐생2, 슬생2)
		2학기	동천에서 알아보는 가을 곤충	12차시(자율10, 즐생2)
2학년	동천은 즐거워	1학기	생태감수성을 키우는 동천 나들이	12차시(자율8, 즐생2, 슬생2)
		2학기	동천과 함께하는 가을	12차시(자율6, 즐생4, 국어2)
3학년	동천은 신기해	1학기	동천에서 만나는 물속 생물	12차시(자율8, 미술2, 체육2)
		2학기	동천의 다양한 새와 곤충 살펴보기	12차시(자율8, 미술2, 체육1, 국어1)
4학년	동천은 참 고와	1학기	동천에서 만나는 다양한 식물 알아보기	12차시(자율9, 미술1, 체육1, 사회2)
		2학기	동천의 열매와 씨앗 알아보기	12차시(자율8, 미술2, 체육1, 국어1)
5학년	동천은 다양해	1학기	동천의 생물다양성 탐사 (물 밖, 물속, 식물)	16차시(자율11, 미술2, 체육2, 미술2, 실과1, 도덕1)
		2학기	동천이 주는 혜택, 생태계 서비스 알아보기	20차시(자율10, 국어4, 과학2, 미술2, 실과1, 도덕1)
6학년	동천에 놀러 와	1학기	죽도봉에서 만나는 역사문화인문이야기	18차시(자율11, 국어5, 봉사2)
	동천을 그려봐	2학기	동천 캐릭터 만들기	14차시(자율8, 미술2, 수학1, 봉사3)

순천 동천 마을교육과정 수업은 사전활동, 현장활동, 후속활동 등 3단계로 구성된다. 사전활동 단계에서는 동천 다가서기, 동천 알아가기 활동으로 구성된다. 현장활동에서는 동천 만나기 활동이 이루어지며, 후속활동에서는 동천 표현하기 및 사랑 실천하기(동천 플로깅) 활동이 이루어진다.

구분	구성원리	활동내용	담당	차시
사전 활동	동천 다가서기	다양한 동천 놀이 활동을 통해 동천생물을 알아보고 흥미도 높이기	학교 교사	4차시+@
	동천 알아가기	다양한 동천 생물을 알아가는 활동을 통해 동천에 대한 기본지식의 습득		
현장 활동	동천 만나기	마을교사와 함께 동천 현장에 나가 다양한 생물을 관찰하고 만나는 생생한 현장교육	마을 교사	4차시
후속 활동	동천 표현하기	동천 현장에서 만난 다양한 생물을 다양하게 표현하며 생태감수성 키움	학교 교사	4차시+@
	동천 실천하기	동천 플로깅 등 동천을 위한 다양한 활동을 통해 배움의 실천		

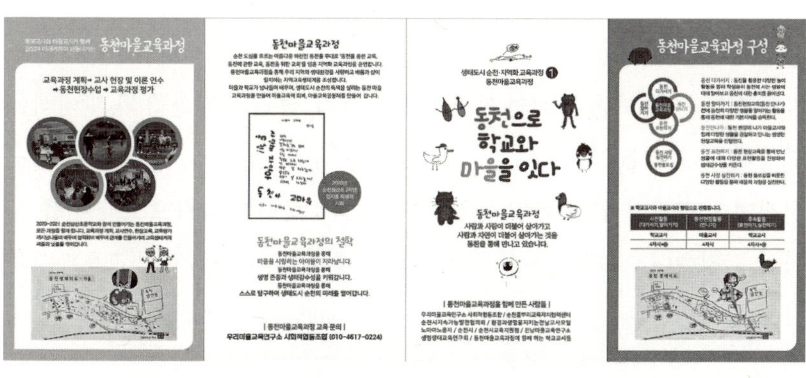

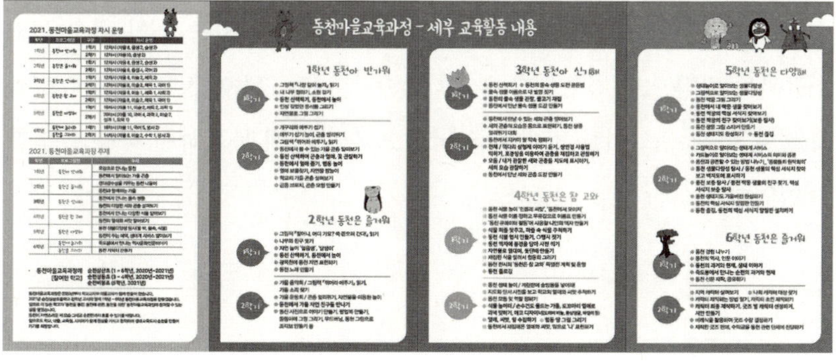

2020년부터 개발, 운영된 동천 마을교육과정은 어느 정도 시간이 지난 지금, 지역의 학생들에게 유의미한 학습 효과를 제공하는 것으로 보인다. 학생들은 동천 마을교육과정을 통해 동천에 관해 이전보다 깊이 이해할 뿐만 아니라 생태환경에 대한 실천 의지를 습득, 신장할 수 있었다. 이를 잘 보여주는 사례로 2021년 10월경 천변 도로 확장 공사로 동천의 일부가 훼손될 위기에 놓이자 학생들이 마을교육공동체와 함께 나서서 동천 보존 캠페인 활동을 전개하며, 지자체에 동천 환경 파괴 대책 마련을 주문한 일이 있다.

2020년부터 동천 마을교육과정을 학습해 온 순천삼산초 5학년 학생들은 동천 상류 일원에서 천변 도로 확장 공사가 진행되면서 동천 마을교육과정 당시 경험한 동천이 파괴되는 모습을 확인하게 되었다. 동천 자연환경 훼손의 심각성을 목격한 학생들은 학교 교원, 마을주민, 마을교육활동가와 함께 동천 보존 캠페인 활동을 시작하며, 동천 생태환경 파괴 대책을 요청했다. 학생들의 노력으로 결국 공사가 잠시 중단되었고, 학생들과 순천시청 간담회가 열려 동천 환경 파괴를 최소화하는 방향으로 공사를 하기로 결정했다. 그리고 동천 공원 일대에 학생들이 동천 마을교육과정을 학습하며 만든 동천 생태지도를 안내판으로 설치해 동천의 소중함에 대해 알릴 수 있도록 하기로 했다. 이후 동천 공원 곳곳에 실제 학생들이 손수 그린 동천 안내판이 설치되고, 천변 도로 확장 공사는 동천 훼손을 최소화하는 방향으로 진행됐다. 이처럼, 동천 마을교육과정은 지역 학생들의 실제 삶에 유의미한 발자취를 남김으로써 본래 목표하던 바를 달성할 수 있었다.

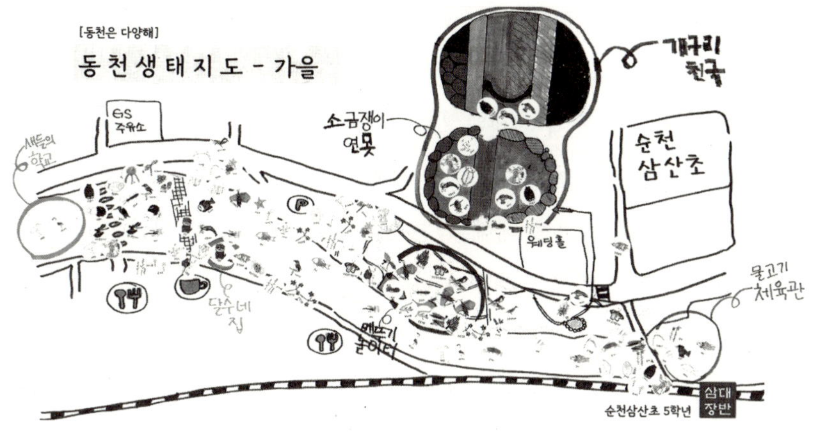

3. 철도 마을교육과정, 교육과정이 된 철도관사마을

순천은 흔히 서울, 대전, 부산, 영주와 더불어 전국 5대 철도 도시 중 한 곳으로 평가된다. 순천에는 전라선과 경전선 두 개의 철도가 교차하고, 한국철도공사 광주전남본부를 비롯한 각종 철도 관련 주요 시설들이 위치한다는 사실은 순천이 전국 5대 철도 도시로서 위상을 갖고 있음을 방증한다. 1930년 12월 25일 여수와 순천, 광주를 잇는 광려선이 개통되고 순천역이 설치되면서 순천은 대전과 비견될 정도로 중요한 근대 철도 도시로 성장해 왔다. 많은 수의 철도원이 순천 철도국에서 근무했으며, 이들을 위한 관사촌이 순천역 뒤편 봉화산 아래 자락에 조성되었다. 바로 이 마을이 순천 마을교육과정의 두 번째 순서 '철도 마을교육과정'의 원천이 된 철도관사마을이다. 순천 철도관사마을은 조성 이후 많은 철도원이 거주하며 발전된 마을이었으나, 이후 산업화와 이촌향도 흐름의 영향으로 사람들이 하나둘씩 마을을 떠남에 따라 하릴없이 쇠락했다. 한때는 철도 관사마을은 순천 시내에서 가장 발전이 안 된 마을이라 해도 과언이 아닐

정도였다. 이러한 철도관사마을의 쇠락을 안타깝게 여긴 마을주민들이 2010년대 들어 마을활동가와 함께 철도관사마을 공동체를 결성하여 철도관사마을 재생 운동에 나섰다. '철도문화마을 만들기'로 불리는 이러한 자구적인 노력 끝에 철도관사마을은 다시 발전하는 마을공동체로 거듭났다. 이 당시 철도관사마을 내에 있는 근대 철도 유산을 복원하고, 철도관사마을의 역사와 유적을 전시하는 마을박물관과 체험관 등이 들어섰다.

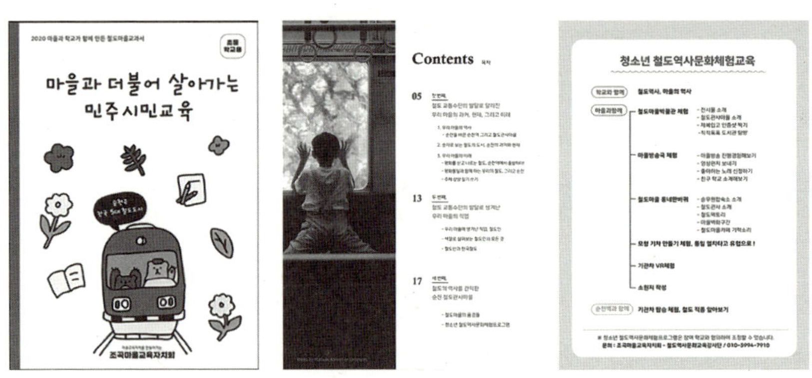

철도 마을교육과정은 순천 지역의 근대유산인 철도관사마을에 대해 마을의 역사와 마을주민의 공동체성을 중심으로 학습하도록 하는 마을교육과정이다. 철도관사마을은 앞서 소개한 바처럼, 철도 부설 이후 본격적으로 시작된 순천 지역의 근대사를 여실히 보여주는 역사적 마을이자, 마을공동체가 마을의 재생과 발전을 이룩할 수 있음을 방증하는 순천 지역 공동체성의 전형이다. 철도 마을교육과정은 철도관사마을 공동체가 몸소 실천해 온 역사적 삶의 이야기를 교육과정으로써 들려준다. 이를 통해 지역의 학생들이 순천 지역의 근대사뿐만 아니라 마을 기반 공동체성을 이해할 수 있게 하는 데에 주안점을 두고 있다. 철도 마을교육과정은 순천의 학생들을 순천에 관한 역사적 흐름을 이해하고, 지역공동체의 가능성

을 배우고 확인하여 공동체의 일원으로 성장시키는 바를 추구한다. 지역의 학생들이 순천 지역에 대해 지역의 역사적 자원을 고리로 하여 깊이 이해하고, 공동체성을 신장할 수 있도록 하고자 한다. 즉, 철도 마을교육과정을 통해 학생들이 지역의 공동체와 더불어 학습하고, 이에 기초하여 지역의 공동체를 이끌어가는 민주시민이 될 수 있게 한다.

철도 마을교육과정은 사회, 국어, 도덕 등 초·중학교 교육과정과 연계하여 순천 철도관사마을 공동체의 역사를 마을의 과거, 현재, 미래로 풀어가는 내용으로 구성되어 있다. 순천 철도관사마을이 어떻게 시작되었으며, 철도관사마을이 순천 지역을 근대 도시로 탈바꿈시키는 데 어떠한 영향을 주었는지 철도관사마을의 과거 이야기를 다룬다. 그리고 현재 순천 철도관사마을은 순천 지역에서 어떠한 모습으로 남아 있는지를 마을 공동체 운동을 중심으로 이야기한다. 철도문화마을 만들기 운동을 통해 쇠퇴하던 마을에서 번창하는 마을로 거듭난 철도관사마을 주민들의 실천을 교육과정의 학습 내용으로 구현했다. 또한, 우리나라 철도 발전을 위해 공헌한 순천 지역의 철도원을 조명한다. 지역에서 종사하는 철도원이라는 직업에 대해 다루는 마을 연계 진로교육까지도 교육과정의 한 내용으로 구성되어 있다. 철도 마을교육과정은 동천 마을교육과정과 마찬가지로 학교 교실에서의 기본 수업 진행 후 철도관사마을 현장 직접 답사, 다시 학교 교실로 돌아와 다양한 학습활동을 하는 것으로써 운영된다. 이는 구체적으로, 철도관사마을 기초 이해 → 철도관사마을 일원 답사 → 순천역 방문 및 철도원과의 만남 → 교실 내 철도관사마을 주제 활동이라는 단계로 이뤄진다. 철도관사마을 일원 답사는 철도문화마을 만들기 운동 과정에서 조성된 철도마을박물관, 철도역사문화체험관, 철도원 관사 시설 등을 둘러보며 철도관사마을과 관련한 다양한 체험활동을 하며 이뤄진다.

　　철도 마을교육과정 실행을 위해서는 철도관사마을 인근 학교의 교원, 철도관사마을 주민공동체, 호남철도협동조합, 철도노조 호남본부 등 순천 철도관사마을을 살리기 위해 노력해 왔던 이들이 동참한다. 철도관사마을에서 오래 거주한 연세가 지긋한 마을 주민들이 학교 교원들과 함께 학교, 마을에서 수업을 진행한다. 이를 위해 60대 이상 마을주민들이 학교 교원들에게 수업을 계획하고 운영하는 방법에 대해 배우는 등 철도 마을교육과정 운영을 위해 꾸준히 노력하기도 했다. 이에 더해, 순천역에서 종사하는 현직 철도원들이 학생들에게 철도에 관한 이야기를 들려주기도 하며 철도원 체험 기회를 제공하는 등 철도 마을교육과정은 다채로운 배경의 교육 주체들이 실행에 함께한다. 철도 마을교육과정은 본래 철도관사마을 인근 학교들과 연계하여 운영되었던 것이 초창기 양상이었으나, 철도 마을교육과정의 내용과 의의가 차츰 널리 알려짐에 따라 순천 시내 여러 학교가 철도 마을교육과정 운영에 함께하고 있다.

4. 순천만습지 마을교육과정, 교육과정으로 전환되는 생태환경

　순천만습지는 오늘날 순천 하면 떠오르는 대표적인 자연환경으로 순천 그 자체라 해도 무방할 정도다. 순천만습지에는 드넓은 갯벌과 S자 갯강, 강 하구의 원형 갈대밭 군락, 염습지, 논, 하천 그리고 산이 어우러져 있다. 이처럼 다양한 경관과 자연해안이 온전하게 남아 흑두루미, 재두루미, 검은머리갈매기, 짱뚱어, 칠게 등 수많은 철새와 갯벌 생물이 순천만습지에 서식하고 있다.

　순천만습지는 한국에서 갯벌이 만들어지는 전 과정을 살펴볼 수 있는 유일한 연안 습지이자 세계 5대 연안 습지로서 순천만습지는 유네스코 세계자연유산, 람사르 습지, 습지보호지역으로 지정되어 국내외에서 생태환경의 보고로서 가치를 인정받고 있다. 또한, 순천만습지는 오랫동안 순천 지역주민들에게 여러 차원에서 유용했으며, 오랜 세월 순천 지역주민의 삶과 밀접하게 맞닿아 있었다. 순천 지역주민들은 산업화의 광풍 앞에서 순천만습지 보존을 위해 끊임없이 노력했으며, 자연과 인간이 공존하며 살아가는 생명의 땅이 되었다.

　순천만습지가 함의하고 있는 생태 환경적 가치와 정신을 교육과정으로 전환하여 지역의 학생들이 생태 감수성을 오롯이 이해하고 함양할 수 있도록 하는 교육과정이 바로 순천만습지 마을교육과정이다. 순천만습지 마을교육과정에는 순천만습지를 학생들의 배움터로 전환해 순천만습지에 기초한 생태환경교육을 실천하는 데에 방점이 찍혀 있다. 순천만습지 마을교육과정은 순천만의 가치에 대해 알고 즐기며 지켜내며, 순천만을 탐험하며 공존과 협력을 배우고, 생태 감수성을 갖추고 지속 가능한 삶을 실천하는 존재를 키워내는 것을 기본 철학이자 비전으로 갖고 있다. 순천만습지 마을교육과정을 통해 순천 지역의 학생들이 순천을 사랑하는 지역 시민이자 이를 넘어 지구 시민으로 성장하기를 지향한다. 순천만습지를 중심으로 생물다양성, 지속가능성, 순천만습지를 지키기 위한 지역주민들의 노력과 그 이야기, 기후 위기 시대의 시민으로서 자세와 역할 등에 대해 이해, 모색하는 내용을 포괄한다. 이를 위해 순천환경운동연합, 순천시지속가능발전협의회, 동아시아 람사르지역센터, 순천시청, 순천만생태문화교육원 등 순천만습지 보전을 위해 활동하거나 관련된 단체와 기관들이 여러 방면에서 힘을 보탰다.

순천만습지 마을교육과정의 목표는 순천인, 민주인, 지구인이라는 기치 아래 순천만습지에 대한 학습으로써 순천만습지와 지역을 사랑하고, 이를 토대로 기후환경 문제에 적극적으로 실천하는 글로컬 시민을 육성하는 것이다. 이러한 목표에 기초하여 순천만습지 마을교육과정은 '사람과 문화, 지속가능성, 습지생태, 연대와 실천'이라는 4개 학습 영역과 12개의 학습 주제로 구성되어 있다. 과학, 사회, 국어, 도덕, 영어, 미술 등 여러 교과에서 초·중학교 교육과정과 다채롭게 연계할 수 있게 되어 있다. 순천만습지에 관해 기본적인 지식을 습득하고, 지역적, 환경적, 지구적 의의를 확인하여 생태환경 관련 가치와 덕목을 내면에 함양할 수 있도록 전반적으로 교육과정 내용이 구성되어 있다. 특히, 산업화와 도시개발 및 확장 과정에서 순천만습지를 지켜낸 지역사회의 노력을 확인하고, 이로써 현재와 미래의 시민인 학생들이 생태환경을 위해 어떠한 실천과 역할을 해야 하는지가 교육과정 전반에서 주요하게 강조된다. 순천만습지나 생태환경에 관해 단순 지식을 배우는 것이 아니라, 학생들이 순천만습지를 중심으로 한 지역주민들의 생애, 순천만습지와 도시의 미래, 기후 위기 문제해결을 위한 실천 의지를 학습할 기회를 마련해 준다.

영역	교육 (대)주제
사람과 문화	순천만 습지 연안마을의 문화와 생활
	순천만 습지 보존의 역사와 사람들 이야기
	순천만 습지와 나
지속 가능성	생태관광
	건강한 먹거리
	생태적인 도시계획
	미래의 순천만 상상하기
습지생태	습지의 대한 이해, 생물다양성
	순천만의 동식물 모니터링과 관찰
연대와 실천	기후위기
	해양쓰레기
	연대활동

교육주제 및 세부 교육내용

교육주제	세부 교육내용
순천만습지 연안마을의 문화와 생활	• 순천만 연안마을 개념 이해 • 탐방 마을 자원 알아보기(유래,특산물,음식 등) • 마을이야기책 만들기 프로젝트
순천만습지 보전의 역사와 사람들 이야기	• 순천만습지 보전 관련 역사 자료 살펴보기 • 순천만 습지를 지킨 시민활동가 인터뷰 • 순천만 습지의 역사적 장소 살펴보기 • 순천만 습지의 과거와 현재 살펴보기 • 순천만 습지 보전의 역사가 담긴 역할극
사람들 이야기 순천만 습지와 나	• 습지 관련 미디어 시청 • 지도로 만나는 순천만 생태공원 • 오감으로 만나는 순천만 생태공원 • 순천만 습지와의 만남: 노래, 글쓰기, 시, 그림 등
생태관광	• 생태관광의 개념 이해 • 국내외 생태관광 사례 탐구하기 • 순천만 생태관광 코스 개발하기 • 생태관광 코스에 따른 모둠별 체험활동 • 생태관광 분야 진로 및 직업 탐구
건강한 먹거리	• 순천만 연안에서 나오는 계절별 먹거리 알아보기 • 만들고 싶은 요리 정하고 레시피 알아보기 • '나의 요리' 설명서 만들기 • 로컬푸드 매장에서 장보기, 음식 만들기, 음식 품평회 • 푸드 마일리지 알아보기
생태적인 도시계획	• 생태적인 도시 상상하기, 세계 생태도시 다큐 시청 • 생태도시의 요소 정리하고 투표하기 • 투표 결과에 따른 모둠 토론 • 순천시에 제안하고 싶은 정책 만들기
미래의 순천만 상상하기	• 순천만의 생태자원 조사하기 • 순천만의 과거와 현재 조사하기: 생태자원, 직업, 경제 • 10년 후 순천만 상상하기: 생태변화, 경제, 직업 등 • 개발과 보전, 갈등 사례 탐구
습지의 대한 이해, 생물다양성	• 습지의 정의와 기능, 종류에 대한 이해 • 순천만 습지에 대한 이해 • 순천만의 다양한 생물들 알아보기 • 순천만의 생물들 관찰하기 • 습지를 지키는 약속 만들기
순천만의 동식물 모니터링과 관찰	• 순천만 동식물 조사하기 • 동식물 모니터링과 관찰 및 결과 보고서 정리 • 동식물의 서식 환경을 역할극으로 표현하기
기후위기	• 기후위기에 대한 개념, 정의 설명하기 • 기후위기로 인한 피해와 변화 사례 살펴보기 • 탄소발자국 알아보기 및 줄이기 실천활동 계획하기
해양쓰레기	• 해양쓰레기 개념 이해하기, 영상보기 • 해양쓰레기 문제점 나누기 • 해양쓰레기 해결 방안 토의하고 발표하기 • 해양쓰레기 수집 및 분류하기, 해양쓰레기 리사이클링
(두루미를 위한) 연대활동	• 두루미에 관한 책, 영상자료 시청하기 • 다른 지역의 두루미 보전 사례 살펴보기 • 순천만 두루미 현장 탐방하기, 다른 지역 교류 탐방 • 다른 나라의 두루미 활동지 조사하기 • 두루미를 위한 국제협력, 국제기구 알아보기

이러한 순천만습지 마을교육과정의 세부 실행 방식은 여타 마을교육과정이 그러하듯이, 학교 교실에서 기본적인 수업이 진행되고, 이를 바탕으로 순천만습지 현장에 직접 답사를 가서 심화 활동을 하고, 다시 학교 교실로 돌아와 다양한 학습활동을 하는 것으로써 전개된다. 구체적으로, ①순천만습지 관련 사전/기초 교육 ②순천만습지 현장 교육 ③순천만습지 후속 학습활동이라는 흐름에 걸쳐 순천만습지 마을교육과정의 실제 운영이 이뤄진다. 순천만습지 마을교육과정은 학교 교실과 순천만습지를 넘나들며 실제적이면서 심층적인 생태환경교육을 추구한다. 최근 생태전환교육에 대한 중요성이 부각됨에 따라 순천만습지 마을교육과정은 여러 교육 현장에서 주목받고 있으며, 기후 위기 시대에 교육이 해야 할 역할과 방향을 제시해 준다는 점에서 그 의의가 있다.

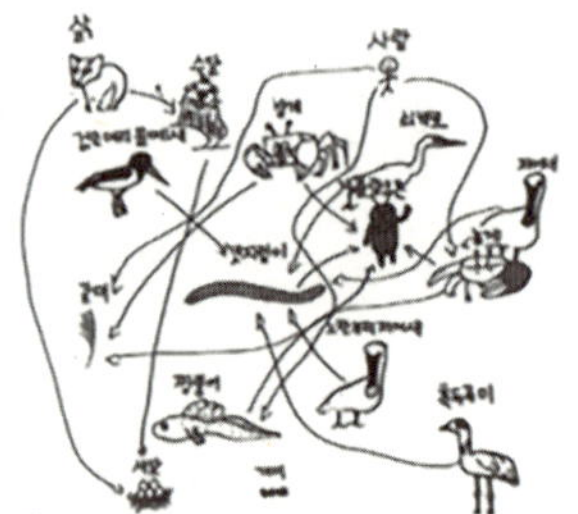

5. 여순10·19 마을교육과정, 감춰진 역사에서 교육 과정으로[2]

여순 10·19는 대한민국 정부 수립의 초기 단계에 여수에서 주둔하고 있던 국군 제14연대의 일부 군인들이 국가의 '제주 4·3' 진압 명령을 거부하며 시작되어 정부군과 14연대 군인 간 무력 충돌 및 진압 과정에서 무고한 민간인들이 희생되고 피해를 겪은 사건이다. 여순 10·19를 계기로 국가보안법이 제정되었으며, 많은 이들이 연좌제로 차별과 배제를 당하는 등 국가 폭력이 자행되었다. 여순 10·19의 무대였던 여수, 순천 등 전남 동부지역의 주민들은 가족과 공동체를 일순간에 잃어버렸고, 국가로부터 여순 10·19에 대한 망각을 강요받았다. 오랜 시간 여순 10·19는 '감춰진 역사'로서 한국 사회 전반에서 금기시되었으며, 이로 인해 여순 10·19 관련 진상 규명과 희생자들의 명예 회복은 오랫동안 부재했다.

---

2 해당 절은 김재윤(2023), 〈隠された歴史をめぐる次世代との新たな対話 - 麗順１０·１９マウル(村)教育課程を中心に〉(일본 동아시아사회교육연구, 28, 141–148)의 내용을 발췌, 재구성한 것임을 밝혀둠.

이러한 어두운 시간 속에서도 여순 10·19에 관한 진실을 밝히려는 여수와 순천 일원 지역주민들의 목소리와 그에 발맞춘 자구적인 노력이 있었다. 정치, 사회, 문화 등에서 여순 10·19에 주목한 시도들이 지역사회에서 나타났으며, 이러한 노력은 2021년 〈여수·순천 10·19사건 진상규명 및 희생자 명예회복에 관한 특별법〉 통과로 이어졌다. 여순 10·19 특별법 통과 후 얼마 안 된 2021년 8월 10일에 열린 순천 마을교육공동체 31차 정담회에서는 여순 10·19와 순천 지역 학생들의 배움 연계 방안을 의논했으며, 여순 10·19 기반 시민교육의 필요성이 주요하게 제기되었다. 특히, 현행 국가 수준 교육과정 및 교과서에서 여순 10·19 관련 기술이 부재하거나 왜곡된 경우들이 많아 학교 교육에서 학생들이 여순 10·19를 제대로 학습할 기회가 부족하기에, 이를 지역사회가 나서 적극적으로 개선해야 한다는 의견들이 쏟아졌다. 해당 논의들은 지역사회 주도의 여순 10·19에 관한 교육 실천 필요성을 환기했으며, 여순 10·19 마을교육과정 실천으로 구체화되었다.

비전	지역사회와 함께하는 여순 10·19 기반 시민성 함양		
인 간 상	▷ 지역의 아픈 역사를 알고 공감하는 사람 ▷ 인간의 존엄과 평화를 소중히 여기는 사람 ▷ 연대와 공존의 삶을 실천하는 사람		
핵심 역량	포용적 자기주도성	소통·참여 역량	평화·인권 감수성	변혁적 실천 역량
학습 내용	여순 10·19와 '역사'	제주 4·3과 여순 10·19 현대사 전개 과정에서의 대립과 갈등
	여순 10·19와 '지역'	여순 10·19로 인한 지역공동체의 파괴 개인, 지역, 국가에 관한 여순 10·19의 영향
	여순 10·19와 '시민'	지역 시민으로서 여순 10·19 참여 지역 시민으로서 여순 10·19 표현

　　순천 지역의 교육 현장에서는 학교 교원, 마을교육활동가, 여순 10·19 유가족 등 지역 내 다양한 이들이 연대하여 지역 학생들의 여순 10·19에 대한 이해와 평화 감수성 함양을 돕는 여순 10·19 마을교육과정을 실행하고 있다. 여순 10·19 마을교육과정은 감춰졌던 지역의 비극적 역사를 평화 교육으로 전환해 교육으로 공동체의 평화를 모색하고자 하는 교육과정이다. 무엇보다도, 여순 10·19 마을교육과정은 여순 10·19와 같은 역사적 참화가 다시는 되풀이되지 않기를 바라는 동시에 훼손된 공동체와 평화의 가치를 회복하고자 함을 교육적 목표로 두고 있다. '지역사회와 함께하는 여순 10·19 기반 시민성 함양'이라는 비전 아래 여순 10·19에 관한 교육을 통한 '평화'와 '회복'을 모색하는 바로 여순 10·19 마을교육과정이 확립되었다. 여순 10·19 마을교육과정은 지역의 학생들이 여순 10·19에 대한 지식과 의의를 익혀 이를 바탕으로 여순 10·19를 정확하게 이해하고, 지역공동체의 일원으로서 요구되는 가치와 태도를 지님으로써 지역 시민으로서 자질을 갖추도록 하는 교육과정이다. 여순 10·19 마을교육과정은 지역 학생들이 지역 시민으로서의 자질을 함양할 수 있도록 여순 10·19에 관한 기초적 지식을 습득하여 평화와 인권의 기본 개념과 원리를 발견하고 탐구하는 능력을 익혀 지역사회에 대해 이해하고, 공동체 생활에 적극적으로 참여하는 능력의 신장을 목표로 한다. 지역의 학생들이 여순 10·19를 학습함으로써 개인적·사회적 문제에 참여하고 해결하는 능력을 함양하여 개인과 공동체, 더 나아가 인류의 평화에 공헌하는 선의 시민성을 갖춘 주체적인 공동체 일원으로 성장할 수 있도록 하는 데에 중점을 두고 있다.

　　여순 10·19 마을교육과정은 '배우기 → 만나기 → 표현하기 ↔ 치유와 회복'이라는 흐름으로 실행되었다. 여순 10·19 마을교육과정 실행은 기초 학습 코스(배우기 + 만나기)와 실천 학습 코스(표현하기 + 치유와 회복)로 양분화하여 살펴볼 수 있다. 우선 기초 학습 코스에서 여순 10·19의 역사적 배경, 경과, 맥락에 대해 이해하는 '배우기' 단계와 여순 10·19 당시 실제 상황에 대해 유족들의 증언으로 파악하는 '만나기' 단계를 통해 여순 10·19가 지역사회에 어떠한 영향을 주었는지를 학습한다. 그리고 실천학습 코스에서는 학생들이 여순 10·19에 관해 학습한 내용을 바탕으로 여순 10·19 주제 표현 활동과 여순 10·19 관련 회복적 정의, 평화 감수성 활동을 병행했다. 이를 통해 여순 10·19가 지역의 학생들과 유기적으로 연결되도록 여순 10·19 마을교육과정의 취지를 극대화하고자 했다.

여순 10·19가 일어난 1948년 10월 19일로부터 약 60년이 지난 21세기에 태어난 어린 학생에게 여순 10·19는 여순 10·19 마을교육과정을 접하기 전까지는 생경하고 거리감 있는 역사책 속 이야기에 지나지 않았다. 비록 지역의 어린 학생들은 여순 10·19를 경험했던 어른의 후손이지만, 여순 10·19는 장시간 순천 지역을 비롯한 대한민국 사회에서 '감춰진 역사'였기에 어린 학생들에게 여순 10·19에 관한 이야기를 들려주는 어른은 부재했다. 심지어 역사교육을 해야 하는 학교에서도 여순 10·19는 그 어디에서도 쉽게 찾아볼 수 없었다. 즉, 어린 학생들은 여순 10·19가 일어난 마을, 지역에서 태어나 자랐음에도 여순 10·19를 듣지도 배우지도 못하는 환경에 놓여 있었던 것이다. 여순 10·19 마을교육과정을 통해 학생들은 지역 곳곳에, 지역주민의 가슴 한구석 깊이 남아 있는 여순 10·19라는

상처를 기억하고 회복해야 할 필요성에 대해 생각할 수 있었다.

여순 10·19의 배경이 된 좌우 이념 대립, 제주 4·3부터 여순 10·19의 전개 과정, 지역 내 여순 10·19 흔적들 그리고 여순 10·19의 결과와 영향 등 여순 10·19에 관한 전반적인 실체를 학습했다. 이에 더해, 여순 10·19로 국가가 지역과 지역주민에게 가한 폭력을 여순 10.19 유족들의 생생한 증언을 통해 적나라하게 확인할 수 있었다. 이후 이어진 표현하기, 치유와 회복 활동을 통해 학생들은 여순 10·19를 학습하며 깨달은 생각들을 정교화하며 자신의 현재와 적극적으로 연결하는 모습을 보였다. 학생, 유족, 교사가 둥근 원 모양으로 둘러앉아 여순 10·19를 바라보는 각자의 입장을 상호 간에 교환하며 여순 10·19에 대한 생각과 감정을 함께 정리하는 시간은 학생들이 여순 10·19를 한층 더 면밀하게 들여다보는 기회가 되고 있었다. 여순 10·19를 직접 경험하지 않은 현재의 세대로서 떠올리기 어려운 여순 10·19의 장면들을 유족과의 대화, 그들의 내러티브 속에 침전된 여순 10·19의 비극적 진실을 확인할 수 있었다.

6. 순천 마을교육과정의 의미와 시사점

이상에서 순천 마을교육과정은 마을교육공동체, 학교-마을 연계 교육에 관해 새로운 가능성을 확인시켜 준다고 할 수 있다. 순천 마을교육과정은 순천 마을교육공동체 일원들의 적극적이고 유기적인 참여와 협력에 기초하여 학교-마을 연계 교육의 새로운 차원을 보여주며 학교-마을 연계 교육을 선도하고 있다. 순천 마을교육과정의 연이은 성공적인 실행은 순천 마을교육과정의 가능성을 확인시켜 주었고, 이를 목격한 많은 이들이 마을교육과정에 대한 의구심을 거두고 이후의 순천 마을교육과정 개발 여정에 참여했다. 비록 여전히 순천 마을교육과정을 대하는 지역 내 기관, 학교의 곱지 않은 시선이 있지만, 조금씩 그리고 꾸준히 교육 현장에서 순천 마을교육과정을 실천하고자 하는 움직임이 확산하는 것이 사실이다. 지역과 연계한 학교 자율시간 운영을 강조한 2022 개정 교육과정의 도입과 맞물려, 순천 마을교육과정은 최근에 더욱 교사들로부터 주목받고 있다. 지역 연계 교육의 새로운 실천 가능성을 보여준 순천 마을교육과정에 영향을 받은 새로운 실천들이 실제로 창발하고 있기도 하다. 순천 마을교육과정은 그 자체에만 머무르지 않고 이처럼 계속 학교-마을 연계 교육, 마을교육공동체의 지평을 넓히는 데에 직간접적으로 이바지하고 있다.

순천 지역 내 학교와 마을의 주체들은 마을교육공동체로 함께하여 순천 지역의 역사문화, 생태환경, 경제에 대해 학습하는 순천 마을교육과정을 개발, 운영했고 이를 통해 순천에 관한 지역성, 맥락성, 공동체성을 깊이 학습할 수 있는 순천 마을교육과정을 구현할 수 있었다. 기존 학교 교육시스템의 풍경에서는 결코 찾아볼 수 없던 순천에 대한 심도 있는 교육을 실천하여 순천을 학습할 기회를 제공하는 것에 의의를 둔다. 한국 사람이라면 모름지기 한 번쯤은 들어봤을 '사람은 태어나면 서울로 가야 한다'라는 명제가 강조하듯, 기존 학교 교육시스템과 사회 전반에서는 지역을 떠나 소위 '인서울 대학'에 진학하는 일이 지역 학생이 성취해야 할 과업으로 인식되는 것이 사실이었다. 이러한 교육적 질서는 지역 학생들이 지역을 기반으로 정체성을 함양하지 못하고 지역을 타자화하는 데에 일조했다. 순천에 대한 학습을 통해 순천인이라는 지역 정체성을 신장시키고자 하는 순천 마을교육과정은 지역을 떠나 서울로 가야 한다는 명제를 일상적으로 당연시하는 우리의 인식에 경종을 울리고자 하는 것이다. 이러한 순천 마을교육과정은 학교-마을 연계 교육과 마을교육공동체의 질적 제고와 새 방향성을 모색하는 데 있어 시사하는 바가 크다고 할 수 있다.

　순천에 대해 가르치는 교육을 갈망하던 순천 마을교육공동체 모두의 적극적인 참여와 끊임없는 노력이 있었기에 순천 마을교육과정이 출현할 수 있었다. 마을교육과정 개발 초기에는 어려움과 난제가 존재했지만, 순천 지역 내 학교 교원, 마을 주민, 마을교육활동가 등이 순천 마을교육공동체로서 연대했기에 순천 마을교육과정 개발이 차질 없이 진전될 수 있었음이 확인된다. 순천 마을교육과정의 기저에는 마을교육공동체를 통한 지역 내 다양한 교육 주체들 간 일련의 교육적인 관계가 놓여 있으며, 이러한 관계는 어느 지역에서도 시도하지 못했던 마을교육과정이라는 새로운 차원의 교육적 실천이 가능하게 하는 토대가 되었다. 학교-마을 연계 교육은 기존 학교 교육에 마을의 인적·물적 자원을 단순 연계, 동원하는 형태로 진행되었다. 그런데, 이러한 형태를 통해 마을이 학교 교육에 대한 보조 수단으로 취급 및 활용되는 다소 학교와 마을 사이에 비대칭적 관계가 놓여 있음이 포착된다. 이 비대칭적 관계 속에서는 학교와 마을의 유기적 결합에 기댄 교육을 실천하기에는 제약이 있다는 지적들이 마을교육공동체 현장에서 잇달아 제기되고 있다. 이러한 기존 학교-마을 연계 교육의 형태와 달리, 순천 마을교육과정은 마을이 학교와 수평적이고 긴밀한 관계를 토대로 교육과정을 개발, 운영했다는 특이점이 있다. 이러한 순천 마을교육과정 사례는 기존 학교-마을 연계 교육의 제한점을 해소하기 위해서는 학교와 마을 간 교육적 관계가 구축될 필요성을 제기한다.

7. 마을교육과정 개발을 위한 도전 과제

순천 마을교육과정이 꾸준히 실행될 수 있었던 데에는, 앞서 논의했다시피 순천 마을교육과정을 염원하던 순천 마을교육공동체 그리고 공동체 내 교육적 관계 맺음이 수반되었다는 걸 강조하고 싶다. 이러한 순천 마을교육과정은 마을교육공동체를 제대로 구축, 마련하는 일이 학교-마을 연계 교육을 실천해 나가는 과정에서 필요충분조건이자 급선무임을 시사한다. 마을교육공동체와 학교-마을 연계 교육이란 본디 학교와 마을의 밀월 관계를 그 전제로 요구하는 개념이다. 공동체, 연계라는 단어 모두가 서로 함께한다는 것을 뜻으로 내포하고 있음은 학교와 마을이 서로 함께해야 함을 잘 보여준다. 마을교육공동체는 처음 그 모습을 드러낸 2010년대 이래로 전국적으로 확산하고 있다. 하지만 마을교육공동체 현장에서 그리고 연구자들로부터 질적으로 성장하고 있는지에 대한 문제가 제기되고 있는 것이 현실이다. 학교, 마을이 서로를 믿지 못하며 교육적 관계 맺음이 실패하여 적극적으로 마을교육공동체를 위해 참여하지 않는다는 것이다. 이는 역으로 순천 마을교육과정에서 보여준 마을교육공동체 구성원들 간 교육적 관계 맺음의 필요성과 중요성을 제기한다. 순천 마을교육과정 사례는 마을교육공동체 안에 있는 모두가 서로를 공동체라 생각하고, 함께해야 함을 강조한다. 결국, 학교와 마을 사이에 상호 이해, 존중, 신뢰 그리고 연대감이 탄탄하게 조성되어야 마을교육공동체, 학교-마을 연계 교육, 마을교육과정이 잘 구현될 것이다.

순천 마을교육과정을 시작으로 하여 전국 방방곡곡에서 그 지역의 특성과 여건을 반영한 마을교육과정이 창발하기를 간절히 소망한다. 순천 마을교육과정은 거창한 시도라기보다는 마을교육과정 실천을 바라며, 이를 위해 묵묵히 노력한 순천 지역 교육 주체들의 조그마한 발걸음의 모음이었다. 순천 마을교육과정이 보여준 가능성을 토대로 전국의 마을교육 공동체가 마을교육과정 실천이라는 여정에 나설 수 있기를 기원해 본다. 분명 처음에는 어려움을 느낄 것이다. 그러나, 순천 마을교육공동체 또한 그 어려움을 모두가 함께하여 마을교육과정을 구현했다는 사실을 떠올리 며 마을교육과정 실천에 나설 것을 권유한다.

4장

아픈 기억을 극복한 한 초등학교 이야기[3]

김필성(부산대학교), 김종남(묘량중앙초등학교)

---

[3] 이 글은 김필성, 정상원, 권다남의 논문 「한 초등학교가 지역사회 연계 교육 협력으로 폐교 위기를 극복하는 내러티브(2023)」에 기반하여 작성되었음.

0. 마지막 남은 묘량중앙초등학교의 폐교 위기

묘량중앙초등학교는 전라남도 영광군 묘량면에 위치하고 있으며, 묘량면은 지역주민 90%가 농업에 종사하는 전형적인 농촌지역이다. 묘량면 인구 현황을 보면, 2023년 5월 기준으로 묘량면의 총인구는 1,724명이며, 이 중에서 65세 이상 인구가 751명으로 나타나 43.6%를 차지하고 있다. 여민동락 사회적 농장, 깨움마을학교와 묘량중앙초등학교가 발간한 「마을을 품은 학교, 학교를 품은 마을(2022)」에 따르면, 묘량면의 인구 고령화와 과소화는 교육뿐만 아니라 지역 생활 전반에 걸쳐 고통과 위험을 수반하여 지역 소멸을 부르고 있고, 농공단지가 개발되고 산업단지가 인근에 있지만 인구 유입의 기회는 요원하다.

이런 상황에서 학교의 폐교는 지역소멸의 위기를 가속화할 수 있다. 이미 묘량면에는 2002년에 묘량중학교가 영광중, 영광여중으로 분산 통합되었고, 2004년에는 묘량초등학교가 영광초등학교로 통합되었다. 이제 묘량중앙초등학교만이 유일하게 남아 있다. 묘량중앙초등학교는 광복하기 전 1944년 6월에 심상소학교로 개교했지만, 2000년대 들어 폐교 위기를 겪었다. 2000년 6월에 묘량면 지역에 있는 다른 초등학교의 분교로 격하되었다. 2004년에는 읍내 대규모 영광초등학교의 묘량분교장으로 교명이 변경되었으며, 2005년에는 다행히 학생 인원이 20~30명 정도로 늘어나 다시 묘량중앙초등학교로 승격되었다. 하지만 다시 4년 뒤인 2009년 8월에 폐교 대상 학교로 지정된다. 2010년 2월에 6학년이 졸업한 후에는 학생 수가 12명으로 줄어들면서 학교 폐교를 피할 수 없는 막다른 골목으로 내몰릴 수밖에 없었다.

이런 위기감이 확산되자 2010년 1월, 학교 살리기를 위한 지역주민 간담회와 공청회가 개최되는 등 마을주민들이 의견을 모았다. 특히, 2008년에 지역공동체 운동을 표방하며 묘량면에 뿌리내린 '여민동락'이 중심이 되어 지역주민과 학부모를 대상으로 회의를 소집했고, '폐교는 안 된다'는 의지를 모았다. 지역의 교육을 통해 아이들이 성장해 지역주민으로 살아갈 수 없다면 더 이상 지역사회는 지속될 수 없다. 여민동락은 수도권에서 귀농한 3인이 살기 좋은 지역사회를 만들기 위해 노인복지 문제를 해결하고자 했다. 하지만 마지막 남은 학교가 폐교된다면 지역사회 자체가 소멸될 것이 명확한 상황에서 한가롭게 노인복지 활동만 할 수 없었다. 그래서 여민동락, 깨움마을학교, 지역주민들은 묘량중앙초등학교와 함께 학교를 살리기 위해 노력했다. 지역주민 및 학부모의 요구를 수용하여 돌봄교육을 강화했으며 주말 마을교육프로그램을 운영했다. 지인들 중심으로, 유치원생을 중심으로 신입생을 모집해 갔다. 그 결과 2012년에 학생 수를 34명으로 늘려서 폐교 지정 학교에서 해제되었다. 2013년부터 학생 수가 조금씩 늘어나기 시작했고, 2017년 이후부터는 작은 학교로서 적정규모의 학생 수를 유지할 수 있었다. 2023년 기준 학생현황을 보면, 초등학생이 78명으로 총 8학급이 운영되며, 여기에 특수반 2학급이 포함되어 있다. 유치원생은 총 16명이며, 여기에는 영광군에서 유일하게 4명의 특수 유치원생이 포함되어 있다. 깨움마을학교 이민희 대표에 따르면, 묘량중앙초등학교 학생의 거주지를 보면, 묘량면에 거주하는 학생은 30% 내외인 반면 영광읍에서 거주하는 학생이 70% 내외로 많다.

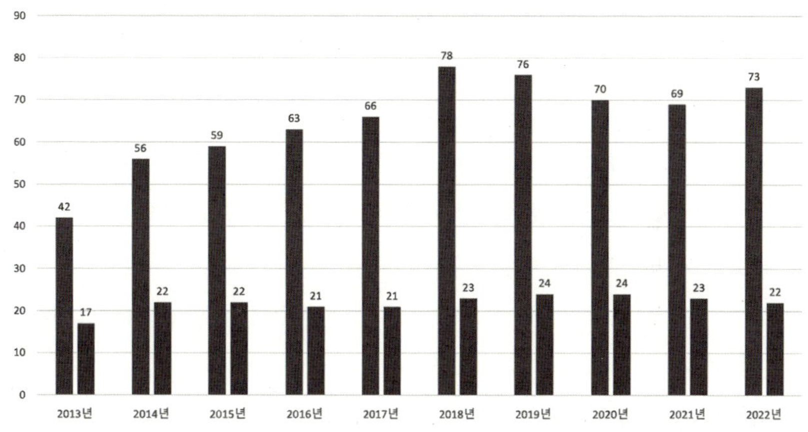

〈 묘량초등학교 학생 수 변화 추이 〉

1. 학교 폐교 위기에서 벗어나다

묘량중앙초등학교는 개교한 지 70년이 넘는 전통을 가진 학교다. 그러나 2000년대에 들어 학령인구 감소 및 인구 유출로 인해 폐교 위기에 처하게 된다. 묘량중앙초등학교는 2000년대 중반에 분교가 되었다가 학생 수가 조금 늘어서 다시 2005년에 정식 학교로 승격이 되었다. 하지만 전교 학생 수가 20명이 채 되지 못한 상황이 되었다. 결국, 2009년에 전남교육청은 묘량중앙초등학교를 폐교 학교로 지정했다. 다행히 2009년부터 지역사회 학부모들이 나서서 학교 살리기 운동을 시작하게 되면서 새로운 가능성을 찾아가게 되었다. 농촌사회 살리기를 위한 노인복지 활동을 하는 단체인 여민동락 사회적 협동조합(이하에서 여민동락으로 줄여 씀)도 여기에 힘을 보탰다. 사실 학교보다는 지역주민이 주축이 되어 학교 살리기 운동을 했다.

> 마을주민들이 주축으로 학교 살리기 운동을 해왔고, 사실 선생님들보다는. 선생님들은 제가 오기 전까지는 거의 1년 단위로 다른 학교로 이동하셨어요. 좀 학생 수도 적고 폐교 위험도 있고, 또 학부모들이 좀 이렇게 너무 적극적이었기 때문에. 다행히 2014~15년 이후로 학생 수가 적정한 규모로 되면서 교사들 이동도 좀 적어졌어요.
>
> (2022년 12월 3일, 김종남 인터뷰)

여민동락은 2007년 서울에서 귀농, 귀촌한 3명의 사람들로 구성되었다. 그들은 대학교에서 모두 인연이 있었는데, 서울에서 사회생활을 하다가 의기투합해서 전부 도시 생활을 청산했다. 당시에 묘량면은 고령화되어 갔고 인구가 줄어들어 소멸의 징후를 보였고, 향후 10년 후에는 이 지역에 큰 위기가 닥칠 거라고 우려했다. 농업은 기계화되고 대농 위주로 이루어지고 있고, 고령자들 대부분이 소농으로 생계를 유지하는 상황으로 농촌공동체의 모습도 사라졌다. 그래서 설립 초기 2007년에 노인 대상 요양과 돌봄 서비스를 지원했고, 23개 경로당을 거점으로 마을복지운동을 했다. 여민동락은 인구 유입이 어렵고 고령화된 농촌사회를 지속 가능케 하기 위해 노인복지 활동에 초점을 두었다. 그래서 이동장터, 사회적 협동조합 등 42개 자연마을 장터를 운영하고 있다. 노인, 아동, 장애인, 교도소 출소자 등이 사회에 건강한 구성원으로 적응하고 농업 활동을 통해 복지 요양, 교육, 치유 등을 수행했다.

　그러던 중에 묘량중앙초등학교가 폐교된다는 소식을 듣게 되었다. 학생 수가 적어서 여러 학년 학생을 모아서 복식수업을 하는 상황이었다. 여민동락은 학교가 살아야 지역이 산다는 생각으로 작은 학교 살리기 운동을 병행하기 시작했다. 농촌사회의 소멸을 막고 지속 가능한 지역공동체를 만들기 위해 어쩔 수 없이 학교 살리기 운동에 필사적으로 참여하게 되었다. 이런 농촌사회에서 학교마저 폐지가 된다면 지역을 유지하는 마지막 보루를 잃게 되는 것과 같았다. 지역사회에서 지역인재를 길러내고 이들이 지역주민으로 살아가지 못한다면 더 이상 지역의 미래는 없다는 절박한 심정이었다.

학교 폐교를 막고 이 학교를 살리는 문제가 이제 우리한테는 발등에 떨어진 문제이기도 했고요. 당장 내 아이를 키워야 하니까 나의 문제이기도 했고요. 또 하나는 오래전에 여기 초등학교와 중학교가 폐교되어서 이 학교가 유일하게 남아 있었어요. 이 학교마저 폐교되면 누가 살러 여기에 들어오겠어요. … 결국은 이런 시골에서 학교는 지역을 유지하는 어떤 최후의 보루 같은 거였어요. 그래서 다른 선택의 여지가 없었죠. 무조건 막아야 되는 거였어요. 당시에 학부모들하고 지역주민들하고 같이했죠.

(2023년 2월 3일, 이민희 대표의 인터뷰)

　여민동락이 지역주민들과 폐교를 막기 위해 노력한 결과 2011년에 폐교 지정이 철회되었다. 2012년에는 복식수업을 해소할 만큼 학생 수가 늘어났다. 14명이었던 학생 수가 42명까지 늘어난 것이다. 이들은 다음과 같은 주요 전략으로 이런 위기에서 벗어날 수 있었다. 첫째, 지역주민의 자녀를 묘량중앙초등학교에 입학하도록 했다. 둘째, 주말 프로그램을 운영했고, 지역주민 및 학부모 요구를 수용하여 돌봄교육을 강화했다. 학교 공간을 빌려 방학 내내 다양한 프로그램을 운영했고, 학부모들이 자발적으로 아이들 급식을 제공했다. 셋째, 유치원생 모집을 통해 학생 수를 안정적으로 확보했다. 대부분의 유치원생들은 묘량중앙초등학교로 입학하게 되었다.

이렇게 지역주민과 여민동락이 힘을 합쳐 학교가 폐교 위기에서 벗어났지만 적정한 학생 수를 지속적으로 유지하는 것은 쉽지 않은 문제였다. 마침 2013년부터 전남교육청은 꿈, 추억, 행복 사업으로 마을학교 사업을 시작했었다. 여민동락은 지속적인 학교 유지를 위해 특색 있는 교육프로그램이 필요하다고 생각해 전남교육청의 마을학교 사업에 참여하게 되었고, 그 결과 2015년에 깨움마을학교를 설립하게 되었다.

이처럼 지역주민과 여민동락이 묘량중앙초등학교를 살리기 위해 노력했지만, 학교와 긴밀한 소통과 협력은 이루어지지 못했다. 여민동락과 깨움마을학교는 학교의 문을 열기 위해 노력했지만 잘 열리지 않았다. 학교는 학교대로, 마을은 마을대로 살아가는 상황이었다. 지역주민과 여민동락, 깨움마을학교는 학교 밖에서 주말에 이루어지는 프로그램이 아니라 학교의 특색 교육과정으로 운영되어야 한다고 생각했다. 마침 여민동락과 깨움마을학교 구성원들 중에는 묘량중앙초등학교 학부모들도 많았다. 그런 학부모들의 노력으로 여민동락과 깨움마을학교는 학교와 소통하게 되었다.

학교와 마을은 묘량중앙초등학교가 인근의 대규모 학교가 갖지 못하는 작은 학교로서의 강점을 유지해야 지속 가능할 수 있다고 보았다. 간혹 학생 수가 많을 때는 한 학급당 20명이 되기도 했는데, 작은 면 단위 학교에서는 학급당 14~15명으로 유치원생을 포함하여 총 100명 내외가 적정한 규모라고 생각했다. 학생 수가 더 많아지면, 읍면 소재지에 있는 대규모 학교와의 차별성을 갖기가 어려웠다. 학부모들은 학급당 학생 수가 적은 작은 학교에서 자녀가 더 많은 관심을 받을 수 있기를 기대했다. 반대로 학생 수가 40명 이하가 된다면, 여러 가지 운영상의 문제들이 발생했다.

이에 묘량중앙초등학교는 모집인원을 관리하기 위해 적정한 수의 신입생을 모집해야 했다. 주로 학부모를 만나서 작은 학교가 가진 강점을 부각하며 신입생 모집을 홍보했다. 또한 안정적인 신입생 모집을 위해 초등학교 1학년 학생 모집이 아니라 유치원 3세반 모집에 초점을 두고 홍보했다. 즉, 초등학생보다는 유치원생을 먼저 모집하는 전략을 활용했는데, 이를 통해 학부모와 학생에게 학교 적응력이나 학교에 대한 좋은 이미지를 심어주고자 했다. 이런 전략은 매우 성공적이었는데, 대략 지난 6년 동안 이 학교의 모집 특징을 살펴보니, 묘량중앙초등학교 병설 유치원을 다녔던 학생들 100%가 초등학교 1학년으로 입학했다. 이런 노력으로 묘량중앙초등학교는 매년 초등학생 70명 내외, 유치원생 20명 내외의 학생을 성공적으로 유지하는, 가고 싶은 학교가 되었다. 더불어 유치원생부터 초등학생까지 학부모들이 구성되면서 학부모회가 탄탄해졌으며, 유치원과 초등교육의 연계성이 강화되었다.

되돌아보면, 우리 마을에서 폐교 위기는 무척 아픈 기억이었어요. 우리 학교는 2009년 12월에 폐교로 지정됐고 이제 그 후에 작은 학교 살리기 운동을 학부모들이 같이 시작하게 됩니다. 그때부터 여기 농촌 살리기 그런 단체가 있습니다. 여민동락 공동체라고. … 신입생 유치의 효과적인 전략은 유치원을 잘 모집하고, 그들이 좋은 경험을 갖는 것이에요. 다른 작은 학교들도 이 방법을 참고할 수 있을 것 같아요.

(2022년 12월 3일, 김종남 인터뷰)

2. 학교와 마을의 교육 협력 관계를 만들어 가다

- 학교와 마을의 교육 연계 강화

앞에서 봤듯이, 묘량중앙초등학교는(이하에서 학교로 줄여 칭함) 학부모, 여민동락, 깨움마을학교(이하에서 이를 총칭하여 마을로 표현함)의 헌신적 노력으로 폐교 위기를 극복했다고 볼 수 있다. 그러나 학교와 마을의 관계는 가깝지 않았다. 2018학년도까지 학교는 학교대로 마을은 마을대로 운영되었다. 2023년 3월, 김종남 교무부장은 "정말 마을 학교 따로, 자기들 따로, 마을학교 프로그램 운영하면은 자기들끼리 학부모 자기들이 그냥 다시 학부모들한테 안내해서 참여할 사람 참여해 가지고 주말만 이용해서 했거든요. 대신 학교 시설은 좀 제공해 주라고 해서 학교 시설만 제공해 줬고요. 전혀 학교하고는 관계없었죠. 어떤 교육과정도 관계없고요. 마을학교는 학교와는 상관없이 도교육청 예산이나 학교 예산을 받아서 프로그램을 운영하는 실정이었어요"라고 말했다.

학부모회는 학교장이 학교 운영에 큰 영향을 미친다는 것을 경험적으로 잘 알고 있었다. 2015년 내외 시기에 부임한 학교장이 마을에 관심이 없다 보니 마을이 학교와 소통하기가 무척 어려웠다. 당시 학교장은 학교 운영 자체만으로도 바쁜데, 학교가 굳이 마을학교까지 신경 쓸 필요가 있냐고 말했다. 그래서 마을에 관심을 가진 학교장이 여기에 왔으면 좋겠다고 생각했고, 도교육청이나 교육감을 찾아가 그런 학교장을 보내달라고 요구도 했다.

마침 2019년부터 학교와 마을이 만나기 시작했다. 마을학교에 관심이 많은 학교장이 부임한 것이다. 학교와 마을의 소원했던 관계가 달라지기 시작했다. 그 학교장은 혁신교육과 마을교육에 관심이 많았고, 도교육청 교육과정과에서 장학사를 역임했고, 연수원에서도 근무했던 분이다. 무엇보다도 김종남 교무부장과 20년 가까이 형님 동생으로 친하게 지내왔던 분이었다.

사실, 묘량중앙초등학교는 강성 학부모가 있는 학교라고 소문이 나면서 전남의 모든 교직원이 힘들다고 오기 싫어하는 학교로 소문이 나 있었다. 2009년도부터 학부모들은 폐교 학교를 살리기 위해 학교나 지역사회에 대해 강하게 요구하게 되면서 전라남도에서 교사들이 가기 싫은 1순위 학교가 되었다. 실제로 영광 관내 군에서 희망하는 교사가 없었기 때문에 주로 초빙으로 교사가 오게 되었다. 김종남 교무부장 역시 초빙으로 오게 되었다. 다른 교사들은 타 지역에 지원했지만 본인 의지와 달리 이 학교에 배치된 게 대부분이었다. 하지만 최근 4년 동안은 학교가 싫어서 이동하는 교사가 없었다. 모든 교사가 자발적으로 4년이 되는 2023년까지 근무하겠다고 밝혔다.

(2023년 3월 8일, 김종남 인터뷰)

더불어 다행히도 교육지원청 교육지원과장과 교육장 모두가 마을학교에 관심을 갖고 있는 분이 오게 되었다. 학년별 교육과정 구성하는 과정에서 지원청에 협조를 요청해야 하는데, 2019년부터 묘량중앙초등학교가 마을학교 연계 교육을 활성화시킬 당시에 도교육청 교육과정을 담당하셨던 분이 지원청 교육지원과장으로 왔다. 교육장 역시 마을교육에 관심을 갖고 있어서 학교에 예산 지원 등 많은 도움을 주었다. 학교의 부족한 예산을 지원해 주었고, 도교육청이나 지자체와 연계할 때도 지원했다. 또한 새로운 지원과장이 왔는데, 도교육청에서 혁신교육과장을 했던 분이었다. 그분은 교육청에서 3~4년 동안 마을학교 및 혁신학교를 총괄했다. 그 과장이 오게 되면서 묘량중앙초등학교의 마을 연계 교육은 더 큰 날개를 달게 되었다.

3. 묘량마을교육공동체 비전과 헌법

학교와 마을이 가까워지면서 '마을을 품은 학교', '학교를 품은 마을'의 비전을 수립하고 스스로 사는 교육, 더불어 사는 행복, 상호 협동하는 교육, 마을시민으로 성장을 위해 노력했다.

묘량마을교육공동체 비전

더불어 묘량깨움마을학교, 묘량중앙초등학교, 여민동락영농종합법인
은 마을교육공동체로서 비전을 공유하고 지속 가능한 마을교육공동체를
만들기 위해 상호 협력을 체결했다. 이를 굳건히 지속한다는 바람으로 묘
량마을교육공동체 헌법이라 부른다.

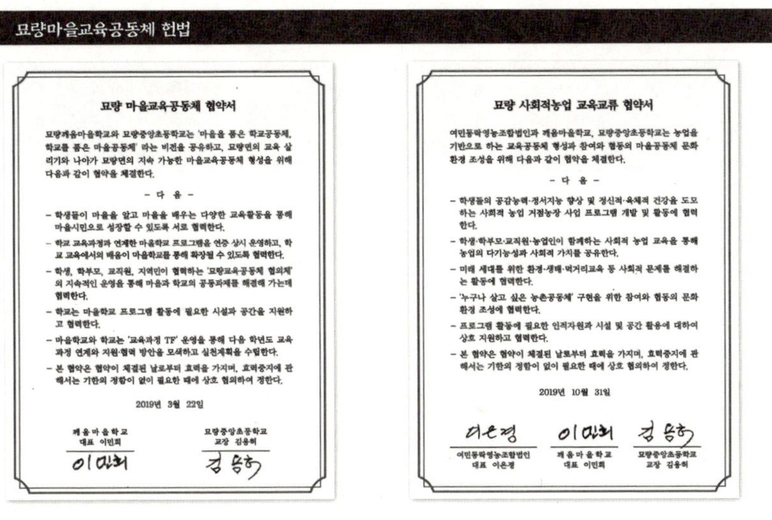

4. 학교와 마을을 연결하는 3가지 거버넌스 구축·운영

학교는 묘량교육공동체협의회, 마을교육과정 협의회, 희망농장 운영
협의회 등 3차원의 교육 거버넌스를 만들어갔다. 이를 통해 학교는 마을
의 인적 자원을 쉽게 협조받을 수 있었고, 프로그램 운영에서 지역사회 자
원을 원활하게 활용하는 데에 큰 도움을 받았다. 아래와 같은 3가지 거버
넌스 체제는 학교와 마을이 서로를 품게 하는 협력 관계를 만들어주었다.

〈 묘량중앙초등학교의 3차원 교육 거버넌스 〉

첫째, 묘량교육공동체협의회는 학교와 마을 전체의 협력을 도모하기 위해 학생, 교직원, 학부모, 지역주민, 지역기관(단체)이 참여하는 가장 큰 거버넌스다. 이 협의회는 학교가 마을주민을 먼저 초청한 것이 계기가 되어 발전되었다. 학교는 지역과의 협력을 만들어가기 위해 우선 지역주민을 만나보자면서, 평소 학생장학금과 발전기금을 기부하는 주민들을 초청했다. 이 만남을 시작으로 학교와 마을을 품게 하는 묘량교육공동체협의회가 발전된 것이다. 이 협의회는 학교와 지역이 어떤 관계를 맺어야 하는지 등 큰 범위에서 논의하는 중요한 협의체다. 학교와 지역이 상호관계 및 역할을 논의하며, 지역주민과 학부모들에게 학교와 마을 연계 교육에 대한 이해를 돕는다. 학부모들에게 앞으로 학교가 살기 위해 지역사회의 참여를 당부하고 설명한다. 이 협의회에는 지역의 유관기관도 참여한다. 5~6개 지역단체도 참여하며, 위원장도 참석한다. 묘량 번영회장, 묘량면의 이장단 협의회, 영농회 협의회 등 많은 지역단체들이 참여한다.

보통 년간 대표성 있는 사람들과 분기별로 모이며, 연 4회 운영합니다. 그다음에 유관기간의 경우에는 연 2회 운영하여 지금까지 총 6회 모였습니다. 2022년에는 12월 28일에 그 모임을 가졌는데, 그 모임에서는 교육장도 참여했습니다. 이런 묘량교육공동체협의회는 마을 전체가 하나가 되는 데 큰 역할을 합니다. 교육장이 참여하여 마을학교의 마을교사를 격려하고, 학교에는 감사장을 수여했습니다. 이렇게 학교와 지역이 상호 유대 관계를 만들어가고 있습니다.

(2022년 12월 3일, 김종남 인터뷰)

둘째, 마을교육과정 협의회는 학교교육과정과 마을교육프로그램의 연계를 계획하고 점검하며 평가하는 교육 거버넌스다. 이 협의회는 마을학교에서 기획한 마을교육 프로그램과 학교에서 편성한 교육과정을 연결하고 매칭시킨다. 전반적으로 마을학교의 교육 운영을 결정하는 최종 협의기구이며, 마을교사와 담임교사가 만나서 학년별로 학교가 마을학교와 연계하는 프로그램 운영을 협의하고 조율한다. 사실, 이 협의회를 운영하다 보면 서로의 심기가 편하지 않다. 왜냐하면 마을학교에서 학생의 발달단계나 학년 수준에 맞지 않는 프로그램을 제시하는 경우가 많기 때문이다. 그런 경우에는 학교 교사가 조율한다. 다행히 여러 회를 거치고 만나면서 학교 단위 교육 거버넌스가 안정화되어 갔다.

셋째, 마지막으로 희망농장운영 협의회는 4학년 '농부학교' 마을교육 프로그램을 운영하기 위한 협의체다. 1년 연중 농사를 짓다 보니까 중간중간 협의 및 결정할 일이 많아서 별도로 운영하고 있다. 여기에는 담당 담임교사, 그리고 농부학교 마을교사, 마을학교 대표, 교장선생님과 행정실장님 등 7명이 참여하고 농부학교 운영 방법을 논의한다. 학교 교사는 농사 전문가가 아니기 때문에 그들의 협조를 받아야 한다. 농부학교는 1년 동안 농사를 짓는 것과 같아서 계절마다 방법이 다르고, 해마다 어떤 작물을 심어야 하며, 인력은 어떻게 보충할 건지 등 구체적인 사안을 협의해야 한다. 영농회나 이장단은 농기계를 제공하고 파종 시기를 알려주며, 주의할 사항을 배려하는 등 농부학교 운영에 큰 도움을 준다.

5. 학교와 연계한 마을교육프로그램을 개발하고 운영하다

학교는 앞에서 봤던 3차원의 교육 거버넌스를 바탕으로 학교와 연계한 마을교육프로그램을 운영하게 되었다. 학교 밖에서 주말에 운영했던 마을교육프로그램은 이제 학교 정규 교육과정과 연계되어 운영되었고, 학년별 마을교육프로그램으로서 특색 있는 학교교육과정으로 정착되어 갔다. 2015~2018학년도에는 마을학교가 주말에 독자적으로 프로그램을 운영했고, 학교는 시설만 제공했었다. 2019년부터 학교와 마을이 교육 협력 방안을 모색하면서 학교 교육과정과 연계한 마을교육프로그램을 만들어가기 시작했다.

구 분	2015~ 2018학년도	2019~2020학년도	2021학년도 이후
주요 프로그램	7년 동안 프로그램 변화는 크게 변동 없음 * 2021학년도 마을생태습지탐방, 와글와글 마을기자단 추가		
운영 방식	마을 학교 주체 (학교는 시설만 제공)	마을 학교 – 학교 (협력 방안 모색)	공동교육과정 편성
운영 시간	주말 이용	주말 및 교육과정	교육과정 운영 시간 (연중)
대상	희망 학생	희망 및 4학년 의무	희망 및 3~6학년 의무
예산	마을 학교	마을 학교 (간식, 물품 등 일부 학교 지원)	마을학교와 학교가 사전 협의하여 학교에서 지원 가능한 예산 편성

6. 학교와 마을이 연계하는 교육과정으로 발전

묘량중앙초등학교는 시범적으로 학교와 마을이 연계하는 주말 플러스 교육과정을 편성했고, 당시 4학년 담임교사였던 김종남 교사는 '농부학교' 프로그램을 운영했다. 학교에서는 일부 예산을 편성하고 간식이나 일부 물품을 지원하면서 2년간 운영했다. 이 프로그램이 의외로 교육적 효과가 높았고, 학생 만족도 결과가 높게 나타났다. 이런 이유로 이 프로그램을 2021년부터 본격적으로 교육과정에 편성하게 되었다. 연중으로 이 프로그램을 운영했으며, 해당 학년도 3학년부터 6학년은 의무적으로 참여했고, 1~2학년은 희망 학생이 참여하도록 했다.

더 나아가 묘량중앙초등학교가 깨움마을학교의 프로그램 운영 예산을 지원하면서 마을교육프로그램을 확대할 수 있게 되었다. 학교가 깨움마을학교의 운영비를 지원하면서 마을신문도 발간하게 되었다. 이렇게 2021년도부터 학교와 마을은 좀 더 체계적인 마을학교 운영을 할 수 있게 되었다. 그 결과 3학년은 '우리마을역사탐험대', 4학년은 '어린이농부학교' 프로그램을 운영했으며, 2021학년도에는 5학년 마을생태과학교실, 6학년 와글와글 마을기자단 프로그램이 추가되면서 3학년부터 6학년까지 마을교육프로그램을 운영하게 되었다. 2023년도에는 1~2학년 마을교육프로그램도 추가되었다.

이런 마을교육프로그램들은 학생이 살아가는 지역사회에 기반한 장기 프로젝트로서 학교교육을 지역사회로 확장하고 지역을 살리는 역할을 하기를 기대했다. 그러나 이처럼 학교교육과정과 연계하는 마을교육프로그램이 확산되는 과정에서 두 가지 질문에 봉착하게 되었다. 처음 마을교육프로그램을 도입하는 시기에 학부모와 학교 교사 사이에서 이런 마을교육이 어떤 가치가 있는지에 대한 의문이 일어나 그들의 공감대를 얻기 위해 많은 노력을 해야 했다. 한 가지는 21세기 시대에 왜 학생들이 '농부학교', '우리마을역사탐방' 등의 프로그램에 참여해야 하는가에 대한 것이었다. 이런 논의는 몇몇 학교 교사들은 깨움마을학교의 구성원에게 '기계로 농사짓는 시대에 무엇 때문에 손으로 모내기를 하느냐?', '21세기 미래 교육 시대에 아이들에게 농사일을 왜 가르쳐야 하는가?'라는 질문을 던지면서 시작되었다.

마을교육이 과거로 돌아가는 것이 아니에요. 농부학교의 목적은 농부를 기르는 것에 있지 않아요. 아닌데, 마치 그런 것처럼 착각하는 거구나라고 생각되었어요. 우리가 농부학교 처음 만들 때 이제 다 한 번씩 했던 얘기예요. 요새는 다 기계로 농사를 지어요. 뭐 하러 손으로 모내기를 하고 있냐고. 이게 실제 학교 선생님의 입에서 나온 얘기예요. 사실, 이런 질문을 받았을 때 한 번도 그런 각도에서 생각을 안 해봤어요. 왜냐하면 당연하다고 생각했기 때문이에요. 왜 그런 질문이 나올까라고 찬찬히 생각해 보았어요. 우리가 마을교육에 대해 잘 모르고 있는 것이 아닐까라는 생각이 들었어요. 과거의 방식으로, 전통적인 방식으로 아이들한테 농사 체험을 시킨다 해서 그것이 그 교육과정 자체가 획기적이고 복고적인 교육과정은 아니란 말이에요.　　　　　(2023년 2월 3일, 깨움마을학교 이민희 대표 인터뷰)

김종남 교사와 깨움마을학교 대표는 이런 학교 교사의 질문을 받고서 무척 생경하다고 생각했다. 그러나 우리가 왜 지역사회에 기반해서 마을교육을 해야 하는지에 대해 궁금할 수 있다고 생각했다. 아직 마을교육의 개념이나 가치가 잘 정리가 안 되어 있어서 사람마다 생각이 다를 수도 있을 것 같았다. 마을교육프로그램이 전통적이고 복고적인 이미지를 줄 수 있다고도 생각했고, 여전히 학교의 교과교육은 지역사회와 상관없이 이루어지기도 했다.

마을교육프로그램은 지속 가능한 지역공동체를 살리기 위한 것이며, 로컬 중심으로 교육 전환을 통해 삶과 배움이 통합된 교육을 회복하고 작게는 자기의 운명을 주도하고 크게는 자신이 속한 지역공동체의 지속 가능한 미래를 일구는 사람을 키우는 것이어야 한다고 성찰했다. '어린이농부학교' 마을교육프로그램은 농부를 기르기 위한 것이 아니라 마을 안에서 세대 간 교류를 통한 공동체성을 함양하고, 연중 농작물 재배 활동을 통해 노동의 소중함을 체득하며, 기후변화와 생태 위기 속에서 생명을 존중하고 먹거리의 소중함을 체득하는 것이다. 더 나아가 수확물을 지역 안에서 환원하고 나누며, 땅과 자연의 작용을 이해해 풍부한 정서와 인성을 함양하는 것이다(여민동락, 깨움마을학교, 묘량중앙초등학교, 2022). 학생들은 손모내기를 하고 친환경적으로 농사를 짓는 등 전통적인 방식으로 자연과 접촉했다. 기후 위기 시대에 생명의 존엄성을 배우며, 아이들이 상호 협동하고 소통하는 역량을 키우기 위한 것이고, 다양한 학년의 아이들과 지역주민들이 관계를 맺고 상호협력하는 마을교육공동체를 이루기 위한 것이었다. 이런 점을 여러 학교 교사와 학부모들에게 설명하고 마을교육의 취지를 명확히 하면서 그들의 협조를 얻을 수 있었다.

또 마을교육에서는 '마을'의 범위에 관해서도 논의되었다. 마을교육이라면 묘량초등학교가 소재하는 묘량마을을 중심으로 하는 교육이라고 생각한다는 것이다. 그래서 학부모들은 묘량면에 사는 학생 30%, 영광읍에 사는 학생 70%로 학생들이 구성된 상황에서 마을의 범위를 어디에 두어야 하는지 혼란스러워했다.

자연스럽게 학부모와 교사들이 그렇게 생각하는 거예요. 우리가 이제 학부모들 사이에서 이제 마을교육과정 할 때 어떤 고민도 나왔었냐면 이

김종남 교사와 이민희 대표 역시 초창기에 이런 질문에 직면하면서 마을교육의 개념과 교육적 지향에 대해 곰곰이 생각하게 되었고, 그동안 이런 논의들이 미흡했음을 알게 되었다. '마을'에 대한 여러 정의가 있지만, 마을이 시대가 변하면서 다양한 모습을 변주하면서 발현되기 때문에 장소나 범위로 국한하는 것을 옳지 않다고 판단했다. 결국, 마을교육은 개인이 원자화되고 파편화된 생활을 하는 것이 아니라 공동체 안에서 조화롭게 살아가는 역량을 배우는 것이라고 정리하게 되었다. 그리고 이런 역량을 21세기 교육에서 요구한다면, 학교 담장 밖에서 다양한 프로젝트 활동을 통해서 이런 역량을 효과적으로 체득할 수 있다고 봤다. 마을을 지리적, 장소적 범위로 정의하는 대신에 우리 아이들이 공동체 안에서 역량을 기를 수 있는 교육환경으로 생각하게 되었다. 이처럼 마을을 장소가 아니라 역량 중심으로 생각하게 되면서 마을교육프로그램을 유연하고 탄력적으로 운영할 수 있게 되었다. 마을교육프로그램이라고 해 더 이상 학교가 소재한 묘량에만 갇혀 생각하지 않아도 되었다. 이제는 묘량 소재지를 벗어나 더 넓은 마을로 나아갈 수 있었고, 그렇더라도 마을교육과정이라고 부를 수 있었다.

핵심은 내가 그냥 원자화된 나로 존재하는 게 아니라 공동체와 어떻게 관계를 맺고 공동체 안에서 조화롭게 잘 살아 나가는 데 필요한 역량과 기술을 배우는 거예요. 이게 21세기가 요구하는 역량이다라고 한다면 그거를 배울 수 있는 가장 최적의 조건은 학교 안에서만 있는 게 아니라 학교 담장 밖에서 다양한 프로젝트 활동을 통해서 그런 것들을 체득해 나가는 것이라고요. 따라서 마을교육과정의 그 마을이라고 하는 거를 굳이 지리적 범주의 개념에 가두지 말고, 그런 역량을 키우는 하나의 방법이라고 그냥 이해를 해주면 좋을 것 같습니다.　　(2023년 10월 20일, 이민희 대표의 인터뷰)

이렇게 마을교육과정을 장소가 아니라 역량 중심으로 초점을 맞추고, 또한 학부모들이 보조 교사로 마을교육에 참여하게 되면서 마을교육과정에 대한 공감대를 형성할 수 있었다. 이처럼 마을교육의 가치를 소통하면서 학부모들과 교사들은 아이들이 농사를 짓고 흙바닥에서 뒹구는 모습에 문제를 제기하지 않고 '잘했다'고 칭찬할 수 있게 되었다.

묘량 마을교육과정은 묘량이라는 이름을 붙이고 있고, 영광읍에서 오는 애들이 다수 있긴 하지만, 어쨌건 그 근본적인 의미 무엇을 기르고자 하는가 어떤 역량을 키우고자 하는가 여기에 초점을 맞춰서 보면, 당연히 이런 배움은 의미가 있겠다, 이런 데 대한 공감대가 있는 것이죠. 그러니까 애들 농사시켜도 별말이 없는 거지. 흙바닥에서 뒹굴고 가도 학부모들이 문제 제기 없이 잘했다 잘했다 할 수 있죠.

(2023년 10월 20일, 이민희 대표 인터뷰)

7. 창의적 체험활동의 동아리로 마을교육프로그램 편성

묘량중앙초등학교는 창의적 체험활동 동아리 시수를 활용하여 1학년부터 6학년까지 학년별 마을교육프로그램을 운영한다. 4~6학년 마을교육프로그램의 경우, 연초에 교육계획을 수립할 때 격주로 목요일 6, 7교시에 운영하는 것으로 고정했다. 그렇게 해서 그 시간에는 어떤 행사나 활동도 침범하지 못하게 했다. 탄력적 운영이 필요한 농부학교를 제외하고서는 학교도 마을도 그 시간을 모두 지킨다.

마을학교에서도 무조건 이 약속을 다 지킵니다. 그러니까 마을교사분들도 1년 동안 이 스케줄 딱 확인해가지고 그때는 전혀 다른 일을 잡지 않고. 본인이 아파서 못 나온 거 외에는 다 100% 참석하시고. 그다음에 농부학교만 탄력적으로 운영합니다. 왜 그러냐면 한 6월 7월 정도 여름 시기 가면은 오후 한 2~3시가 되게 더울 시기거든요. 그러면 9시에 운영하지요.

(2023년 7월 25일, 김종남 인터뷰)

초기에 마을교육프로그램을 교과교육과정과 직접적으로 연계하는 방향으로 논의했었다. 하지만, 학교 교사들은 교과에서 30시간가량을 확보하는 것은 어렵다고 판단했다. 그래서 어떤 한 과목이나 다른 영역에서 마을교육프로그램을 편성하는 것이 적절하다고 판단하여 창의적 체험활동 동아리 활동으로 편성했다. 마을교육프로그램을 교과교육과정과 직접 연계한다는 것도 의미가 있지만, 단기 프로젝트 방식으로 운영될 수 있다는 단점도 있었다. 즉, 학기 중이나 학기 마지막 주에 2~3일의 짧은 기간에 몰아서 진행될 수 있었다. 연중 농사를 지어야 하는 '어린이농부학교'

프로그램은 단기간에 집중해서 운영될 수 없었고, 또한 장기 프로젝트 방식으로 운영하는 것이, 더 많은 노력과 시간을 투여해야 하지만, 더욱 효과적일 거라고 보았다.

마을교육프로그램은 학교 교사와 마을교사 및 깨움마을학교와 협의해서 팀티칭으로 운영된다. 특히, 4학년부터 6학년까지 3개 마을교육프로그램은 격주 2시간씩 고정적으로 운영됨에 따라 학교 교사와 마을교사가 지속적으로 만나고 협의하는 관계를 맺게 된다. 마을교사들이 각 분야의 전문가로서 이론적인 부분을 맡고, 담임교사는 아이들에게 설명하거나 활동을 지원하는 역할을 한다. 농부학교의 경우, 마을교사는 농사 전문가로서 농사짓는 방법 등을 담당하고, 담임교사는 아이들을 데리고 활동을 담당한다. 마을생태과학교실에서는 퇴임한 교수가 전문가 역할을 한다.

3~6학년까지 이루어지는 학년별 마을교육프로그램을 살펴보면, 3학년에는 '우리마을 역사탐험대' 프로그램을 운영한다. 사회과와 창의적 체험활동으로 편성했고 분기별 4회 이루어지며, 연간 30시간 정도의 시수를 활용한다. 묘량면을 중심으로 중요한 유적지 네 곳을 중심으로 탐방한다. 묘량면에서 퇴임한 역사해설가가 아이들과 함께 탐방하면서 마을 역사를 설명한다. 4학년에는 '어린이 농부학교' 프로그램을 운영한다. 이는 대표적인 프로그램이다. 5학년에는 '마을생태과학교실' 프로그램이 운영된다. 묘량면 지역에는 습지 두 곳이 있고, 학교 가까운 곳에 산이 있다. 그 산은 전남대학교 물리교육학과를 퇴임한 교수가 좋은 교육환경으로 가꾸어놓은 곳이었다. 2020년도에 지역 자원을 활용한 과학교육을 해보기 위한 습지 전문가를 찾을 수 없었다. 그러다가 학교 가까이 있는 장암산에서 과학 프로그램을 운영하는 교수를 찾을 수 있었다. 그 교수는 학교의 협조 요청에 흔쾌히 수락했고, 습지 전문가인 동료 교수를 데려와서 아

이들에게 교육하고 있다.

6학년 대상으로는 '와글와글 마을기자단' 프로그램을 운영한다. 깨움마을학교 대표가 이 프로그램을 담당하게 되었는데, 그는 관련 분야의 경력을 가진 전문가다. 이 프로그램은 학교와 마을이 함께 희망을 만들어가는 경험들을 기록하고 누적하며 홍보하는 것이 필요하다는 의견에서 나왔다. 한 교사가 그러면 마을신문을 만들어보자고 하면서 와글와글 마을기자단의 명칭을 가지게 되었다. 그래서 마을기자단은 주로 마을학교 활동을 소재로 다루며, 연 2회 발간한다. 1학기 마을학교 활동을 7월에, 2학기 마을학교 활동 내용을 담아 12월에 발간한다.

마을기자단은 학생 주도로 이루어진다. 6학년 학생들이 마을학교 및 학교 활동 내용을 직접 취재하며, 더 나아가 묘량면의 이야기도 관심을 갖는다. 위원장과 교육장, 군수를 방문해 인터뷰하고, 마을교사들 모두와 인터뷰를 한다. 단순히 방문해서 인터뷰하는 수준이 아니라 국어교과 교육과정에 나오는 인터뷰 절차 및 방법을 활용한다. 보통 학교에서는 교사가 학생들에게 기사를 받아서 표지를 구성하는 등 주도한다. 그러나 마을 기자단은 실제 신문을 만드는 활동을 하며, 학생들은 직접 사전에 기획을 하고 소재를 선정하며 편집하는 과정 모두를 마을교사와 의논하면서 주도적으로 만들어간다. 학생들이 어떤 사진을 쓸 건지, 직접 인터뷰를 한다. 마을교사는 교정만 보거나 취약한 경우에 보강하여 취재하라는 의견을 말한다.

8. 마을교육프로그램이 교과 수업에 긍정적인 영향을 미치다

마을교육프로그램은 학년별 동아리 활동으로 편성되어 있기 때문에 교과교육과는 직접적으로 연결되어 있지 않다. 그러나 마을교육프로그램이 매년 안정적으로 운영되면서 다양한 교과 내용과 접목되어 갔다. 특히, 마을교육프로그램을 격주로 2시간씩 연중 내내 운영하며 학년담임교사와 마을교사 및 지역주민이 꾸준하게 소통하고 협의하게 되어 자연스럽게 마을교육프로그램이 교과교육에 연계되었다. 이런 점들은 공식적인 학교와 마을 연계 교육과정 편성에 나타나지 않지만, 교사가 수업에서 자율적으로 연계하는 모습으로 나타난다. 마찬가지로 2학년부터 6학년까지 담임교사 대상 설문조사 결과에 따르면, 학교와 마을의 교육 협력이 친숙한 교육 내용 발견 및 활용에 기여하는 정도가 평균 4.20(5점 측도)으로 높게 나타났고, 학생의 수업 참여도 향상에 기여하는 정도 역시 평균 4.00으로 높게 나타났다. 이를 볼 때, 마을교육프로그램이 교과 수업에 긍정적인 영향을 준다고 볼 수 있다.

먼저 3학년 대상으로 '우리마을역사탐방대' 프로그램을 운영하고 있지만, 지리적으로 학교 소재지인 묘량면을 벗어나 영광군 전체로 확대되어 갔다. 3학년뿐만 아니라 고학년에서도 지역 역사 자료가 필요하다고 생각되어 4, 5, 6학년 교과에서 영광군 역사를 탐방하는 교육과정을 재구성하게 되었다.

어떤 체계적인 우리 역사 자료가 필요하겠다. 우리 묘량면을 넘어서 영광군으로 확대하자. 4, 5, 6학년은 영광군의 역사 탐방을 따로 하고.

(2023년 7월 26일, 이민희 대표 인터뷰)

4학년 '어린이 농부학교' 프로그램의 경우, 과학 교과의 식물 단원과 긴밀하게 연계된다. 예를 들어, 과학교과 단원에 '식물의 한 살이'가 나온다. 4학년 학생은 마을학교 농장에서 그 교과가 이루어지는 시기에 배추를 직접 심고 배추가 자라는 것을 직접 관찰한다. 교사는 이런 점을 반영해서 교육과정을 재구성한다. '어린이 농부학교' 프로그램 활동은 4학년 학생의 일상으로 확장된다. 연 30시간 편성되었지만, 이보다 훨씬 초과하는 시간 동안 학습한다. 4학년 학생들은 매일 아침에 가서 농장을 내다본다. 14명을 5개 조로 만들어 운영하며, 매일 농장에 물을 주고 식물을 확인하고, 종래하고 집에 가기 전에 농장 시설을 살펴본다. 4학년 학생들의 일상적인 농부학교 활동에는 다음과 같이 다양하다.

- 매일 아침 농장에 들어 작물의 성장을 관찰하기, 물주기, 가꾸기
- 정해진 수업 시간뿐만 아니라 필요시 작물 관리하기, 수확하기
- 수확한 작물 무인장터를 통해 상시 판매, 수익금 활용 방안 토의하기
- 개인별 농사일지 작성하기, 기록하기
- 수확한 작물로 음식을 요리해 나눠 먹기

뿐만 아니라, '어린이 농부학교'의 수확물을 갖고 경제 및 봉사활동까지 확장하는 고민을 하고 있으며, 더 다양한 식물을 키우는 방법을 구성해 보는 방향으로 확장되어 갔다. 총 150평에 이르는 마을농장에서 많은 수확물을 얻고 있다. 논농사는 약 70평이고, 밭농사는 약 80평이다. 벼 수확물은 쌀떡을 만들어 지역의 마을회관 및 노인회관에 기부하고, 남은 쌀은 각 가정에서 떡으로 만든다. 밭에서 나온 야채는 학부모들이 무료로 가져간다. 가을 벼 베기가 끝나면 바로 김장 김치 배추를 심는다. 봄여름에는 상추 등 야채를 많이 심는다. 봄에는 학교 텃밭에서 유실수 매실나무에서 열

매를 따서 매실청도 담근다. 모든 마을학교와 연계해서 양파 장아찌도 담그고, 또 바쁜 와중에도 풀 매러 가고 벌레 잡으러 가며, 작물에 물 주러 다녀야 한다. 5~6학년 실과 시간에 이 프로그램의 농작물을 활용하여 실습하기도 한다.

농부학교에서 나온 농작물을 가지고 어떤 활동을 해야 되지 않겠냐. 음식 만들기가 아니라 판매 경제 활동까지 어떻게 갈 수 있는 방안을 한번 생각해 보자. 이제 실제 판매 경제 활동까지 가보고 좀 더 어떤 다양한 식물을 키울 수 있게 어떤 방법적인 걸 구성해보자는 의견이 나오고 있어요.

(2023년 7월 26일, 이민희 대표의 인터뷰)

5학년 '마을생태과학교실' 프로그램은 과학 교과 수업을 보완하고 있다는 점에서 그 의미가 크다. 이 마을생태과학교실은 과학 교과의 심화학습으로 연계되고 있다. 이에 따라 과학 교과 수업에서 학생의 학습 동기 및 수업 참여도가 높아졌고, 학생이 쉽게 수업 내용을 이해했다. 마을생태과학교실에서 다양한 체험 및 탐구활동을 많이 하고 있는데, 숲체험을 하거나 봄에는 버섯을 채집하

〈와글와글 마을신문〉

며, 숲에서 생존하는 방법도 배운다. 또한 다양한 나무와 풀, 약초를 살펴보고, 습지 체험도 한다. 뿐만 아니라 여러 가지 과학 영재교육에서 할 수 있는 심화학습도 한다. 과학적 원리를 활용한 '다빈치 다리 만들기'는 학생들에게 아주 인기가 많다. 아이들은 4학년에서 1년 내내 힘든 농사를 짓다가 5학년 과학교실에 참여하면서 더욱 재밌어하기도 한다. 그러면서

이 프로그램을 5학년 학생들만 가르치지 말고 3학년부터 기초과학을 배우도록 하자는 방향으로 이야기되고 있다.

6학년 '와글와글 마을기자단' 프로그램에서는 신문을 작성하고 인터뷰를 하고 글을 쓰는데, 국어 교과와 연계해서 마을기자단이 운영된다. 처음에 마을기자단은 학교와 마을을 홍보하자는 취지로 시작됐지만, 마을기자단 활동으로 우리 아이들에게 필요한 교육을 속속들이 알게 되었다. 6학년 담임교사는 항상 기자단을 활성화하기 위해 저학년 때부터 글쓰기 교육을 강화해야겠다고, 그러려면 독서교육도 많이 해야 한다고 말한다. 마을기자단 활동이 이렇게 글쓰기 및 독서교육으로 확산되어 갔다. 마을기자단을 운영하면서 아이들에게 부족한 국어 능력들이 드러나게 되었다. 담임교사도 이런 기자단 프로그램 운영을 통해 이들에게 부족한 면을 알게 되면서 국어 수업에서 무엇을 가르쳐야 하는지, 비판적 사고를 기르기 위해서 어떻게 할지를 생각하게 되었다. 그러면서 마을기자단 활동으로 학생의 요구를 반영한 차년도 교과교육과정을 계획하기도 했다. 학교 교사들은 마을교육프로그램으로 더욱 활발하게, 학생 요구를 반영한 교육과정을 재구성하는 아이디어를 얻기도 했다.

이 부분이 좀 뭘 좀 보충해야 하니까 국어에서 어떻게 하겠다 이런 글쓰기 분야를 보강해야겠다. 그래서 책도 어떻게 읽어야 하겠고 어떤 비판적 사고를 어떻게 가져야 하고 글쓰기나 어떤 여러 가지 분야가 생기다 보니까 또 그거 공부하고 그럼 우리가 교육과정 편성할 때 많은 도움이 되더라고요. 그다음에 이걸 연계하면서 6학년 같은 경우는 어떤 인터뷰 하는 그 단원이 있을 겁니다. 그 단원도 연계해서 의외로 이제 선생님들이 교육과정 재구성을 더 활발하게 하더라고요. (2023년 3월 8일, 김종남 인터뷰)

이와 같이 마을교육프로그램이 교과교육과정에 긍정적인 영향을 주는 것 이외에도 학생의 학습 생활에 여러 긍정적인 영향을 주는 것으로 나타났다. 마을교육프로그램이 학생 교육에 미치는 영향을 알아보기 위해 교사 대상으로 설문조사를 실시했는데, 마을교육프로그램이 학생의 인성과 정서 지원에 미치는 영향은 평균 4.20, 학생의 학교 적응력 제고와 학생의 흥미(꿈) 발견에는 미치는 영향은 모두 평균 4.40으로 높게 나타났다. 한 담임교사는 "지역사회의 자연환경을 이용하고 마을의 인적, 물적 자원과 함께하는 활동은 학생들의 인성과 정서를 지원하는 데는 긍정적인 영향을 미치는 것으로 보인다. 학생들은 생태체험 과정을 긍정적으로 생각하고, 평소 수업 시간보다 훨씬 활기찬 모습을 보였다. 학교 적응력 제고에는 도움이 많이 된 것으로 보인다"고 말했다. 또 다른 담임교사는 "다양한 마을학교 선생님들과 묘량면 지역의 일자리에 종사하고 계시는 분들을 만나고 직접 이야기를 들어봄으로써 자신의 적성을 발견하고 앞으로의 진로에 대해 생각해 볼 수 있는 기회를 가졌다"고 말했다.

뿐만 아니라 설문조사에서 마을교육 프로그램이 학생의 학습 생활과 교과 수업에 긍정적인 영향을 미치는 것으로 나타났다. 마을교육프로그램이 학생과 소통하는 수업에 기여하는 정도는 평균 4.40로 나타났고, 편안하고 신뢰하는 학급환경에 기여하는 정도는 평균 4.20으로 높게 나타났다. 특히, 마을교육프로그램이 다양한 교육적 상상력에 기여하는 정도가 평균 4.80으로 매우 높게 나타났다. 그러나 마을교육프로그램이 학생 학업성취도에 미치는 영향은 평균 2.80으로 낮게 나타나고 있어 교과교육과정과 마을교육프로그램의 연계성을 더욱 강화할 필요가 있는 것으로 나타났다. 이런 관점에서 한 담임교사는 "마을교육프로그램이 학습 동기나 수업 참여 향상, 학업성취도까지는 연결되지 않는 경우가 많다. 단순히 수업을 하지 않고 외부 활동을 하지 않는 것에 더 의미를 두는 것 같다"

고 말했다.

9. 묘량중앙초등학교와 지역의 미래

　묘량면과 묘량중앙초등학교는 지속 가능한 지역교육공동체를 구축하기 위해 학교를 넘어서 지역사회의 다양한 주체들과 협력하고 있다. 2021년부터 마을을 품은 학교로서 공간을 혁신하고 있다. 건강한 인구 구성과 지역 활성화를 위한 10년의 계획 실천 전략을 구현하기 위해 묘량면, 묘량중앙초등학교, 여민동락공동체, 깨움마을학교 등이 협력한다.

5장

더 넓은 그물망을 엮어가는 반송마을[4]

김필성(부산대학교), 주강원(가람중학교장)

---

4   이 글은 김대성, 김필성의 논문 「학교장의 마을교육공동체 기반 진로교육에 대한 내러티브(2022)」, 김대성의 학위논문 「학교장의 학교–지역사회 연계 교육 활성화 경험에 대한 내러티브 탐구(2023)」에 기반하여 작성되었음.

0. 학교를 마을로 확장하다

나(주강원)는 경남 거제도에서 태어났고 학창 시절을 보냈다. 윤리교육과에 진학한 나는 중학교 도덕 교사로 살아왔다. 학생들은 하교 후 학원에 가는 것 외에 마땅히 갈 곳도, 만날 사람도 없이 살아갔다. 학생들은 학교에서 행복을 느끼지 못했고, 선생님들은 자괴감으로 학교를 떠났다. 학생들에게 마을이라는 넓은 관계망을 이어주기를 희망했다. 최근에 반송중학교의 교장으로 부임하면서 학교와 지역주민, 여러 지역 단체들을 모아서 마을에서 학생들을 돌볼 마을교육네트워크를 만들었다. 교육의 질은 교사의 질을 능가할 수 없다는 말이 유행했다. 하지만 나는 그렇게 생각하지 않는다. 이렇게 바꾸고 싶다. "교육의 질은 공동체의 질을 능가할 수 없다." 나는 학교를 마을로 확장하고 학교 공동체를 만들어가는 이야기를 공유하고 싶다.

반송중학교는 부산의 외곽에 위치해 있으며, 1974년 개교하여 2020년에는 인근 중학교와 통폐합되었다. 2021학년도 기준으로 교원을 포함하여 전체 교직원 수는 45명이 넘으며, 남자 중학교로서 14학급, 267명이 재학하고, 교육복지 대상 학생이 47.6%(127명)로 높게 차지하고 있다. 2015년부터 5대 철학(공공성, 민주성, 윤리성, 전문성, 창의성)을 바탕을 둔 부산다행복학교로 운영되고 있다.

반송중학교가 소재하는 반송마을은 이주 정책으로 형성되었고, 자발적으로 마을공동체 문화를 만들어 갔다. 2005년 12월 16일 교육지원청, 시민단체인 희망세상, 느티나무도서관 운영 등 총 15개 기관·단체가 모여 희망사다리 운동본부의 발대식을 가지면서 마을공동체 문화가 만들어지기 시작했다. 교육에 대한 가치를 공유하는 사람들이 모여 교육 혜택에서 소외된 불우한 아동들을 위해 활동하는 교육복지 운동이며 지역공동체 운동이었다.[5] 인구절벽 시대에 반송마을에서도 노인인구 비율은 높아지는 반면에 학령인구는 감소하는 상황인데, 15세 미만 인구는 2000년 1만 3,816명에서 2020년 2,226명으로 이전 대비 58% 정도로 급감했다.

1. 공동체와 교육

2015년 당시에 교사로 근무하던 연산중학교를 최초 부산다행복학교로 지정될 수 있게 하는 데 역할을 했는데, 이후 교무부장을 맡아 안정적으로 학교문화를 변화시키는 데 주도적 역할을 했다. 그러던 중 반송중학교에 내부형 공모교장으로 지원하여 2019년 9월에 학교장으로 부임했다.

여러 학생이 극단적 선택을 하는 안타까운 상황들이 끊이질 않고 들려왔다. 학교선생님들은 학생들의 무례한 행동에 상처받아 학교와 학생을

---

5 한국향토문화전자대전 https://terms.naver.com/entry.naver?docId=2820866&cid=55788&categoryId=56734

뒤로한 채 쓸쓸하게 떠났다. 선생님들은 교육자로의 삶이 불행했고, 상당수의 선생님이 학교와 학생이 두려워 떠나려고 했다. 명예퇴직을 신청하고도 선정되지 않아 당분간 학교에 남아야 할 선생님들이 더러 있었는데, 떠나고 싶어도 떠나지 못한 선생님은 나날이 힘겨운 삶을 살아야 했고, 마음이 떠난 선생님과 함께해야 하는 학교도 부담스러웠다. 결국, 여기서 발생하는 손해는 고스란히 학생들에게 돌아갔다.

나는 2010년 초에 연천중학교 교사로 근무하면서 학교도, 학생도 행복하지 못한 모습을 목격해야 했다. 연천중학교는 학생들이 학습은 물론이고 생활면에서도 많은 문제를 일으켜 학교의 교육에 대해 진지하게 고민하게 되었다. 그 학교 주변에는 유흥가가 있었고 잦은 학교폭력이 발생하는 등 매우 사나운 분위기였다. 학생들이 선생님을 신고하기도 하면서, 선생님들도 근무하기를 피하는 학교이기도 했다. 나 역시 교사로서 아이들이 좋은 성적을 받고 우수한 학교 진학을 돕는 것이 중요한 역할이고 보람이라고 생각했다. 하지만 무례하기도 하고, 불행하기도 한 아이들을 자주 마주하게 되면서 교육자로서의 나는 어떻게 살아야 하는지 되돌아보게 되었다.

그래서 다행복학교로 지정받아 학교를 변화시켜 보자고 생각했다. 부산교육청이 2015년에 도입한 다행복학교는 학교 구성원의 참여와 소통을 기반으로 함께 배우고 성장하며, 존중과 배려로 더불어 행복한 부산의 공교육 모델학교다. 다행복학교는 ‘공공성, 민주성, 윤리성, 전문성, 창조성’의 철학을 바탕으로, 미래 역량 중심의 ‘창의적 교육과정’, 존중과 배려의 ‘윤리적 생활공동체’, 학습 중심 교육문화를 만들기 위한 ‘전문적 학습공동체’, 소통과 참여 및 지역사회 협력으로 집단지성을 발휘하는 ‘민주적 학교운영 체제’를 추구한다.

이런 철학에 기반한 다행복학교가 되면서 학생의 삶이 달라지는 것을 경험했다. 여전히 학생들이 불만을 드러내고 무례한 행동을 하지만 심하지는 않았고 대화로 해결할 수 있었다. 학생들은 학교가 자기를 위해 노력한다는 것을 느꼈다. 여기에서 깨달은 것은 학생들에게 넓은 그물망을 제공하는 것이 필요하다는 것이다. 사실, 담임교사 혼자 학생을 지도하는 상황이었고, 학교에는 문제아가 더러 있기도 하지만, 한 번도 그 문제아가 달라진 경우가 없었다. 오히려 교사가 문제아를 교정하기 위해 노력하면 할수록 더 큰 문제가 생겨났다. 하지만 여러 교사가 협력해서 학생을 지도하면서 달라졌다. 그래서 "생활교육은 넓은 그물을 치는 거다. 그러니까 그전에는 담임 하나가 그 아이 하나를 데리고 그렇게 아둥바둥 그 아이를 어찌해볼라꼬 하는데, 그거는 제일 좁은 그물이고 그다음 더 넓은 그물과 같은 관계망 있어야 된다"고 생각했다.

이왕 내친김에 교무부장을 3년간 내리 맡아 학교 변화를 주도하면서 먼저 학생들이 서로 친하게 지내고 선생님들이 교사공동체를 형성해 서로의 어려움을 지원하는 교사 문화를 만들고자 노력했다. 담임교사는 오롯이 혼자 학생을 아둥바둥 지도하려고 하기보다는 학년 선생님들이 함께 협력하도록 했다. 담임교사는 아무래도 담당 학급에 매몰될 수 있기 때문에 학년부장을 무담임으로 하여 전체 학년 학생들의 생활교육에 관심을 두고 다양한 지원 방안을 고민할 수 있도록 했다. 이 과정에서 학생들이 자존감을 잃지 않고 자기 삶을 주체적으로 살아가게 지원하도록 했다.

2. 학교를 넘어 더 넓은 그물망 짜기

나는 반송중학교 교장으로 부임했다. 이제 나는 학생들이 학교를 넘어 더 넓은 그물망을 짜주기로 했다. 학교를 벗어나 학생이 살아가는 마을을 알고 마을주민들과 소통하는 관계망을 제공하고자 했다. 학생들은 학교 밖 마을에서도 상당한 시간 동안 일상을 살아간다. 그래서 학생들이 마을에서 자신의 삶을 탐색하고 타인과 소통하는 건강한 일상을 누리기를 희망했다. 이에 2019년 교장으로 부임하자마자 마을에서 학생들을 돌봐주고 관심을 갖는 마을주민을 찾았다. 아동과 청소년을 위한 마을조직이 필요하다고 생각했다. 지역사회에는 다양한 자원들이 있기 때문에 학교교육을 보완할 수 있을 거라고 생각했다. 교사는 교과수업과 학생 지도 업무로 인해 마을주민과 함께하는 일을 하기가 쉽지 않다. 장기적으로는 교사가 마을과 소통하는 것이 바람직하지만 비교적 수업 부담이 적은 내가 직접 나섰다.

나는 마을에서 마을장학회와 통일자문위원회가 알차게 운영된다는 것을 알았고, 복지관과 어반스케치, 그리고 희망세망 등 자발적인 단체와 주민자치위원장을 만나서 허심탄회하게 논의했다. 학교장이 아동·청소년의 교육과 돌봄을 위해 마을에 도움을 요청했는데, 마을이 학교장의 이런 요청을 적극적으로 수용한 것이었다. 드디어 5개 기관이 참여하는 마을교육네트워크를 구성하게 되었고, 이후 여러 단체에 연락하여 마을건강센터와 주민센터, 시립도서관, 아동센터 등이 함께하게 되어 20개 기관이 참여하는 마을교육네트워크로 발전하게 되었다. 이전부터 희망세상[6]과 느티나무도서관은 잘 알고 있던 터라 이곳들과 연결하면서 반송에 소재하는 초중학교, 도서관, 청소년문화의집, 문화놀이센터, 복지관, 주민자치(위원)회, 아동지원센터 그리고 마을 단체까지 하여 19개 기관(단체)이

---

[6] 반송 지역은 60~70년대 부산 곳곳에서 철거된 판잣집 주민들이 단체로 정책이주되어 형성된 마을이다. 그래서 패배감, 소외감이 팽배하여 정주의식은 찾아보기 힘들었고, 따라서 돈 좀 벌면 이곳을 뜨는 것이 꿈이었다. 이때 지역에서 병원을 하던 고창권 씨가 몇 사람과 의기투합하여 1998년 '반송을 사랑하는 사람들의 모임'을 만들었고, 이후 6년 뒤에는 반송을 넘어 부산 전역으로 확대해 보자는 취지에서 이름을 '희망세상'이라고 했다(프레시안, 2007).

결합해 반송마을교육네트워크를 만들어 2021년부터 공동대표를 맡고 있다. 2023년에는 23개 기관이 함께하고 있다.

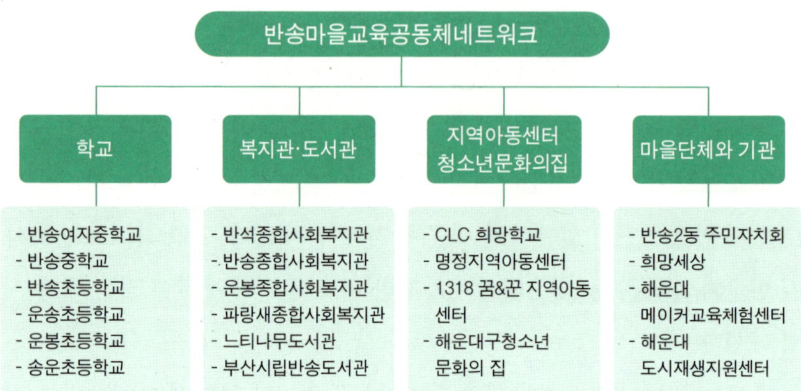

이러한 네크워크가 구축될 수 있었던 것은 이전의 '희망의 사다리 운동'으로 운영을 해본 경험치들이 마을에 남아 있었고, 모두가 공감할 수 있는 아동청소년 교육 문제를 아젠다로 하는 네트워크를 제안함으로써 가능했다.

학교장인 나는 수업과 학생 지도에 전념해야 하는 교사보다 유연하게 시간을 활용할 수 있다. 사실, 마을이 학교의 한계를 극복하게 하고 학교의 현안을 해결해 주는 풍부한 물적, 인적 자원을 마련해주는 근원이라는 점을 잘 알고 있지만, 여러 사정상 학교와 마을이 만나기가 쉽지 않은 상황이다. 교사는 당장 해야 할 수업과 학생 지도로 인해 마을로 확장하는 수업을 운영할 여유는 많지 않고, 마을은 어떻게 학교에 다가가야 할지를 잘 모른다는 것이다. 그래서 학교와 지역사회를 연결하는 데 교장의 역할이 클 수밖에 없는 구조이기도 하다.

나는 직접 마을교육네트워크와 소통하고 있고, 그 과정에서 얻는 여러 정보와 상상력을 갖고 학교 선생님들과 학교교육의 운영 방향을 협의해 갔다. 학교장은 마을교육네트워크에서 협의하는 과정에서 고구마 줄기처럼 서로에게 관계되고 연결되는 모습에 지역연계 교육의 잠재력을 발견했다. 2022년 5월이었다. 학교장과 선생님들, 그리고 상담선생님은 자살위험도가 높은 2학년 여학생을 우려했다. 다행히 학교장은 건강위원회에서 그 학생이 백일장에서 상을 수여하는 등 글쓰기에 뛰어난 재능이 있다는 걸 알았다. 마을교육네트워크 회의에서 이런 사정을 얘기했고, 마침 마을체험 프로그램에 참여한 마을주민 중에 출판사 소속의 작가가 있었다. 그 학생이 글쓰기에 관심을 갖도록 지원하는 것이 좋겠다고 생각해서 그 작가에게 지도를 부탁했다.

또한 나와 선생님은 바이올린을 잘 켜는 학생이 가정형편의 어려움으로 적절한 지도를 받지 못하는 상황에 안타까워했다. 나는 마을교육네트워크에 참여해 그 학생을 도와야 한다고 허심탄회하게 말했다. 그러자 모두 그 아이를 돕기 위해 노력했고, 주민자치회 축제에서 재능을 발휘하도록 기회를 제공했으며, 학교 동아리 활동비와 복지관의 희망의 사다리 사업 기금을 합해 그 아이를 지도할 마을강사를 섭외했다. 더불어 난타 활동에 관심을 가진 학생들의 동아리를 지원하기 위해 복지관의 도움을 받았다. 복지관은 초록어린이재단에서 관련 사업에 공모할 수 있도록 지원했고 별도의 사업비를 받아 난타 강사를 섭외할 수 있었다. 주민센터는 학생들에게 공무원 일일 체험을 할 수 있도록 지원하기도 했다. 학생들은 민원창구의 일하는 자리에 앉아보기도 했다.

학교가 일방적으로 마을의 도움을 받았다면, 이제는 학교가 마을을 돕고 있다. 주민센터는 노인분들의 요리 교육을 위해 학교의 요리 공간을 빌리자고 요구했다. 노인분들은 손자, 손녀들이 다니는 학교에 와서 요리를 하면서 기뻐했다. 복지관과 지역아동센터 등 여러 유관기관은 예산을 아주 가치 있게 사용할 수 있었고, 학생의 요구를 잘 반영한 프로그램들을 운영할 수 있었다. 2023년 여름이었다. 마을은 초등학생을 위한 물총놀이 축제를 해보자고 제안했다. 그래서 학교는 홍보를 맡아 프로그램을 만들었고 자원봉사자도 모집했다. 마을주민 중 슈퍼마켓을 운영하는 사장은 학생들에게 먹거리를 제공하기로 했고, 복지관에서는 풀장을 빌려주기로 했다. 인근의 여러 중학교 학생 15명이 자원봉사자가 되었고, 마을교육네트워크가 후원했다. 행사 당일에는 한 주민이 트럭으로 컵라면 등 먹거리와 여러 기구를 나르는 데에 도움을 주었다. 또한 외발자전거를 배우고 싶은 초등학생 5명을 위해 중학생이 동아리 봉사활동을 진행하는 등 학생의 다양한 요구 중심으로 관계와 협력이 일어났다.

학교와 마을이 소통하면서 서로가 협력하는 관계로 나아갔다. 2022년 10월에 복지관은 학교 강당을 빌려 핼러윈(Halloween) 행사를 개최하기도 했다. '지역 자원을 활용하는 것이 아이들에게 선한 영향을 미친다. 마을주민 전체를 학교 교육력을 높이는 저수지처럼 관계를 맺으면 학교도 도움이 되고 주민들에게는 또 도움이 되는 그런 기분 좋은 관계를 만들어 갔다'고 생각했다.

〈 강당 입구에 설치된 행사장 입구 〉

〈 강당 안에 꾸며진 행사장 내부 〉

3. 지역주민과 함께하는 진로 체험

제한된 교사와 물적 자원을 가진 학교만으로는 학생들의 다양한 희망 진로 요구를 수용하기 어려운 상황이다. 학생의 관심을 반영한 주도적인 진로 탐색 경험을 제공하기에는 한계가 뚜렷했다. 초창기에 자유학기제를 통해 다양한 진로 탐색을 학생에게 제공하고자 학교 밖 외부의 다양한 강사들을 활용하거나 학부모들에게 부탁해야 했다. 하지만, 자유학기제가 일정한 체계를 갖춘 후에는 외부 강사를 줄이고 선생님들이 직접 진로 교육에 참여하도록 했다. 사실 외부 강사가 제공하는 진로 프로그램이 복잡하기도 했고, 여기에는 예산도 확보해야 했다. 그래서 교사가 주제 중심 탐색이나 교과를 진로 체험과 연결하는 연수를 받아 진로 교육을 맡는 것으로 하면서 관련 사업비도 동시에 줄일 수 있었다. 예를 들면, 영어 선생님이 영어교과 수업을 활용해 영어 관련 진로 체험을 마련하거나 수학 선생님이 수학 관련 진로 체험을 지도하는 방식이었다. 하지만 여전히 학생이 주도적으로 진로를 탐색하는 경험을 제공하기는 어려웠다. 그래서 학교 교육의 현안을 마을교육공동체와 협력함으로써 학생에게 다양한 진로 탐색 경험을 제공할 수 있다고 보아 2021년부터 마을체험 프로그램을 기획해 운영하게 되었다.

"지금은 특정 업체나 이런 데서 또는 단체에서 지원해 주는 프로그램이 다양하지가 않다 아닙니까? 한 10개 정도 많아도 15개 하면 아이들이 그 중에 선택해서 이렇게 이거 하고 이거하고 이렇게 돌아가는 방식으로 하거나 한두 개 정도 하거나 이러는데 … 그래서 그러지 말고. 마을에 있는 직업을 가진 사람을 진로 체험 마을 교사로 모시고자 … 그 이전에도 드림 스쿨인가 해서 전국 단위로 한번 했던 사업이기도 하더라고요. ○○이 그

마을 체험 프로그램을 다음과 같은 방향으로 운영했다. 첫째, 학생의 삶과 요구에서부터 출발하는 진로 교육을 설계해 학습자 주도성을 보장하고자 했다. 보통은 4차 산업혁명 시대에 유망한 직업들을 소개하거나 대학생 팀이 중학생에게 학과 정보를 제공하는 방식으로 진행되었다. 하지만 이런 일방적인 프로그램은 학생들이 수동적으로 참여하게 되고 자기의 내면과 요구에서부터 출발하는 기회를 제공하기 어려웠다. 그래서 학교에서 프로그램을 제공해 주는 방식에서 벗어나 학생들이 희망하는 진로를 탐색할 수 있도록 기획하게 되었다. 먼저 학생에게 희망하는 진로를 조사하고, 유사한 직군을 모아 24개로 묶었다. 미래 유망 직종에 부합하지 않을지라도, 심지어 통념적으로 하찮은 직군으로 보일지라도 학생의 관심을 존중했다. 2022 개정 교육과정에서 학습자 주도적 역량을 강조하고 있는데, 학생이 자기의 관심에 기반한 경험과 실천을 하고 자기의 욕구를 표현하도록 하며, 이러한 학생을 인정하는 것에서부터 학습자의 주도성이 발현될 수 있다고 보았다.

둘째, 학생이 희망하는 진로에 대응하기 위해 마을과 협력했다. 일반적으로 학교는 외부 강사를 섭외하기가 쉽지 않다. 보통 학교에는 진로 담당 교사 1명이 진로 교육을 담당했고, 학부모들에게 도움을 요청했다. 하지만 나는 마을과 함께 논의해 그 방안을 모색했다. 마을에는 상상 이상의 다양한 직군에서 삶을 살아가는 사람들이 많다. 그들은 그 분야에 풍부한 경험을 갖고 있는 양질의 전문가들이다. 외부 강사가 지식으로 교육한다면, 마을 사람들은 학생들에게 양질의 경험을 제공할 수 있다. 2021학년도에는 24개, 2022학년도에는 27개의 희망 직군이 조사되었다. 나는 바로 마을과 협의해 관련 직업에 종사하는 주민들을 섭외했다.

셋째, 학생이 삶터를 가꾸는 사람으로 성장하도록 지원하고자 했다. 학생의 행복과 성장을 위해 가장 중요한 것은 학생이 살아가는 공간에 있는 사람들을 알고 그들에게 관심을 가지며, 그들의 문제에 공감하고 함께 책임지는 삶을 살아 삶터를 가꾸는 것이라고 봤다. 학생이 살아가는 마을이 단순한 물리적인 공간이 아니라 그 안의 사람들과 소통하고 공유함으로써 의미 있는 공간이 된다. 학생은 물리적인 마을과 연계하는 것이 아니라 마을이 품은 삶의 이야기와 의미들을 공감하고 그것들과 진지하게 대화하고 소통하는 삶을 살아야 마을은 풍부한 앎과 학습의 맥락을 제공하는 배움터가 된다. 학생은 마을에서 주민으로 참여하고 의미 있는 관계를 맺는 경험을 함으로써 성장하고 행복한 삶을 가꿀 수 있다.

마을은 학교 공간보다 더욱 풍부한 앎과 실천을 제공하는 배움터였다. 학교는 마을 전체가 캠퍼스이고 교육과정 재구성의 범위로 생각함으로써 학생 주도성에 기반해 맥락적인 교육을 제공할 수 있다고 보았다. 더불어 학생이 마을에서 주민으로 참여하고 관계를 맺는 경험을 많이 함으로써 소통하고 공감하며 책임을 다하는 인재로 자랄 수 있다고 보았다. 이러한 취지로 2022년 7월 14일 진행된 '진로의 날' 행사가 개최되었다. 학년별로 활동이 달랐는데 1학년은 '마을이 학교다'라는 주제로 반송1동에서 마을 직업인 체험활동을 했다.

〈 출발 전 안내 〉　　　　　　　〈 복지관 관계자와 만나서 〉

　　이 반송1동 체험처 활동에 참여한 학생은 총 16명이었는데, 이들은 미리 섭외해 둔 학교 인근의 소방서, 사회복지관, 초등학교, 도서관 등 자신이 관심 있는 분야의 기관을 방문해 담당자와 이야기도 나누어보고 직업체험도 해보는 시간이 되었다. 나는 그중에서 공무원이 되었으면 하는 한 학생과 동행해 행정복지센터 동장님과 1:1로 만나 인터뷰하면서 공무원에 대한 궁금증을 풀어가는 과정을 살펴보았다. 행사를 마치고 난 뒤 동장님과 통화를 해봤더니 중1 학생이어서 그런지 처음에는 무척 어색해했으나 시간이 지나면서 필요한 부분을 메모하면서 진지하게 참여했고, 여기에는 다른 직원분들도 도왔다고 한다. 이러한 활동에서 확인되는 것은 단지 학생만 배우고 성장하는 데 그치는 것이 아니라 어른도 어른다운 모습을 학생들에게 보여주면서 배우고 성장하게 된다는 것이다. 그래서 지역 전체가 교육생태계로 구축되어가고 있는 모습이었는데 이것은 그동안 꾸준하게 마을교육공동체 네트워크를 확대하고 활성화해온 결과이기도 했다.

4. 학생 삶을 키우는 자율동아리

학생이 학교든 마을이든 생활이 이루어지는 삶터에서 주도적이고 자율적으로 살아가고 관계를 맺는 활동을 하기를 바랐다. 학교 교실에서 자주 무기력한 아이일지라도 자율동아리 활동에서는 주도적이고 능수능란한 모습이 있다는 걸 보게 되면서 깊은 성찰을 했었다. 학생은 학교에서 수동적으로 살아가는 경향이 더 큰 것 같았다. 학생들이 학교에서 좀 더 자율적이고 주도적으로 살아가야 하고, 스스로 시간을 관리하고 활용하면 좋겠다고 생각했다.

중요한 건 아이들이 시간 관리에 대한 개념을 알고 훈련을 해야 하는데, 학교 와서 스스로 결정해서 '나는 무엇을 해야지'라고 하는 시간은 거의 없습니다. 종이 '땡' 치면 교실에 들어가고. 그다음에 쉬는 시간. 그다음에 밥 먹고 나서 한 2~30분 정도 여유가 있는데, '그때 뭐 하지?' 이러다가. 시간이 어중간하니 새로운 걸 시도해 보지도 않죠. 그냥 시간만 보내게 되죠. 그러다가 7교시 마치고 집에 가죠. … 그래서 제가 선생님들에게 제안했어요. '점심시간을 학생이 스스로 관리하는 시간을 좀 주자.'라고. 하지만 이런저런 현실적인 문제도 좀 있어서 쉽지 않았어요. 하지만 계속 다른 방법을 찾아봤어요.

나는 짜 놓은 학교 일정에서 벗어나 학생들이 자율적으로 시간을 관리하는 경험하는 자율동아리를 활성화하고자 했다. 학교 교육과정 운영 측면에서도 학생 자율동아리는 학생의 학교생활의 질을 높이는 중요한 영역이고, 동아리 활동을 하는 학생들의 학교 만족도가 높다는 연구 결과도 있었다(최형임, 이재성, 문영경, 2012; 최명수, 정명섭, 김봉경, 2006).

하지만 학교는 학생의 자율동아리를 적극적으로 지원할 수 없어서 안타까웠다. 학교에서 학생이 자율적으로 활동할 시간이 마련되어 있지 않기도 하거니와 교사 수급상의 문제로 인해 학생의 다양한 관심을 반영한 여러 동아리를 만들어 운영하는 데도 한계가 있기 때문이었다. 또한 이런 동아리 활동에 적극적으로 관심을 두는 교사도 그다지 많지 않았다.

이런 가운데 학생이 주도하는 경험을 제공하는 학생 자율동아리를 지원하고자 노력했지만, 시간을 확보하기 쉽지 않았다. "점심시간에 합시다"라고 제안했다. 교무회의에서 선생님에게 학생들의 자율동아리 시간을 확보하기 위해 점심시간을 50분에서 80분으로 늘리자고 제안하기도 했다. 보통 아이들은 20~30분 동안에 식사를 마친다. 그러면 나머지 50~60분 동안 자율동아리 활동을 할 수 있다고 보았다. 방과 후 시간을 활용하면 좋겠지만, 학생들이 학원에 가거나 개인적 용무 등으로 함께 시간을 공유할 물리적 시간과 공간을 확보하기가 어렵기 때문이다. 하지만 점심시간을 늘리는 것도 쉽지 않았다. 이미 방과 후 프로그램 시간대가 짜여 있었다.

학생의 자율시간을 반드시 확보하고자 다른 방안을 제안했다. 이번에는 매일 하는 종례를 하지 말자고 제안했다. 그러자 선생님들은 "종례는 어쩌지?"하면서 또 걱정을 했다. 매일 아이를 보기 때문에 다음 날 아침에 보면 될 것이라면서, 하다 보면 요령이 생길 것이라고 말했다. 하지만 교사들은 의례적으로 해오던 종례를 바꾸는 것에 대해 막연한 두려움을 갖는 것 같았다. 80분 동아리를 하면 좋겠다면서 이번에 시도해 보자고 제안했지만, 또 다른 선생님이 걱정스럽게 말했다. "100% 학생이 동아리를 하지는 않잖아요" 그래서 "맞네요"하고 답할 수밖에 없었다.

하지만 여기에서 포기할 수 없었다. 적극적으로 학생 동아리를 만들어 나갔다. 외발자전거, 난타반, 영화제작, 컵스태킹, 목공반, 미니어쳐팀(프로젝트팀), 레고팀(프로젝트팀)을 만들었다. 외부 목적사업을 적극적으로 유치해 동아리 예산으로 지원했고, 지도교사는 외부 지원이나 외부 강사의 도움을 받았다. 이와 함께 난타반(12명), 스포츠스태킹(6명), 외발자전거(11명), 목공반(5명), 영화제작동아리(B 중 8명, B 여중 12명)는 직접 맡아 운영했다.

〈난타반 공연〉

〈스포츠스태킹 활동〉

5. 학생들 맞이하기

학생의 다양한 관심과 재능, 어려움과 안타까움을 공감하지 않고서 마을교육공동체가 가능하지 않을 것이다. 보통 교장은 성적 우수자 명단, 학교폭력 관련자 명단, 수상자 명단 등의 문서로 학생을 만나는 경향이 있었다. 그러나 나는 학생을 이해하고 공감할 수 있는 접촉면을 많이 만들어가야 할 필요가 있다고 생각했다. 그래서 교장이 행정이나 관리 업무가 고민의 중심이 되는 것이 아니라 학생의 배움과 성장을 중심 고민으로 생각하면서 학교장이 학생과 만남이나 활동 영역을 넓히면서 유지해야 한다고 본다.

그러나 교장인 내가 공식적으로 학생들을 만날 수 있는 시간 및 공간이 부족했다. 그래서 결강에 따른 보강 수업을 맡거나 직접 동아리를 운영했고, 여러 행사에도 직접 참여하고자 노력했다. 전통적으로 교장이 관리자로서 역할을 하고, 교사가 아이들을 관리하는 것이라고 생각해 교사들은 교장이 아이들과 직접 관계하는 것을 불편하게 여겨왔다. 교장의 역할은 학생을 만나는 것이 아니라고 생각했던 것 같다. 하지만 다행히 교사들은 이런 나의 노력에 공감해 주었다.

"교장들이 직접 아이들을 만나야 아이들과 관계하는 감을 안 잃는다는 생각이 들어요. 제가 고민했던 것 중에 하나가 아마 서류상의 아이들을 볼 가능성이 참 많다는 거예요. 결제 올라오면 무슨 프로그램을 한다면 몇 명이 참석하고 누가 누가 참석하고 명단에 있으니 그냥 그런 거 하겠네. 이렇게 해서 아이들을 못 만나면서도 만나는 것처럼 착각할 가능성이 되게 많고, 그다음에 그 방식으로 일이 처리되면 이 서류로 일을 처리하는 관행에 내가 물들어질 가능성이 많고 그다음에 그러면은 되게 좀 권위주의적으로 되어 갈 것이고."

나는 아이들을 만나기 위해 정문 앞에서 '아침맞이'를 했다. 교장으로서 아침맞이를 처음 해보는 것이라 어색했지만, 어떻게든 학생들을 만나야 했다. 이렇게 학생들과 인사를 하면서 조금씩 알아가게 되었는데, 아이가 밥은 먹고 왔는지, 어제 잠을 제때 잤는지, 행복하고 불행한지, 무슨 고민이 없는지가 한눈에 들어오기도 했다.

어느 날 추운 겨울이었다. 한 학생이 추위에 몸을 떨면서 걸어오고 있었다. 그래서 교사들에게 그 학생에 관해 물어봤지만, 명확한 답을 듣지 못했다. 그래서 그 아이를 교장실에 불러서 이야기를 들어보았다. 하지만 안타깝게도 바로 그 아이를 도울 방법은 없었다. 그래도 계속 그 아이에 대한 신경을 쓰게 되는 계기가 되었다.

또한 학생 활동에 참여하며 함께했다. 도서관 밤샘 활동, 청소년 축제 기획단 워크숍, 미니어처 동아리, 영화제작, 해커톤 무박 2일 등에 함께해 학생들과 신뢰를 쌓아나갔다. 이런 활동을 위해 학생들에게 시간과 공간을 지원했다. 전년도에 여러 중학교의 아이들이 주도해 '웃자청소년 축제'를 개최함으로써 무박으로 밤을 새우며, 학생과 함께하는 공동 활동의 추억을 만들었고 모두가 협력하는 활동으로 공동체 문화를 경험하게 되었다. '웃자청소년 축제'는 반송중학교와 반송여자중학교의 학생 중에서 축제 기획단을 구성했고, 이들이 4~5개월에 걸쳐서 스스로 축제를 기획했고, 어른들은 이를 지원했다.

나는 '웃자청소년 축제'를 작년에 이어 올해도 추진하기 위해 2기 기획단을 구성해 운영하고 있다. 작년에 기획단에 참여한 학생들 중 일부는 졸업을 했지만 7명 정도의 구성원이 남아 있다. 2기 기획단 모집을 위해 15명을 면접 보았는데, 최종 10명이 선정되었다. 그래서 2기 기획단은 총 17명으로 구성되었다. 이들 대상으로 프로그램 기획에 대한 워크숍을 개최하고 도서관에서 1박 2일간 회의를 진행하는 등 학생들의 회의를 지원하고 있었다.

6. 마을과 함께 단단해지는 학교

나는 학교가 특정한 공간과 교과서에 갇히고 경직된 교육 현실에 안타까워했다. 학교는 교과서 이외에도 학교 밖에 풍부한 인적·물적 자원이 있음에도 수업과 교육과정 재구성에 활용하고 있지 못했고 협조를 받지도 못했다. 그래서 학교가 교육적 상상력을 가질 수 있도록 교사들의 다양한 교육적 시도를 허용하고 지원하며 공감해야 한다고 생각했다.

새로운 교육을 앞당기기 위해서는 교장의 역할이 중요하다고 생각한다. 교장은 교육적 상상력을 갖고 교사, 학생, 학부모, 지역이 상호소통하고 협력하는 리더십을 발휘해야 한다. 학교를 안전하게 관리하는 것도 중요하지만 지금 21세기에 부합하는 인재를 양성하기 위해서는 학교를 창의적으로 경영하는 것이 필요하다. 학교 구성원들을 다양한 도전과 실패를 통해서 성장하며, 교사들이 새로운 도전을 자율적으로 할 수 있도록 허용하고 지원하는 것이 필요하다. 학생도 교사도 실패의 두려움이 없는 안정된 관계에서 목소리를 자율적이고 협력적으로 펼쳐내는 교장으로 살고자 한다.

반송마을교육네트워크는 조금씩 성장하고 있다. 반송중학교, 반송여자중학교, 반송초등학교, 운송초등학교, 운봉초등학교, 송운초등학교 등 지역 학교들의 든든한 동반자가 되고 있다. 주민센터, 지역아동센터, 사회복지관, 시립도서관 등 마을도 학교에 미소를 보내고 있다. 함께 모여서 공부도 하고 유익한 특강을 들으면서 최고의 하루를 보내고 있다. 인구절벽으로 인한 지역소멸 위기에 함께 슬퍼하면서 대안을 찾아가고 있다. 학교 교육의 시대적 역할을 다시 자각하게 된다.

6장

한 교장선생님의 교육공동체 만들기

이정로(전 홍동중학교 교장)

0. 학교는 왜 마을과 만나야 하는가

나는 80년대 후반부터 복자여자고등학교 영어 선생님으로 살아왔고, 2007년도 홍동중학교의 학교장으로 부임하는 것을 마지막으로 퇴임했다. 복자여자고등학교는 충청남도 천안에 소재하는 대규모 학교였다면, 홍동중학교는 홍동면에 위치한 소규모 학교였으며 학생 수가 점차 줄어들어 갔던 학교였다. 퇴임 후에도 여전히 많은 활동을 하고 사람들을 만나면서 즐거운 생활을 보내고 있다. 2008년도부터 지금까지 16년째 혁신학교 강사로 활동하고 있고, 시민이나 학부모 입장에서 학교현장이나 교육청 활동을 감사하는 도민감사관에서 대표 감사관으로도 활동하고 있다. 뿐만 아니라 지역에서 '오만클럽'이라는 평생교육동아리를 만들어 운영하면서 연극과 영화를 관람하고 문화기행도 다니고 있다.

1980년대까지만 해도 학교 현장은 교육과정에 대한 문제의식이 미약했고 학교 밖 지역사회와 소통하는 것이 부담스러웠다. 학부모와 지역사회는 학교가 접근금지 구역처럼 느껴졌을 것이다. 물론 당시 콩나물 같은 교실에서 수동적으로 살아가는 학생의 학습을 바꾸고 진정한 교육을 추구하는 열린교육 운동이 활발하게 일어났지만, 교실을 넘어서 나아가는 경우는 많지 않았다. 하지만 학교는 점점 더 지역사회의 손길이 필요했다. 가정 기능이 약화되면서 돌봄 요구가 증가했고, 공동체가 약화되면서 학생들의 생활 습관 개선이나 인성교육에 대한 요구가 증가하면서 학교가 모두 감당하기는 어려워지고 있었다.

한편, 학생들은 지식을 아는 것을 넘어서 스스로 문제를 해결할 수 있어야 했다. 초등학교부터 대학까지 학교교육이 삶의 전부를 해결해 줄 것 같았지만, 시대가 달라졌다. 12년 동안 열심히 공부한 것들을 모두 잊어버려도 살아가는 데에는 상관없었다. 정보화 시대에 교과서 지식을 아는 것을 넘어서 스스로 문제를 해결하고 의미 있는 꿈을 갖고 행복한 삶을 살아가는 역량이 중요했다. 이제 단순한 교과서 공부가 아니라 경험하고 스스로 체득하는 역량 중심 교육이 중요하게 되면서 학교는 삶과 괴리된 교육에서 벗어나야 했다. 우리가 원하든 원하지 않든 세계는 이미 지식뿐만 아니라 문제 상황을 해결할 역량이 필요한 세상이 되었다. 사회가 변하면 문화가 변하고, 교육의 내용과 방식도 그러해야 한다.

학업성취도로 나타나는 지식은 교과서와 참고서를 통해 습득할 수 있지만, 문제해결에 필요한 역량(capacity)은 독서·토론, 실험·실습, 체험, 노작, 놀이 등의 활동을 통해 형성되는 것이다. 그동안 표준화된 교과 중심의 비교적 단순한 교육과정이었다면 이제는 다양하고 복잡한 비교과 교육과정의 중요성이 강조된다. 다양한 경험과 정보를 가진 학교 밖의 사회·교육적 자원들과 협력이 필요하게 된 것이다. 문제는 학교 안에 갇혀 있던 교육이 어떻게 바깥세상과 소통하고 협력할 것인가다.

1. 복자여자고등학교 특성화 교육: '책가방 없는 날'

1990년대 중반이었다. 저녁 9시까지 자율학습에 참여하고 토요일도 오후 5시까지 청춘을 불사르는 우리 학급 아이들에게 토요일 자율학습을 마치고 인근 야영장으로 캠핑을 가자고 했다. 쉼이 필요하기도 했고 다른 나라 학생들은 무엇을 고민하고 공부는 어떻게 하는지 들려주고 싶었다. 프랑스에서 공부하고 돌아온 권 교수(단국대)와 독일에서 유학한 채 교수(한신대)를 초청해 외국 대학생들의 공부와 대학 생활에 관한 이야기를 부탁했다. 학생들은 궁금한 것이 많았는지 강연 후 질의응답을 2시간이나 지속했다. 학교 수업과는 전혀 다른 분위기였고, 강사들이 신나 했다.

나는 학교장에게 학생들에게 다양한 체험을 제공해야 한다면서 학급활동(HR) 시간과 특별활동(CA) 시간을 토요일에 집중 배치해 '책가방 없는 날'을 시행하자고 제안했다. 학급활동이 회의만 하는 것이 아니고 특별활동이 그냥 쉬는 시간이 되지 않기 위하여 외부 초청 강연, 모의법정, 장애 체험, 체험환경 교육, 오리엔티어링(지역조사) 등 토의·토론, 체험, 조사활동 중심의 특성화 프로그램을 계획했다. 교실에서 교과수업에 익숙한 교사들의 경험으로는 감당하기가 쉽지 않았다. 공간도 학교 밖으로 확장되고 강사도 외부의 협력이 필요하게 되었다.

2. 금강환경관리청과 함께한 환경교육

때는 1997년이었고, 복자여자고등학교에서 영어 교사로 근무할 때였다. 복자여자고등학교는 한국순교복자수녀회가 1961년 설립한 사립학교다. 90년대 환경오염과 지속가능 발전에 대한 사회적 관심이 높아지면서 체험 중심의 교육프로그램이 필요했지만 학교의 예산 형편이 여유가 없었다. 교장선생님에게 예산을 요청했지만, "다른 데 쓸 곳이 많은데, 그런 체험까지 해야 되느냐"면서 대학 진학이 우선이기 때문에 이런 활동에 쓸 여력이 없다고 했다. 당시 학교는 대학 진학 성과에 교육력을 집중하기 때문에 교장선생님은 당연히 이를 수용하기 어려웠다. 복자여자고등학교는 인구 60만이나 되는 충청남도 천안시에 위치하고 교사 50명에 전교 학생 24학급 1,046명이 재학하는 대규모 일반계 고등학교라 대학 진학에 교육력을 집중하는 것은 당연했다. 특히 국어·영어·수학교과 선생님들은 대학 진학 성과에 많은 부담감을 갖고 살아갔다.

나는 당시 교무부장으로 재직하고 있었고, 학교는 불가능한 이유를 들어 변명하기보다 지역과 함께 하는 방안을 찾고자 했다. 교장선생님에게 "제가 방안을 찾아보겠습니다"라고 허락을 구했다. 기존처럼 교과서 지식만 암기하는 것은 의미가 없었다. 우연히 환경부 산하에 수계를 관리하는 금강환경관리청을 알게 되었다. 지역 환경운동연합의 제안으로 금강환경관리청에 프로젝트사업을 신청했다. 체험환경교육계획서(연간 34개 프로그램, 소요예산 1,240만 원)를 제출했더니 담당 부서에서는 흔쾌히 예산을 지원해 주었다.

알고 보니, 금강환경관리청은 학교에 환경 교육에 참여해달라는 공문을 자주 보냈다고 했다. 하지만 학교에서는 "애들 보충수업하고 과외를 해야지, 이게 뭐냐"라고 하고서 전혀 협조해 주지 않았다고 고충을 토로했다. 그런 상황에서 내가 이렇게 제안을 해주니 대환영이었다고 했다. 금강환경관리청은 오랫동안 기다렸다는 듯이 "얼마가 필요합니까?"라면서 호응했고, 1998년부터 99년까지 2년간 매년 1,280만 원씩 큰 예산을 지원받기로 했다. 이 정도 예산이면 충분히 활동할 수 있었다. 여름방학에는 학생들하고 환경 캠프까지 할 수 있었다.

금강환경관리청과 같이 학교와 함께 해줄 기관들이 많다. '생명의숲가꾸기운동'과 '환경운동연합'에서는 학교 숲 가꾸기, 숲 해설, 하천생태조사, 재활용, 환경캠프 프로그램 등의 강사와 기술을 지원했다. 천안시청에서는 상수도사업소, 하수종말처리장, 쓰레기소각장 등 환경 관련 시설 견학 프로그램을 맡아주었다. 이후 학생들은 교내 환경동아리를 만들어 시민단체와 함께 캠페인 활동을 하고 NGO 후원 활동에도 참여하게 되었다.

3. 외부 인사와의 생생한 교육

2000년도부터 년 4~6회에 걸쳐서 외부 인사를 초청했다. 2000년, 과학 분야에 모 교수를 초청해 '과학이 삶을 풍요롭게 할 것인가'라는 주제를 살펴보았다. 사회 분야에서는 변호사를 초청해서 '사회 정의와 질서'를, 문학 분야에서는 시인을 모셔서 '인간에게 문학이란 무엇인가', 환경 분야에서는 전문가와 함께 '인류의 지속적인 생존을 위하여'라는 주제로 열띤 시간을 보냈다. 90년대에 들어서는 학생들이 읽기 자료를 선정하는 과정에 직접 참여하고 1년간의 기록물들을 책으로 엮어내기도 했다. 이 시기에 TV에서는 토론 프로그램들이 세간의 관심을 모았는데, 학생들도 예외는 아니었다. 외부 인사들을 초청해 강연을 청취하고 질의응답을 진행하고 싶다고 했다.

사실, 복자여자고등학교는 1980년대 초부터 학생들이 세상과 소통하고 사고하는 방법과 능력을 향상시키기 위해 '세상 읽기, 생각 키우기' 프로그램을 운영하고 있었다. 국어과 교사들이 문학작품이나 신문의 논설에서 사회적 쟁점들을 발췌해 자료를 제공하고 학생들은 생각을 정리하여 기록하는 활동이다. 사회 현상을 보고 세상을 읽는 사유 능력을 기르기 위해 매주 2회 진행하는 프로그램이었는데 조회 시간을 이용한, 15분 이내의 제한된 시간에 이루어지는 활동이라서 아쉬움이 있었다.

4. 검사, 변호사와 모의법정 프로그램 운영

모의법정을 '책가방 없는 토요일'의 프로그램으로 연간 8회를 운영했다. '규범은 질서유지와 사회 정의를 실현할 수 있는가?'라는 주제로 살펴보았다. 매력이 있는 프로그램이지만 법정에서 이루어지는 과정은 교사들에게도 막연했다. '모의법정 연간계획'을 가지고 법률사무소와 법원과 검찰청으로 찾아갔다. 지역에서 비정부단체 활동을 함께하는 변호사들은 재판절차와 자료들을 전해주면서 재판 과정의 참관과 학생들의 질의응답에도 협조하기로 했다. 법원(지원)장과 검찰(지청)장에게 협조를 요청하니 의외로 선뜻 답을 주었다. 법원과 검찰청은 학생 대상으로 법 교육을 하는 봉사업무를 갖고 있다면서, 여러 기관·단체에 이를 홍보해도 학교가 신청하지 않는다고 토로했다. 지역기관과 단체들은 학교의 손길을 기다리고 있었던 것이다. 검사, 변호사 등과 함께 법정에서 '학생 체벌', '양심적 병역 거부', '안락사', '원조교제' 등을 주제로 생생한 강연을 듣고 토론할 수 있었다.

5. 장애 체험, 더불어 살아가는 세상과 만나다

아산장애인복지관, 천안한빛회의 지역기관 및 단체의 도움으로 전문가의 도움을 받아 장애 체험을 운영할 수 있었다. 복자여자고등학교는 종립학교답게 봉사활동이 수시로 이루어지며 그 역사도 설립 초기로 거슬러 올라간다. 사회적 약자들을 자주 만나지만 특히, 장애인들과 만날 때엔 당황스러운 상황이 자주 발생해 고민 끝에 정기적인 프로그램으로 계획했다. 학교에는 장애인들이 사용하는 기구들이 없고 특수교육을 담당하는 교사도 없었다. NGO활동에 참여하면서 소통해오던 장애인단체에 협조를 요청했더니 천안한빛회와 아산장애인복지관이 보조기구를 지원하고 강사를 파견해 주었다.

장애의 종류와 보조기구 사용 방법 등에 대한 기초적인 이해 교육을 한 다음, 그룹별로 목적지를 찾아 이동하면서 애로사항을 조사하는 활동이었다. 이동하면서 도로의 경사도, 계단 높이, 보행신호 시간, 불편한 사항 등을 기록했다. 천안시청으로 이동한 그룹은 장애인을 담당하는 사회복지과를 찾았는데 승강기가 없는 3층에 위치하고 있었다. 계단을 이용하여 지체장애인과 시각장애인이 접근하기에는 너무 불편했다. 시장 면담을 요청해 조사한 자료를 전달하고 담당하는 부서의 사무실은 1층으로 옮길 것을 요구해 확답을 받아내었다. 교육과 시민운동이 함께할 수 있는 경험이었다.

6. 지역사회 탐방, 우리 사회는 어떻게 생겼을까

더불어 복자여자고등학교는 우리 사회가 어떻게 생겼는지 지역사회 탐방 활동을 했다. 우리가 생활하면서 반드시 활용할 관공서나 기관, 시설 등을 방문해 과제를 수행하고, 보이지 않는 곳에서 여러 일을 하는 시민단체들을 조사한다. 학생들은 그룹별로 20여 개 기관·단체들을 방문해

미션을 수행하고, 마지막 과정은 천안삼거리 공원에서 주제공원 이름 설문조사를 하는 것이었다.

먼저 문화예술 분야를 탐방했다. 충남학생회관, 천안문화원, 천안시민회관, 아라리오갤러리, 시립도서관 등 기관과 단체 등 다양한 기관들에 방문해 월별 각종 전시와 행사 일정에 대한 정보를 알아보았다. 다음으로 생활 관련 분야를 탐방했다. 동사무소, 파출소, 소방서, 법원, 종합병원, 은행, 농산물물류센터 등 기관들을 찾아보고, 수행 업무와 조직부서를 조사했으며, 민원서류를 신청하거나 신고해야 하는 경험을 했다. 종합병원에서는 순천향대병원과 단국대병원에 방문해 진료과별 진료 범위를 조사했고, 농산물물류센터에 방문해 쌀과 무, 배추 등 물가를 조사하기도 했다. 마지막으로 시민사회 분야를 탐방했다. 천안YMCA, 환경운동연합, 복지세상시민모임, 청소년복지회관, 쌍용사회복지관, 천안여성회관 등 시민단체들을 살펴보고, 조직구성 및 활동 내용, 그리고 참여 방법 등을 조사했다.

협조를 요청한 기관·단체들은 모두 관심을 가지고 친절하게 협조해 주었다. 학생들은 여러 기관이 무슨 일들을 하며, 비정부단체들은 우리 사회의 발전을 위하여 어떠한 일들을 하는지 이해하게 되었다. 또한 자신의 진로와 직업을 결정하는 데도 많은 도움이 되었다고 했다. 졸업 후에 천안지역의 기관이나 NGO에서 일하는 활동가들이 많이 있는 게 그 증거다.

7. 교육생태계를 만들어가는 홍동중학교 이야기

2007년에 복자여자고등학교를 떠나 홍성읍에서 동쪽으로 6km 떨어져 있는 홍동중학교의 공모형 교장으로 부임했다. 1,600세대 주민

3,500명 정도가 주로 농업과 축산업에 종사했고, 이 중 귀농과 귀촌 가정이 30여 가구가 된 것으로 안다. 대안교육의 모범이자 친환경농업의 메카로 알려진 풀무농업고등기술학교가 500m 이내에 있었다. 가장 특이한 점은 홍동마을에 세 사람 이상만 모이면 협동조합을 만든다는 말이 있을 정도로 협동조합을 좋아하는 주민들이 많다는 점이다. 풀무신용협동조합, 풀무생활협동조합, 제과·제빵 시설, 재생비누공장, 목공소, 출판사, 마을 카페 등이 협동조합 형태로 운영되고 있다. 갓골어린이집, 밝맑도서관, 갓골생태농업연구소, 환경농업교육관 등은 주민들의 모금과 정부의 지원금을 모아 설립하고 지역주민들이 자치적으로 운영하는 기관들이다. 이외에도 대안에너지 시민단체, 마을 자립지원센터, 여성농업인센터 마을활력소 등이 있다. 일과 후나 비가 내리는 날에 술 한 잔 함께하는 쉼터도 협동조합으로 운영한다. 매월 관내 기관·단체장 회의가 열리는데 30여 명 정도가 참석해 각 단위별 활동 내용을 공유하고 공동관심사에 관해 협의한다.

8. 폐교 위기의 홍동중학교, 지역주민이 선택한 교장

2007년도는 홍동중학교와 지역사회에 있어서 중대한 의미를 지닌 해였다. 홍동중학교와 지역사회가 내부형 교장공모제 지정을 신청하기로 한 것이다. 2000년대 중반, 학교의 적정학급을 유지하는 것이 우선 과제가 되었고, 교사들과 주민들이 머리를 마주 댔다. 학교는 그 지역사회에서 교육과 문화의 중심이면서 지역사회 공동체를 지탱하는 힘이다. 하지만 홍동중학교 역시 다른 농촌학교들처럼 학생 수가 급격하게 감소하면서 폐교를 걱정해야 했고, 지역사회가 위기감을 느꼈다. 2008학년도 전교생이 5개 학급, 97명까지 감소했다. 3학년은 3개 학급인데, 1~2학년은 1개 학급으로 줄어들었다. 새로운 가치와 방식으로 교육과정을 특성화하여 학생들과 학부모들이 홍동중학교로 전·입학하도록 혁신형 학교를 만들어 보자는 결론에 도달했다.

홍동중학교가 제1기 내부형교장공모제 시범실시 학교로 지정되면서 농촌 소규모 공립학교인 홍동중학교의 중장기적 발전을 구상하는 계기가 되었다. 또한 막연하게 지역교육을 염려하던 학부모, 교사들에게 지역 학교를 살려낼 다양하고 구체적인 프로그램 고안과 실천의 통로를 마련했다는 의미를 동시에 지니고 있었다. 공모교장 전형과정에 교사와 학부모들이 전형위원으로 참여하고 지역주민들이 함께 참관했다. 교사, 학부모와 지역주민들이 학교 안으로 들어온 셈이다. 이제 학교장은 국가가 파견한 사람이 아니라 교사·학부모·지역주민이 선택한 학교 운영 책임자가 되었다. 후에 면접위원으로 참여했던 어느 학부모는 방송 인터뷰에서 '홍동중학교 학교장을 우리가 직접 선택했다'라며 자랑스러워했다.

9. 영화모임으로 시작된 학부모 교육공동체

홍동중학교장으로 부임한 나는 제일 먼저 학부모들이 자발적으로 참여하는 학교를 만들고자 했다. 학교장으로 가보니, 학부모들이 한 달에 한 번씩 학교 도서관에서 저녁 시간에 영화를 관람하고 있었다. 학부모와 선생님들이 의논해서 다음 달에는 어떤 영화를 볼지 이야기하고 있었다. 선생님과 학생, 지역주민도 참여하고 있었다. 학교에서는 약간의 다과를 준비하고 학부모들은 옥수수와 고구마같이 농사지은 간식을 가져왔다.

영화가 끝나면 30분 정도 소감을 나누었는데, 무언가 좀 아쉬웠던 것 같다. 그러면 학부모들은 '우리 아이는 요즘 어때요?'라면서 이야기를 나누게 된다. 영화관람 소감을 나눈 후에는 자연스럽게 소소한 생활 이야기를 하게 되었고, 아이들 학교생활과 교육에 관한 이야기로 이어졌다. 관사가 가까이 있어서 저녁 먹은 후에 도서관에 올라가 보았다. 학교장이 함께하니, 학부모들은 교육에 대해 많이 궁금해했다. 자연스럽게 학교교육에 대해 소통하게 되었고, 한두 번 하다 보니 이제는 학교교육철학과 학교교육의 목표, 학교 현황과 당면과제 등 여러 궁금한 것들을 많이 이야기했다.

이렇게 이야기를 하다 보니, 학부모님들이 '우리끼리만 듣는 것보다는 더 많은 학부모들이 같이 들었으면 좋겠어요'라고 말했다. 그러면서 이야기를 듣던 학부모들이 아예 학교경영계획에 대한 설명회를 하는 것이 어떠할지 제안했다. 그래서 '그렇거든 한번 주선해 보시죠'라고 했더니, 학부모회에서 학부모들에게 연락을 해서 강연을 준비했다. 학교가 억지로 학부모회의를 소집해 연수를 하는 것보다 훨씬 자연스럽게 학교의 교육과정을 공유하는 기회가 되었다. 학교가 어떠한 교육프로그램에 대해 왜 하는 것이고, 어떻게 할 것인지 설명했더니 학부모와 지역은 어떻게 협력하고 참여할 것인지 함께 생각하게 되었다.

학부모들은 학교의 교육과정운영계획에 관한 설명을 듣고서는 우리와 비슷한 시도를 하고 있는 선진지 학교를 방문하고 싶다고 말했다. 학부모회의에서 참가 희망자를 모집하면 학교 예산으로 추진하기로 했다. 신청자 명단을 보니 인근 초등학교 학부모도 포함되어 있었다. 중학교 학부모들은 선생님 한 분과 영화를 보면서 소감도 나누었는데, 이제는 교장선생님하고 여러 선생님이 같이 하면서 이런저런 이야기들을 나누다 보니 재미있었고 그래서 초등학교 학부모들을 데리고 온 것이다. 초등학교 학부모들은 학교에 와서 "교장선생님, 내년 후년이면 저도 중학교 학부형입니다"라며 웃었다. 초등학교 학부모들은 중학교 행사에 참여하기가 좀 쑥스러웠던 것 같다. 중학교 교장이 좀 불편해하지 않을까 걱정하셨던 것 같은데, 나는 대환영이었다. 이 아이들이 홍동중학교로 올 아이들이니까. 당시 1~2학년 학급이 1개로 갑자기 줄어드는 상황이었는데, 초등 5~6학년 학생들은 읍내 학교로 가고 싶어 할 수 있다. 읍내까지 거리가 멀지도 않았다. 초등학부모들에게 학교가 어떻게 달라지고 어떤 프로그램을 운영하는지를 설명하니, "그러면은 읍내로 가는 것보다는 여기서 계속 다니는 게 좋겠네요"라면서 만족했다.

이렇게 이어나가면서 학부모들은 "또 다른 얘기 좀 듣고 싶은데요"라고 말했다. 그래서 "무슨 얘기를 듣고 싶은데요"라고 하니까, "요즘 모 강사분이 뜨는데, 그분 모셔다가 강의를 좀 들으면 어때요"라고 말했다. 나는 이제 학부모회가 평생학습교육을 하게 되었다고 기뻐했다. 학부모들은 여러 강사들을 초청하여 인문학강좌를 열었고, 학교는 이를 지원했다. 학부모들의 적극적인 참여 요청을 마다할 이유는 없는 일이었다. 이제 모임의 이름도 '영화모임'에서 '문화사랑방'으로 바꾸기로 했다. 그다음 학년도에는 '학부모아카데미'라는 이름의 학부모회가 주관하는 정규 프로그램이 되었다. 학교는 예산을 배정하고 프로그램은 학부모회가 교사와 협의해 '학교교육과정 설명회', '인문학강좌', '문화 체험' 등의 연간계획을 수립하고 진행하게 되었다.

이렇게 이제 홍동중학교는 학부모와 함께하는 학교가 되었다. 사실 내가 이것을 위해 특별히 노력한 것은 없으며, 자연스럽게 이루어졌다고 본다. 나는 학부모들과 이야기 나누고 그들이 하고자 하는 바를 지원해 주었을 뿐이다. 사실, 그동안 학부모들은 학교에 동원되기 일쑤였다. 만약에 학교로 학부모를 불러들이기 위해 '이런 초청 강의가 있으니까, 오십시오'라고 해서는 학부모가 주인이 아니라 객이 되어 버리게 된다. 동원이 돼

버리는 것이다. 그러면 시간이 있는 소수의 학부모나 학부모회 간부라든지 운영원이라든지 조금 관심 있는 몇 분만 참여하게 된다. 그렇게 하지 않고 "영화 보러 가자"고 말하니 부담이 줄었던 것 같다. 이렇게 학부모회가 그동안은 무슨 행사했을 때만 동원처럼 했는데, 이제는 학부모회에서 선진학교도 견학하고 싶다고 했다. 학부모들은 더욱 배우고자 했고, 학부모 아카데미로 나아가게 되었다. 참여해서 이런저런 이야기를 하다 보니 자녀를 가르치는 데도 도움이 되었던 것 같다. 그러면서 학부모들은 집에서 아이들에게 무엇을 도와줘야 하는지 알게 되었고, 아이들도 학부모와 학교에서 있었던 이야기를 자주 나누게 되었다. 학부모들은 이제 우리 아이를 어떻게 키워야지 하는지 자율적이고 자발적으로 판단하고 참여하게 되었다.

학부모들이 자연스럽게 참여하고 성장하다 보니 아직도 활발하게 활동하고 있다. 내가 홍동중학교를 2011년에 떠났는데, 2023년 지금도 계속되고 있다. 헌신적이고 초인적인 노력이 필요한 것이 아니다. 학부모의 마음을 존중하고 자발성을 인정한 결과일 것이다.

10. 사춘기, 아빠와 함께하는 축구교실

어느 날 오후 운동장에서 공을 차고 있는 학생들을 바라보고 있는데, 할아버지 한 분이 뒷짐을 지고 학교로 올라오고 계셨다. 현관 가까이 오셨는데, 손에 고추나무 가지를 들고 계셨다. 현관으로 나가서 교장실로 모셔 왔다. 차 한 잔 나누면서 이야기를 들어보니 아이들이 찬 공이 축구 골대를 넘어 주택 옆 고추밭을 강타해 주렁주렁 달린 고추나무 가지가 찢기고 꺾이기 일쑤라는 것이었다. 교무실로 직진하셨으면 교감 선생님께 항의했을 것이고, 교감 선생님은 체육담당 선생님께 한마디 하셨을 테고, 그러면 학생들의 축구는 어찌 될 것인가. 어르신께는 "빠른 시일 안에 축구 골대 뒤편의 펜스를 더 높여서 공이 넘어가지 않게 하겠노라" 말씀드 렸더니 "이 노인네가 너무 성급했나 보구먼!" 하면서 멋쩍게 웃으셨다. 지인에게 견적을 물었더니 우리 동네 아이들이 놀 건데 재료만 구입해 달라고 했다.

마침 학부모회에 참여하는 아빠들도 자신들이 할 수 있는 일들을 찾고 싶어 했다. 학부모회에서 약 10% 정도의 아빠들이 있었지만, 별로 할 게 없어 미안해하고 있었다. 어느날 아빠들이 "교장선생님, 아빠들이 할 수 있는 건 뭐 없어요?" 하길래, "있지요. 애들하고 공 좀 쳐주세요"라고 말했더니 기다렸다는 듯이 OK였다. 아빠들도 축구를 하고 싶어도 마당이 없었다. 학생들은 숫자가 적어서 팀을 구성하기가 쉽지 않았던 것이다. 학교가 아빠들에게 운동장만 개방해 주면 얼마든지 가능했다. 이제 격주로 토요 휴무를 하던 시기였는데, 토요일 오후마다 '아빠와 함께하는 축구교실'을 열게 되었다. 인근에 위치한 풀무학교(정식 명칭은 풀무농업고등기술학교임) 언니들도 함께 참여했고 후에는 '홍동FC 클럽'으로 발전했다.

〈아빠와 함께하는 축구동아리〉는 날씨도 못 말리는 동아리가 되어 갔다. 비를 맞으면서도 공을 좇아 달렸다. 학교에서는 교사동 옆 공간에 비닐하우스를 짓고 수도를 연결해 임시로 샤워할 수 있는 시설을 마련했다. 아빠들은 드럼통으로 화덕을 만들어 왔다. 운동을 마치고 아빠들과 함께 짜장면을 먹거나 삼겹살을 굽는 모습을 상상해 보시라. 학생과 학부모, 동네 아저씨와 형들이 소통하는 마당이 되었다. 등·하굣길에 만나던 사람들이 친구의 아버지이고 형이었다니 이제 마주치면 반갑게 인사를 나누는 관계가 되었다. 자연스럽게 마을도 생활지도와 교육 기능이 살아나는 공간이 된 셈이었다.

11. 학교와 마을이 함께하다

홍동중학교는 초·중·고 교사들로 구성된 '범교과교육연구회'의 체험 중심의 주말학교 운영 결과를 지역사회와 함께 공유하자고 홍동면 기관과 단체에 2006년 9월 처음 거리 축제를 제안했다. 처음에는 반대하거나 소극적이던 기관단체들을 설득해 아이들 교육과 관련이 있는 7개 단체 중심으로 2006년 10월 말에 초·중·고등학교와 지역사회가 함께 참여하는 〈제1회 홍동거리축제〉를 시작하게 되었다.

〈홍동거리축제〉는 지역주민들이 만들어가는 '소박하고 생산적인' 축제를 지향하려고 했다. 그리고 지역에서 아이들과 교육이라는 매개체를 중심에 놓고 노인과 어린이들이 세대를 뛰어넘어 소통하고, 지역 안에서 서로 잘 모르던 단체와 구성원들이 서로 소통하는 지역공동체를 만들자는 것이 이 축제의 취지였다. 소박하게 진행할 수밖에 없는 것은 농촌 면 소재지에 위치한 각 단체들이 재정 규모나 구성원 규모가 소박하기 때문이었다.

중학교가 중심이 되어 이끌어 온 홍동지역 '범교과교육과정연구회'의 활동 경험은 2007년부터 시행되는 공모교장 영입의 원동력이 되기도 했다. 2007년 공모교장 취임 이후에는 홍동중학교 교육과정 프로그램의 일부로 자리를 잡게 되었다. 지역사회와 소통하며 협력해야 하는 중학교의 입장에서는 교육과정 운영의 성과를 공유할 수 있는 장이 필요했던 것이다. 중학교는 1년 동안 교육 활동을 실시하고 발표했다. 가장 기억에 남는 점은 이 축제에서 학생들이 하천 생태계의 오염도를 조사한 그래프를 전시한 것이다.

처음에는 연합 학예발표회 수준이던 홍동거리축제는 2010년 11월

5-6일 이틀간 진행된 <제5회 홍동거리축제>에 23개 기관·단체가 참여해 10개의 체험 부스를 만들고 연인원 1천여 명이 참가하는 축제로 성장했다. 홍동중학교가 이 지역에서는 인적 구성원이나 예산, 시설 규모로 보아 큰집 역할을 했다. 홍동기관·단체장회의에 빠지지 않고 참석해 학교의 교육활동 내용과 상황 등을 공유하고 협조를 요청해 온 것이 지역사회 구성원들의 관심을 유지하는 데 많은 효과가 있었다.

- 지역주민에게 개방하는 중학교 실내 체육관

2007년 처음 실시한 내부형 교장공모제에 대한 교육계의 관심은 부담스러웠다. 전국교직원노동조합에서는 교장선출·보직제를 요구하면서 교장공모제에 반대하는 입장이었고, 한국교원단체총연합회는 교장 자격이 없는 자를 교장으로 임명하는 것은 어림없다며 기득권을 주장하고 있었다. 정해진 절차를 거쳐 학교장으로 취임한 뒤에 충청남도교육위원회 위원단이 학교를 방문했다. 학교경영계획을 설명했더니 익숙하지 않은 역량기반 교육과정과 특성화 교육과정에 많은 질의를 했다.

위원장은 선뜻 동의하는 것 같지는 않았지만, 학교장의 확실한 태도에 한번 믿어 보자는 듯했다. 그러면 이 학교에서 우선으로 필요한 것이 무엇이냐고 물었다. 농어촌 작은 학교들은 통·폐합을 예상해 시설 지원하기를 꺼렸다. 농촌주민들은 농사일의 특성상 해가 진 후나 비가 내릴 때만 여가를 즐길 수 있기 때문에 실내 체육관이 필요했다. 비라도 내리면 배구동아리 등 여러 체육활동을 할 수 없었던 것이다. 그래서 실내 체육관 건립 예산 12억 원을 요청했다. 홍동중학교는 학교 규모가 작아서 총 9억 원 이상은 지원할 수가 없고 그것도 도교육청에서 6억 원 그리고 기초자치단체에서 3억 원의 대응투자를 받아야 하는데 학교 측에서 받아들일지 물었다.

더 필요한 예산은 학교장이 담당하기로 하고 우선 확정했다. 지역주민들이 함께 사용하려면 화장실과 샤워장 공간도 더 있어야 해서 3억 원 정도의 추가예산이 필요했다. 설계도를 보니까 실내 체육관 바닥 면적이 약간 좁아서 배구 경기를 하는데도 공이 벽면에 부딪힐 것 같았고 배드민턴 코트는 1면밖에 나오지 않았다. 그러나 양옆과 앞뒤로 1m씩만 확장하여도 배구코트는 여유가 있고 배드민턴 코트도 3면을 만들 수 있는데 추가 예산확보가 문제였다. 마침 홍성교육지원청 관내 폐교를 매각한 대금이 남아 있어서 행정지원과와 협의해 1억 4천만 원을 확보했다. 나머지 1억 6천만 원은 기초자치단체로부터 확보했다. 홍성군수를 만나서 체육관(강당 겸)을 지역주민들에게 개방할 계획이라고 설득했다. 군청의 입장에서는 학교시설에 예산을 지원해도 지역주민들은 졸업식과 입학식 이외에는 사용할 수 없다는 것에 주민들과 의회 의원들의 불만이 높았다. 하지만 학교가 지역주민들에게도 시설을 개방하겠다면 기꺼이 지원해 주겠다고 했다. 그래서 학교에서는 주민들에게 시설을 개방하고 지자체에서는 일정 기간마다 정기적으로 시설의 개·보수를 맡는 조건으로 1억 6천만 원을 지원하기로 합의했다.

2009년도에 건물을 준공했고, 2013년부터는 홍동면 주민자치센터와 협약을 맺어 연중 마을주민들과 동아리들이 체육관을 사용할 수 있도록 했다. 단순히 마을주민에게 체육관 공간을 대여한다는 것이 아니라 학교가 마을주민들에게 공간을 열고 공유한다는 생각으로 진행했다. 이런 생각으로 학교는 마을의 동아리 대표들에게 체육관을 열 수 있는 키를 제공했다. 언제나 주인으로 편안하게 사용할 수 있도록 한 것이다. 학교는 시설관리 화재보험과 보안시설을 맡고, 동아리들은 시설 사용 후 뒷정리와 문단속을 책임지기로 협약했다. 배구동아리는 화/목요일 저녁에, 배드민턴동아리는 월/수/금요일 저녁에 그리고 탁구동아리는 토요일 오후/저녁에 사용하기로 하고 동아리 대표들에게는 전자키를 제공했다. 학교 건물과 떨어진 건물이라서 독립적으로 관리하기 때문에 일과 후에는 교직원들도 부담 없었고 주민들도 자유롭게 활용했다. 학교가 마을의 놀이터가 된 셈이었다. 이렇게 학교는 공유공간으로써 위상을 명확히 하고 있다.

한번은 배구동아리 회원을 도움을 받아 학교 운동장 잡초 문제를 해결하기도 했다. 홍동마을이 친환경농업 지역이다 보니 운동장에 제초제를 쓸 수 없었다. 여름방학이 지나고 나면 운동장 전체가 풀밭이 되어 있었다. 운동장 풀을 관리하기가 어려웠다. 관리 방법을 고민하던 중 마침 배구동아리회원 중에 마을이장을 맡고 있는 회원이 여럿 있어 면사무소에 공공근로 지원을 요청해서 운동장 잡초를 제거하기도 했다.

- 학교와 마을의 경계에 위치한 지역사회교육문화센터 건립

2010년 초에 농산어촌 전원학교 사업예산으로 홍동중학교와 마을의 경계에 지역사회교육·문화센터를 건립했다. 지역과 함께 사용할 목적으로 지어졌고 2024년 현재까지 유효하게 지역과 함께 공유하고 있다. 이 지역사회교육문화센터의 설립은 지역주민들이 학교 교육과정을 지원하는 것을 넘어 교육적, 문화적 요구가 높아짐에 따른 것이다.

당시 역량기반 교육과정 중심의 학교 교육 혁신이 확대되고, 농산어촌 학교의 교육 불평등 해소를 위한 〈연중 돌봄 학교〉가 운영되면서 나날이 교사의 업무는 많아졌다. 더불어 학부모와 주민들이 상당 부분 학교 교육과정 운영을 지원하고 있지만 이에 비례해서 지역사회 구성원들과 소통하기 위한 교육적·문화적 요구도 증가했다. 이 과제들을 해결할 〈지역사회교육문화센터〉를 건립하기로 했다. 교육과학기술부가 추진하는 농산어촌전원학교 사업을 활용해 건립하기로 했다. 이 사업은 학교와 지역사회가 협력해 농산어촌의 교육격차를 완화하자는 취지로 추진되었다. 우여곡절을 겪으면서도 선정되어 20억 원을 지원받았고, 이 중 12억 원을 〈지역사회교육문화센터〉 건립에 배정했다.

다행히 예산을 확보했지만, 공사 기간이 6개월 정도 미뤄지는 등 과정은 순조롭지 않았다. 나는 학교와 별도로 학교와 마을의 경계에 센터를 지어야 한다고 보았다. 학교 구성원도, 지역주민도 모두 접근할 수 있는 곳, 즉 학교와 마을의 경계에 센터를 건립해야 한다고 생각했다. 그러나 홍성교육지원청은 건물의 위치를 학교 본관 건물에 붙여 이어서 짓기를 원했다. 그렇게 되면 주민들이 이용하기에는 접근성이 현저하게 낮고 일과 후에도 누군가는 남아서 관리해야 하는 어려움이 있다고 밀고 당겼다. 다행히 홍성교육지원청은 내 의견을 수용하고 받아들였다.

이 센터는 그야말로 홍동중학교와 주변의 여러 지역기관·단체들이 만나는 문화·예술 및 평생학습 공간이 되었다. 홍동중학교 주변 동네에는 놀이방, 어린이집, 유치원, 초등학교, 중학교, 고등학교, 전공부(2년제 사회교육기관) 등 교육기관들이 가까이 자리를 잡고 있다. 1층에는 화장실과 학부모회와 동창회가 함께 사용하는 사무실을, 누구나 지나다가 들러서 차 한 잔 나누며 쉬어갈 수 있는 학부모회 카페를, 그리고 150명이 동시에 들어가서 콘서트·연극·영화 관람을 하거나 발표회를 할 수 있는 계단실을 배치했다.

2층에는 10명 정도가 학습할 수 있는 소집단 학습실 2실이 있으며, 학생들이 저녁 식사 후 모두 내려와서 저녁공부방으로 사용할 50석 규모의 독서실이 있다. 같은 층에는 교원용 숙소와 위기 상황에 처한 학생들이 이용할 쉼터를 배치했다. 그러자 학부모들이 일과가 끝나면 아이들의 관리를 맡겠다고 나섰다. 소집한 학습실 옆에 조그마한 관리실을 마련해 학부모들은 7명이 조를 짜서 당번을 정하여 학생들의 학습이나 독서 활동을 도왔다. 학부모들은 반가림막 너머로 아이들이 무슨 공부를 하고 있는지 다 볼 수 있었다. 학부모들은 당장 자녀들이 공부하는 문제라서 애정을 갖고 적극적으로 활동했다. 그러다 보니 학교 선생님들도 일과 후에 해야 할 초과근무에 대한 부담을 덜게 되었다.

학부모들은 기초학습 부진아 지도도 기꺼이 도왔다. 학교에서 학습부진아를 남겨두고 공부하게 하는 것이 쉽지 않았고 학습효과도 크지 않았다. 그래서 학부모들에게 '수학부진아 지도는 어떡하지요?'라면서 이런저런 어려움을 허심탄회하게 의논했다. 학교와 학부모가 함께 우리 아이들의 학습을 도와줄 방법을 찾고자 했다. 그랬더니 학부모들은 관련 분야로 전공을 했거나 그런 교육 경험을 가지신 분들이 많다고 했다. 그러면서 공방을 운영하시는 학부모가 한양대학교에서 수학교육과를 졸업했다면서 추천해 주었다.

학교 운영위원회는 공부방을 운영하면서 기초학습 부진아 지도를 돕기 위해 팔을 걷었다. 저녁 6시부터 밤 9시까지 공부방을 운영하면서 학습 도우미를 했다. 어차피 농촌 아이들은 집에 가면 농사일을 도와야 했다. 늦은 시간까지 하려니 학생들 저녁 끼니를 챙겨야 했다. 학부모들은 이제 쌀과 반찬을 가지고 왔다. 당시에 초등학교와 같이 급식을 했는데, 조리실은 초등학교에 있었다. 그래서 중학교에 있는 가사 실습실을 이용하고자 했다. 하지만 화기라든지 이런 안전 문제 때문에 담당 선생님이 굉장히 좀 망설였다. 교육지원청에서도 안전문제로 걱정했다. 나는 보험을 따로 들겠다면서 설득했고, 교장인 내가 현장 지도하고 책임지겠다고 했다. 그렇게 해서 시설을 조금 보완해서 조리하고 급식을 했었다. 그런데 처음에는 학생 20명 정도라고 생각했는데 예상과 달리 어느 순간 학생 수가 60~70명까지 늘어나 버렸다. 식량이나 부식비가 엄청 나게 소요되었고, 돌봄교실비로 해결했다. 학부모들은 저녁 급식을 조리하고 설거지를 깨끗이 했다.

학교교육계획에 따라 학부모와 지역주민들을 위한 컴퓨터 활용교육프로그램을 운영한 적이 있었다. 입문과정과 초급과정을 운영했는데, 중학교 프로그램에 참여했던 수강생들은 홍동면 행정복합센터에서 같은 과정을 운영하고 있음에도 불구하고 굳이 다음 과정을 운영해달라고 요청했다. 면사무소와 만나서 의논했더니 행정복합센터에서는 수강 신청자가 부족해서 폐강해야 할 상황이라며 소요 예산을 모두 이전할 터이니 중학교에서 맡아 달라고 했다. 이리하여 홍동중학교의 이 센터는 지역사회 교육·문화의 중심이 되었다.

12. 풍부한 지역사회, 알찬 방과후학교 운영

지역사회에는 다양한 분야의 전문가들이 많다. 홍동마을에는 협동조합이나 지역단체들이 많다. 홍동마을은 3~4명만 모이면 협동조합을 만든다는 말이 있을 정도다. 놀이터를 만드는 데에도 협동조합을 만들고, 카페도 협동조합으로 만든다. 조합원들이 하루씩 돌아가면서 일을 한다. 일과가 끝나면 3시 반부터 5시 반까지는 2시간 동안 문화예술 체육 프로그램을 운영했다. 풍물이라든지, 기타반, 합창반, 미술반, 과학 실험반 등등 아이들이 해보고 싶은 것들을 중심으로 동아리를 하는데, 여기에는 배드민턴,

축구 등 체육 프로그램도 포함되었다. 선생님들이 이런 다양한 동아리 활동을 지도할 수 없지만, 지역사회에서 다양한 전문가들을 찾을 수 있다. 지도자 자격을 가진 조기 축구 선수들이 축구동아리 지도교사를 맡았다. 홍동마을에는 귀농이나 귀촌하신 분들은 적지 않게 있었고, 이들도 다양한 동아리 활동 지도를 했다. 2시간에 6만 원 정도를 사례비로 책정했고, 주당 2~3회 운영해 한 달에 60~70만 원 정도를 지급했다. 이 정도 금액이면 귀농·귀촌민들이 농사일을 하지 않더라도 생활이 유지 가능한 용돈이었다.

13. 특성화 교육과정, 생명과 평화의 살아있는 교육을 추구한다

홍동중학교의 차별성이 확실하게 드러나는 것은 다른 학교에서 찾아볼 수 없는 특성화 교육과정에 있다. 이는 지역화 교육과정의 하나로 시작되었다. 재량활동 시간을 활용해 제1학년은 〈진로와직업〉, 제2학년은 〈생태와인간〉, 제3학년은 〈삶과생활〉, 그리고 방과 후 활동으로 〈문화·예술·체육〉 과정을 편성했다. 학생들이 자기 전망을 갖고 학습하기를 바랐고, 지역을 배우면서 지속 가능한 삶을 탐색하며, 소통과 배려를 기본으로 하는 관계 역량을 길러주고자 했다. 진로, 학력, 생명·평화, 인성을 주제로 〈푸른 꿈 교육과정〉 모형을 개발했다. 이처럼 주로 미래 사회 핵심역량을 기반으로 하는 교육과정이라서 학교는 외부 강사, 외부 공간, 외부 활동이 교차하는 플랫폼으로 확대되었다. 이 교육과정은 2024년에도 운영되고 있으며, 마을진로, 생명평화, 민주시민의 모습으로 발전해 운영되고 있고, 여러 교과교육이 지역사회와 연결되는 징검다리 역할까지 하고 있다.

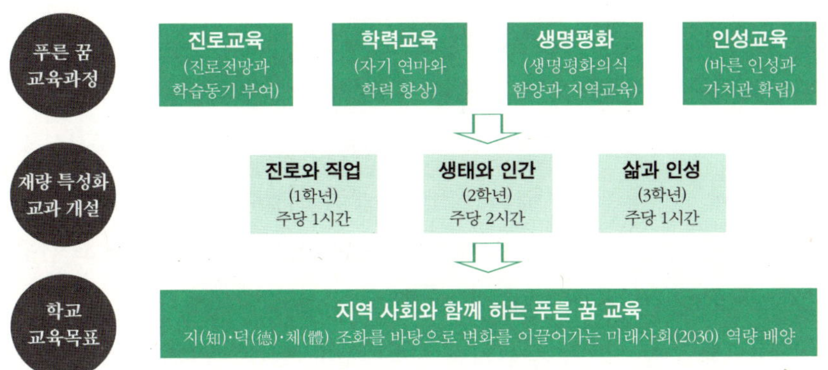

〈 2008학년도 〈 푸른 꿈 교육과정 〉의 얼개 〉

출처: 2024년 홍동중학교 교육과정 운영계획서

- 1학년: 진로와 직업

자기 전망이 확실해졌을 때, 기초학력과 교육과정의 목표를 달성할 수 있다. 1학년 학생들은 일주일에 2시간씩 1년 내내 60~70시간 동안 진로와 생애를 학습했다. '삶과 직업', '나의 이해', '변화하는 직업세계', '진로계획', '진로와 진학', '행복한 직업', '직업의 세계(직업체험, 초청강연)' 등 총 7개 단원을 구성했다. 단순히 진학이나 취업만이 아니라 가치 있는 생애를 꾸릴 수 있도록 지원하는 것이 진로교육이다. 진로 목표가 뚜렷해질수록 학생들은 일탈하지 않을 것이다. 학교 공부가 곧 학생의 삶에 필요한 지식과 기술을 습득하는 과정이 된다. 단순한 점수 올리기 공부에서 벗어나 원하는 삶을 이루기 위한 학습 동기를 갖게 될 것이다. 학생들이 하고 싶은 바를 스스로 찾아 미래 진로의 꿈을 키울 수 있도록 하는 것이 학교교육 성공의 지름길일 수 있다. 학생들은 생계유지를 위한 직업 탐색뿐만 아니라 자아를 실현하고 행복한 삶을 살기 위해 전 생애를 생각하고 설계하는 학습을 했다.

전통적인 직업은 물론 다양한 삶의 영역들을 만날 수 있도록 초청 강연을 열고 직업 체험 프로그램을 운영했다. 학생들이 인터넷 검색을 통해 만나고 싶은 직업과 직업인을 초청해 만났다. 특히, 홍동마을의 기관·단체나 기업체를 찾아가서 체험하고 조사하는 활동을 했다. 군청과 동사무소를 방문해서는 조직부서 별로 어떠한 업무를 수행하는지 설명을 듣고 민원서류 발급신청을 해보았다. 파출소에서는 근무 형태와 범죄 신고 건수를 조사하고, 우체국과 농협에서는 업무의 종류와 금융에 관한 설명을 들었다. 법원을 방문한 것은 신기한 경험이었다. 자주 이용하는 기관이 아니라서 시민의 권리를 보호하기 위해 어떠한 일들을 하고 있는지 처음 알았다. 무엇보다도 법원(지원)장이 직접 법정에서 재판하는 절차를 설명하고 판사석에도 앉아본 것은 신기한 체험이었다. 법원 측에서는 '법 교육'을 해야 하는데 학교에서는 신청을 하지 않는다며 안타까워하기도 했다.

2014년도에 〈진로와 직업〉 교과는 마을에서 진로를 탐색하는 〈함께하는 마을〉로 발전했기 때문에, 이에 대해 이야기하고 싶다. 진로 교육이 마을에서 미래를 꿈꾸는 사람들 속으로 깊이 연결되었다는 점에서 가치가 크다. 〈함께하는 마을〉은 마실이학교에 근원을 두고 있는데, 이는 2000년대 후반 마을의 청년들이 마을을 공부하면서 마을 내 32개 단체 실무자들이 외지에서 찾아오는 사람들에게 우리 마을을 알리자는 취지로 만든 마실이학교에서 시작되었다. 이 마실이학교는 '친환경농업'의 새로운 지평을 전국적으로 확대하고자 했으며, 지역주민과 외부인을 대상으로 진행했다.

2010년쯤, 햇살배움터협동조합은 홍동중학교 및 풀무학교와 협력하여 마실이학교의 중고등학교 버전인 〈함께하는 마을〉을 만들게 된다. 햇살배움터 대표가 마을 내 여러 단체와 함께 〈함께하는 마을〉을 설계하고 운영한다. 그녀는 홍동중학교 학부모이기도 하며, 공보의였던 남편이 우연하게 홍동에 발령받게 되어 따라왔다가 마을주민들과 정이 들어서 눌러앉게 되었다. 부모가 좋아서 아이들까지 홍동으로 내려오게 되었으니, 아이들에게 다양한 경험을 제공하고 행복할 삶을 전해주고 싶었다. 그래서 청소년만화방조합을 만들어 운영하고 있고, 마실통신(마을신문)도 만들고 있다. 남편 역시 이웃과 마을이 서로 돌보는 마을공동체의 가치를 알고 〈홍성우리마을의료조합〉으로 병원을 운영하고 있다. 마을주민들이 협동해 의료기관을 운영하는 의료공동체의 지평을 열어가고 있다.

〈함께하는 마을〉은 마을에서 멋지고 가치 있는 삶을 살아가는 사람들을 만난다. 대표적으로 몇 가지만 소개하고자 한다. 학생들은 '유기농의 메카'라고 불릴 만큼 친환경농업으로 유명한 사람들을 만난다. 특히, 평촌목장은 2008년부터 유기축산으로 전향해 유기농 우유와 요구르트를 생산하는데, 충남에서 유일한 홍동마을의 자랑거리다. 성장호르몬제를 사용하지 않는 유기축산은 관리가 까다롭고 어렵지만 수익도 나쁘다.

또한 학생들은 마을 농업의 새로운 도전을 하는 〈논밭상점〉을 만난다. 〈논밭상점〉은 청년대표(36세)가 허브농장, 자연 재배 등으로 농사를 짓고 마을 여러 농부들의 작물들을 온라인으로 판매하는 개인기업이다. 8명의 청년 직원을 고용하고 있으며, 사대보험에 가입하는 양질의 일자리를 창출했다.

한편, 학생들은 한국에 사회적 경제를 전국적으로 확산시킨 홍동 풀무신협에 방문한다. 1959년 9월 6일, 홍동면 풀무학교에서 처음으로 시작된 소비자협동조합은 한국협동조합 운동의 기원이 되었다. 이후 1969년에 홍동 풀무신협이 창립되었고, 충남신협운동을 선도했다. 풀무신협은 그동안 고리대금으로 고생했던 농민들에게 든든한 버팀목이 되어주며 지역사회 발전에 기여하는 것을 목표로 출발했다. 금융 업무 이외에도 주민들의 의식 향상, 산업구조 재편, 소득 향상이라는 부수적인 사회 환원 활동을 펼쳐나갔으며, 최근에는 지역 단위의 친환경농업의 순환 체계를 구성하는 활동을 진행하고 있다. 풀무신협은 사회적 경제의 궁극적인 목표인 '더불어 잘사는 공동체'를 구현했고 확산했다는 점에서 미래공동체 경제교육의 핵심 터전이 된다.

학생들은 〈우리동네의원(의료협동조합)〉에 방문해 의사 선생님과 인터뷰한다. 햇살배움터 대표의 남편이 운영하는 병원이다. 새로운 지평의 지역의료공동체를 만들고, 서로 보살피고 배려하는 마을돌봄문화를 개척하고 있다. 장애와 비장애의 차이를 극복하고 누구나 자신을 돌보고 수용하며 경청하고 지지하는 배려공동체를 만들어가고 있다. 이외에도 〈갓골목공소〉, 〈밝맑도서관〉, 〈ㅋㅋ만화방〉, 〈파란농장〉, 〈마을활력소(하얀집)〉, 〈해마루〉 등을 방문하고 세상에 빛날 고귀한 가치를 배운다.

- 2학년: 생태와 인간

생태환경은 홍동지역의 생태를 이해하고 자연과 인간과의 관계를 이해하는 학습이다. 생태체험이라든지 하천 살리기, 환경캠프 등 프로그램을 운영하는데, 매우 재미가 있다. '생태의 이해', '주변 환경과 생태', '생태관찰(초청수업)', '물과 흙(홍동천 살리기 프로젝트)', '먹을거리의 이해', '작물의 이해', '농업과 지역사회' 등 총 7개 단원을 구성했다. 몇 가지 단원 활동만 소개해 보고자 한다.

'물과 흙' 단원에서 홍동마을의 하천 수질 문제를 다루는 프로젝트를 했다. 홍동마을은 친환경농업을 하고 있지만, 홍동에서는 많은 한우를 사육하느라 수질이 많이 나빠졌다. 홍동마을에서 사육하는 한우 도수가 충청북도에서 사육하는 한우 도수랑 맞먹을 정도였다. 그러다 보니 삽교천 상류를 지나는 하천 바닥이 새까맣게 오염되었다. 동네 주민들은 누구네 집에서 흘러나오는 오염수인지 알지만, 주민의 생계가 달린 것이라서 바른 소리를 하기 어려운 상황이었다. 홍동주민들은 이런 현실에 안타까웠다.

중학생들이 이런 오염된 하천을 조금이나마 살려보고자 노력했다.

학생들은 학교에서 나와 하천 현장으로 갔고, 봄부터 가을까지 격주로 하천 오염수를 받아왔다. 이를 농촌경제원에 보내어 얼마나 오염되었는지, 시간이 지남에 따라 오염도가 어떻게 달라지는지 측정했다. 그 결과, 하천의 오염도가 매우 심했다. 학생들은 마을주민들에게 얼마나 심각한지 알리기로 했다. 농촌경제원에서 받은 결과를 보기 쉽게 그래프로 정리해 오염도를 나타냈고, 이를 가을에 시행되는 마을축제에 전시했다. 지도 위에 표시한 측정 위치와 오염도를 보면 누구나 오염원의 위치를 한눈에 알 수 있었다. 학생들이 학습하면서 만든 자료라서 어느 누구도 '무슨 짓이야'라고 이의를 달지 않았다. 오히려 지역주민들의 반응이 매우 긍정적이었다. 한우를 키우는 분들은 지자체에 협조를 요청해서 이런 문제를 차츰 개선해 갔다. 홍동주민들은 혼자서 할 수 없는 일은 여럿이 함께하면 할 수 있다고 생각하는 힘을 갖고 있다. 마당만 있으면 모여서 함께했다.

또 다른 단원을 소개해 보면, 친환경 농촌체험활동을 하기 위해 지역 어르신에게 논을 임대받았고, 오리농법으로 농사를 지었다. 농사짓기를 힘들어하는 어르신에게 논을 빌렸다. 학교의 실습지가 없어도 마을에 거주하는 교사들이 있어서 노인들이 소유한 논을 쉽게 빌리는 것이 가능한 일이었다. 그러니 어르신들은 논지 주변을 왔다 갔다 하면서 논에서 물을 빼거나 넣었고, 학생들은 농사짓기 체험을 했다. 학생들의 농사짓기에 환경농업교육관과 마을 작목회가 함께했다. 모내기를 한 후에 모가 자리를 잡으면, 농약을 뿌리지 않고 오리농법을 활용했다. 오리농법은 홍동마을이 최초로 도입한 친환경 농법이고, 노무현 전 대통령이 여기에서 이 농법을 익혀서 봉화로 가져갔다고 한다. 오리농법을 소개하면, 아기 오리를 데려다가 논에 풀어놓는다. 논 밖으로 아기 오리가 나가지 않게 울타리를 쳐준다. 저녁이 되면 아기 오리들을 다시 집으로 데려와야 한다. 그렇지 않으면, 들판에 사는 족제비라든지 들짐승의 먹잇감이 되버린다. 아이들은 이렇게 오리농법을 체험하면서 생태 보존의 중요성과 가능성을 알게 된다.

가을에는 벼 베기를 했다. 학교는 이를 모두 매입했고, 아이들의 저녁 급식에 이 쌀을 사용했다. 그리고 논지를 빌려준 어르신에게 임대료로 쌀값 일부를 지불했다. 그 논에서 소출한 쌀을 시장에 판매할 수도 있지만, 어르신들은 "이렇게 농사지은 쌀이 아이들의 입으로 들어가는구나!"라면서 보람도 느꼈다.

- 3학년: 삶과 생활

인문학을 바탕으로 대인관계 방식을 학습한다. '사회적 기술', '마음공부', '함께 사는 세상', '생명과 평화', '나눔과 희망', '생활과 철학' 등 총 6단원으로 구성했다. 인문학은 어떤 상황에서도 존재의 이유를 잃어버리지 않는 힘이며, 대인관계는 행복한 삶과 활력 있는 사회의 중요한 요소다. 학교폭력과 자살 사건이 확산되던 시기라서 상담교사가 부족하던 학교에서는 외부 전문가의 도움이 필요했다.

마을에 거주하는 할머니나 할아버지들을 초청해 그동안 살아온 이야기를 듣기도 한다. 일제 강점기, 제2차 세계대전, 6·25 전쟁 등 격변기를 지내온 삶과 마을의 이야기를 듣고 기록하면 개인적으로는 자서전이 되고 마을 이야기는 마을의 역사가 되었다. 학교 이름이 새겨진 봉투에 "○○○ 할머니, 귀한 이야기 감사합니다"라고 쓴 강연 수당을 받고는 활짝 웃었다. 중학교 교문에도 들어가 본 적이 없는데 잠깐 동안이었지만 중학생들에게 강연했다는 것이 가족들에게 자랑거리였을 것이다.

청소년상담지원센터의 경험이 풍부한 전문가들이 참여해 프로그램을 지원하고 학부모들을 대상으로 비폭력대화법과 청소년 이해 프로그램을 진행했다. 교내 폭력 사건이 발생하면 당사자와 만나는 학급담임과 교과 담임 그리고 학부모가 모여 당사자의 행동 특성과 심리상태 등을 공유하고 각각의 역할을 맡아 지원했다. 결과에 대한 처리보다는 원인을 찾아 공동체성을 회복하는 것이 더 중요한 과제였다.

- 동아리 활동: 문화·예술·체육교육

방과후교실로 전교생이 선택한 동아리 활동을 하는 교육과정이다. 공감 능력을 향상시키고 취미와 재능을 개발해 진로와 연결하려는 의도였다. 제3학년 학생들만 화·목요일에 교과 학습이 허용되고 이외는 문화·예술·체육 분야의 동아리 활동에 참여하게 했다. 동아리는 학생들이 조직하고 교사들뿐만 아니라 주민들 중에서 관련 분야 지도 경험이 있는 사람이 강사로 참여했다. 합창단은 학교운영위원장이 지도하고, 운동부 동아리는 체육회 지도자가 참여했는데 강사비와 물품구입비 등 소요 예산은 모두 학교가 부담했다. 삶을 원활하고 풍요롭게 하는 공감 능력은 놀이나 체험을 통해 좀 더 효과적으로 학습되는 것이라 믿었다.

14. 돌봄학교, 마을의 아이들로 돌보겠다

홍동마을의 학생들에게는 지식 중심의 학교교육을 넘어서 정서 및 돌봄 교육이 필요했다. 2000년대에 들어서면서 사회·경제적 환경의 변화에 따라 농산어촌 지역사회는 활력을 상실하게 되었다. 사회·문화적으로 변방에 속한 홍동중학교는 도시 학교에 비해 여러모로 교육환경이 열악했다. 학부모의 돌봄 기능도 취약했고, 사춘기 청소년들의 심리·정서도 불안정한 상황이었다. 면 지역의 취약계층 비율은 도시지역의 2배 이상으로 증가하고 경제적 확대 재생산 기반이 취약했다. 교육, 의료, 문화·예술 등 정주 여건도 미흡하고 급속하게 고령화되어 가고 있었다. 농산어촌의 기초 자치 단체 소멸까지도 걱정하게 되었다. 농어촌의 고령화는 학생 수 감소와 소규모 학교 증가로 이어지며 도시지역으로 이탈해 도·농간 학교 의 교육격차를 심화시켰다. 이에 2007년 교육부는 농산어촌 작은 학교의 교육격차를 줄이기 위해 특별교부금 사업으로 주말 또는 일과 후에 '농산 어촌 연중 돌봄 학교 사업'을 추진했다. 이 과정에서 홍동마을주민들이 큰 역할을 했다.

- 기초안전망 지원

2005년부터 홍동마을의 초·중·고(홍동초, 금당초, 홍동중, 풀무농업고) 교사 들이 '범교과교육연구회'를 조직해 〈주말 해오름공부방〉이라는 이름으로 운영하던 연합 프로그램을 2007년부터 홍동중학교가 끌어안았다. 제 과제빵, 공예, 생태미술, 도예, 목공, 요리, 한지공예, 글쓰기 등 7개 상설 프로그램을 개설해 지역주민과 학부모가 강사로 참여했다. 매 주말 이 프 로그램에 참여하는 학생들은 전체 초·중학생의 약 40% 정도였다. 한부모 가정이나 조손가정 학생들은 8가구에 10명이었다. 마을 학부모가 매주 정 기적으로 가정을 방문하여 살펴주고 읍내 외출도 함께했다. 〈주말 햇살 배움터〉는 2006년부터 이 지역에 거주하는 초·중·고 교사들이 자발적으 로 회비를 모아 운영하던 프로그램을 학교의 프로그램으로 전환한 것이 다. 제과제빵, 공예, 목공, 원예, 생태미술, 글쓰기 등 초·중·고 학생 40여 명이 참여했다.

- 학습 지원

농사일에 바쁜 학부모들이 학생의 학습을 돌볼 여유가 없고 읍내의 학원에 보내기에도 경제적으로 부담이 된다. 그 때문에 학교에서 밤 9시까지 학교를 이용하고 싶다는 학부모회의 요청을 교무회의에서 수용하기로 했다. 이 저녁공부방 프로그램은 우선 학생들의 저녁 식사와 귀가가 문제였다. 학부모회가 저녁 식사를 맡을 터이니 학교에서 조리시설을 준비해 달라는 제안을 했다. 담당교사와 행정실이 협의한 결과, 안전시설을 보완하고 조리 기구들을 보충하면 가능하다고 했다. 쌀과 반찬 등 모든 식재료와 뒷정리까지 학부모회가 당번을 정해 책임지기로 하고, 학생들의 귀가도 마을 단위로 학부모회가 맡았다. 학생들은 전교생 140여 명 중에 70명이 참여하고 교사들은 당번을 정해 초과근무를 했다. 농촌사회의 특성상 가정에서의 돌봄 여건이 충분하지 않은 학생들이나 취약가정 학생 30여 명이 도서실이나 학습실에서 예습·복습, 과제물 정리 등 저녁공부방에 참여했다. 기본 학습능력이 부족한 20명의 학생들에게는 여성농업인센터에서 별도로 기초학습 보충이나 숙제, 책 읽기 등을 지도했다. 교사들의 부담을 줄이기 위해 학부모회에 교원자격증을 소지한 희망자 추천을 의뢰했더니 귀농·귀촌 학부모들을 추천해 주었다.

- 사회성 지원

장애인시설과 노인복지시설, 정신지체요양시설 등 지역사회의 복지시설을 방문해 봉사활동을 하거나 풀무학교 전공부[7]와 함께 생태환경감시활동을 하고 반전평화 캠페인 활동에 참여하며 사회 구성원으로서의 책무성을 배우기도 했다. 향토문화탐방은 최영, 성삼문, 김좌진, 한용운, 이응노 화백의 생가와 홍주성 홍주의병 900의사총 등 이 지역의 역사·문화적 인물이나 유적을 찾아 대화를 나누는 프로그램이다. 풀무신용협동조합

---

7 〈풀무학교〉는 고등부와 전공부 교육과정은 운영한다. 전공부는 '더불어 사는 농민'을 교육목표로 농사와 인문학을 공부하는 마을대학이라고 할 수 있다.

이 이동 수단과 간식까지 부담하는 사회공헌 사업이다. 〈풀무학교〉 창업생(졸업을 〈풀무학교〉에서는 이렇게 부름)이며 이 지역의 언론인으로 30여 년 동안 활동해 온 모 기자가 해설과 진행을 맡았다.

- 문화체험 지원

소규모 농촌학교이지만 학생들에게 문화적 격차를 줄이기 위해 다양한 시도를 했다. 도시문화체험은 주말에 전교생이 도시로 이동해 박물관, 미술관, 뮤지컬이나 연극을 관람하거나 야구 축구 등 스포츠 경기 관람과 응원을 체험하는 프로그램인데 학부모 자원봉사자들이 함께 참여했다. 청소년환경캠프는 방학 중에 제1학년 학생들이 2박3일 동안 환경농업교육관에서 숙식을 하면서 숲 체험, 수서생물조사, 물놀이, 환경시설 견학, 별자리 관찰 등으로 구성된 활동을 하는 프로그램이며 학부모들이 식사준비와 프로그램 강사나 진행요원으로 협력했다. 학생들이 이동하거나 활동할 때마다 학부모들이 자발적으로 참여해 교사들을 도왔다.

- 심리·정서 지원

학기 중, 일과 후에 상담사 자격을 소지하고 있는 학부모와 지역주민들이 교사들과 함께 학습에 애로를 겪고 있는 학생들을 만나 상담을 했다. 심리·정서적으로 불안정한 문제행동 학생 15명은 〈홍성청소년상담센터〉의 전문상담사들이 주말에 〈홍성여성농업인센터〉에서 집단상담과 개별상담을 했다. 교사들이 감당하기 어려운 일은 끌어안고 시달리는 것보다 경험이 더 풍부한 전문가들에게 위탁하는 것이 훨씬 효율적이라고 판단했다.

15. 다시 출발점에 선다고 해도 같은 질문을 할 것이다

　사람마다 타고난 성향이 다르고 재능도 그러하다. 모두가 표준화된 목표와 방식으로 살아간다면 치열한 경쟁을 피할 수 없으며 행복하고 성공적인 삶을 살 가능성도 줄어들 것이다. 그러나 자신의 성향과 재능에 맞게 선택한다면 누구나 행복하고 성공적인 삶을 살 수 있을 것이다.

　사람들이 생활 속에서 성공적인 경험을 하는 것은 매우 중요하다. 자신의 재능이 목표를 이룰 수 있게 하고 그 결과가 다른 사람들의 삶에 긍정적인 기여를 할 수 있다는 것은 자아효능감을 높여주기 때문이다. 자아효능감은 삶의 동력이며 행복의 요소이기도 하다.

　혼자서는 엄두가 나지 않는 일도 함께 힘과 지혜를 모으면 이룰 수 있다. 홍동지역의 구성원들은 이미 이러한 경험을 가지고 있다. '홍동 사람들은 세 사람만 모이면 협동조합을 만든다'는 세간의 이야기가 이를 뒷받침하고 있다. 이들은 행복의 가장 중요한 요소는 '부'와 '권력'과 '명예'와 같은 정형화된 가치가 아니라 이웃과의 '관계'라고 생각하는 것 같다. '각자, 그리고 함께' 행복을 만들어 간다.

　학교는 건조한 지식보다는 살아가는 데 필요한 지혜를, 그리고 상대를 이겨야 하는 경쟁보다는 서로를 살리는 협력을 가르쳐야 한다. 모두가 행복하고 누구나 성공적인 삶을 위해 '스스로 서고 더불어 살아가는 삶'을 가르치려고 할 것이다. 학교는 지역사회의 중심으로서 마을과 함께 아이들의 성장과 발달을 돕고, 마을공동체의 요구를 지원할 수 있으면 더욱 좋은 사회가 만들어질 것이다.

7장

시흥교육과 동네언니

박현숙(경기도 군서고등학교 교사)

0. 지역과 함께 성장하는 교사

나는 시흥 군서고등학교 교사다. 나에게 교사로 끊임없이 지역에서 활동하는 힘의 근원을 묻는다면 '나는 시흥시민이자 시흥의 교사'라는 생각이 뿌리 깊게 마음속에 자리하기 때문이라 답할 것이다. 그런 생각을 갖게 된 것은 아마 혁신학교를 했던 경험이 있고 또 혁신교육지구 사업에 직접적으로 관여하면서부터라 생각한다. 2010년 3월에 혁신학교로 지정된 장곡중학교의 혁신부장으로 동료들과 함께 학교 혁신을 했던 경험은 '내가 진정으로 잘되기를 바라고 끝까지 지원하고 싶은 학교'를 만들었다. 2010년 하반기부터 시작된 시흥혁신교육지구에 대한 구상과 계획서 쓰기, 지구 사업 실행은 '시흥혁신교육지구 사업은 장곡중학교를 떠난 이후 내가 근무할 학교의 근무환경과 직결'된다는 절박함에서 나온 것이었다. 시흥의 모든 학교가 장곡중학교처럼 수업하기 좋은 학교가 된다면 나는 교사로서 행복한 삶을 살 수 있을 테니까 혁신교육지구 사업에 온 마음을 쏟을 수밖에 없었다.[8] 시흥의 모든 학교가 장곡중학교와 같은 교육환경이라면, 내 남은 교직 인생이 장곡중학교에서처럼 행복할 수 있을 테니 이 사업에 내 마음을 쏟지 않을 이유가 없었다. 그러면서 나는 '시흥의 교사'가 되었고, '시흥의 시민'이 되었다. 지금은 인사 규정이 바뀌어 어떤 지역에 근무하더라도 10년이면 다른 지역에 가서 최소 2년을 근무해야 하지만 이때 각인된 나의 '정체성'은 언제, 어디서나 시흥교육생태계의 일원으로 활동하게 만드는 원동력이 되었다.

1. 시흥교육이 걸어온 길

시흥시는 주변에 인천, 안산, 광명, 안양과 같은 대도시들에 둘러싸여 있으면서, 시화공단이 있고, 그린벨트 지역도 많다. 이런 환경은 시흥이란 도시를 거주자가 아닌 이동자들의 도시로 만드는 요인이다. 문화적인 혜택을 누리고 싶거나, 우월한 교육을 고민하는 젊은 층은 주변에 있는 대도시가 이주하라 유혹하고, 주변의 대도시 주민들은 아름다운 생태환경을 즐기러 주말에 한 번쯤 들르기 좋은 곳이라 생각한다. 사람들의 이런 욕구는 지자체로선 고민이었을 것이다. 경제적 여건이 되는 젊은 층이 주변 대도시로 교육하기 좋은 환경을 찾아 이주하는 상황을 위기로 받아들이지 않을 지자체가 어디 있겠는가? 이 무렵 경기도교육청에서 혁신교육지구정책을 2011년 3월부터 시작했고 시흥시는 그때 지정된 6개 지구 중 하나였다.

---

8 경기도교육청의 인사정책에서 당시까지는 특지(부천, 수원, 안양과 같은 대도시)를 제외한 지역에서는 지역만기제가 적용되지 않았다. 그래서 A지역인 시흥은 본인의 의지에 따라 지역 내 학교에서만 순환근무할 수 있었다.

경기도교육청의 혁신학교와 혁신교육지구정책이 진행하는 동안 우리나라 교육 정책에도 큰 변화가 있었다. 자유학기제 도입, 역량을 강조하는 2015 개정 교육과정, 고교학점제도 시행 예고 등 기존의 교육환경으로는 학교가 교육과정을 운영하기에 버거운 정책이 발표되었다. 시흥시는 이런 교육의 변화에 대응하기 위해 2015년 5월 '행복교육지원센터'를 만들어 혁신교육지구 사업을 진행하기에 교육청과 지역, 지자체의 더욱 단단한 협업을 위한 시스템을 구축했다.

2. 시흥행복교육지원센터의 역할과 한계

- 시흥행복교육지원센터의 역할

교육청과 지자체의 협업은 협력 센터인 〈시흥행복지원센터〉에서 담당한다. 협력 센터에서 경기도교육청과 협약한 프로그램으로 창의체험학교, 학년별 교육과정, 학교 안 체험교실, 마을교사 등의 교육프로그램을 지원한다. 시간이 지나며 자유학기제(자유학년제), 고교학점제, 학교자율교육과정 등의 정책이 생겨나며 학교만으로 교육과정을 꾸려나가기가 어려워진다. 학교가 위치하는 마을에 어떤 자원이 있는지에 대한 조사부터 그 자원들을 발굴하고 꾸리고 연결까지 하는 시스템의 필요성이 생겨나며 협력 센터 체제가 갖는 획일화되고 표준화된 프로그램과 학교 맞춤형 프로그램이 동시에 필요하게 된다.

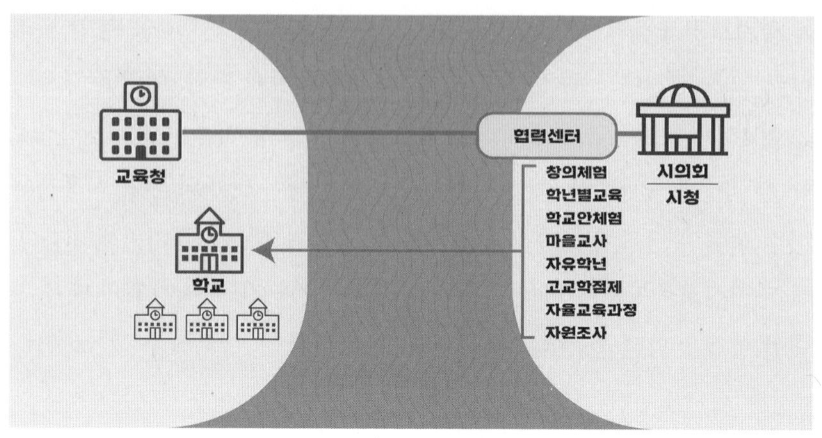

　〈시흥행복교육지원센터〉는 지자체 부서 중 한 팀이지만 교육청과 지자체의 혁신교육담당자가 한 사무실에서 근무했으며, 내용상 학교와 지역사회의 인적·물적 자원을 긴밀하게 잘 짜인 프로그램으로 조직해 학교의 교육과정을 지원했다. 이를 통해 위상과 역할이 다른 지자체와 교육지원청이 융합적인 교육협력체제를 통해 학교의 전반적인 교육활동을 지원하며, 점점 프로그램과 지원 내용을 확대했다. 특히 학교가 마을을 넘나들며 배울 수 있는 교육과정을 운영하며 학교와 마을이 서로 배우고 협력하고 성장하는 공동체로 거듭날 수 있도록 지원했다.

　각 기관의 역할을 구체적으로 명시하자면, 지자체가 지역의 인적·물적 교육자원을 발굴하면 교육지원청은 학교로 넣어주는 역할을 했다. 이 사이에 지자체에 고용된 교사가 지자체의 프로그램을 학교에서 교육과정으로 재구성할 수 있게 컨설팅하고 프로그램을 운영할 학교를 찾아 시범 운영을 한 후 검증된 프로그램을 전체 학교로 안내하여 학교교육과정 다양화의 실질적인 방안을 제시하게 된다. 이런 과정은 마을의 자원을 발굴하고, 센터를 통해 교육적으로 활용될 수 있게 다듬어져서 학교 교육과정으로 재구성되며, 표준화된 국가교육과정의 획일성이 지역의 특성을 지닌 다양성으로 실현이 된다.

- 시흥행복교육지원센터의 한계

시흥혁신교육지구의 성과는 지자체의 부서 간 협력 문화를 낳은 것이 가장 크다. 그간 지자체의 부서는 다른 부서와 협력해 어떤 일을 하기보다는 각자 부서에서 맡은 일을 했다. 그러나 〈행복교육지원센터〉가 허브가 되어 각 부서에서 진행하는 교육 프로그램을 모으고, 학교에서 학급별, 학년별 활용이 가능하도록 다듬었다. 버스 지원이 필요한 프로그램일 경우 〈행복교육지원센터〉가 버스 업체와 협약을 맺어 버스도 연결했다. 그 과정에서 지자체가 부서별로 해온 사업들이 교육이라는 매개를 통해 한데 엮이는 결과를 낳았다. 혁신교육지구 사업이 진행되는 과정에서 부서 간 갈등도 있었지만, 결과적으로 부서 내 소통과 협력의 문화를 만들었으며, 그 수준은 나날이 더 발전하고 있고, 현재 진행되고 있는 협업 수준은 다른 지자체와 비교해 아주 높다.

교육지원청과 협업은 조례에서 명시했으나 기초자치단체가 가진 자치력과 교육지원청이 지닌 권한은 비교 불가능하다.[9] 교육자치와 행정자치의 단위가 갖는 이런 한계를 극복하고 두 기관의 협업이 잘 되더라도 문제가 없는 것은 아니다. 〈시흥행복교육지원센터〉(이하 '센터')에서 경기도교육청과 협약을 맺은 교육 사업이 10개가 넘고, 센터를 허브로 해서 각 부서에서 연결한 수십 개의 프로그램이 원클릭 시스템[10]으로 학교에 제공

---

9 지방교육자치에 관한 법률 제1장 제3조에 의하면 ' 이 경우 "지방자치단체의 장" 또는 "시·도지사"는 "교육감"으로 …'에서 기초자치단체는 시, 군, 구의 장이나 이들과 협력하는 단체의 장은 교육감이다. 혁신교육지구는 시, 군, 구의 장이 권한을 지닌 교육감이 아닌 인사, 행정 등의 결정권이 없는 지역교육청의 교육장과 하는 사업이다.

10 〈시흥행복교육지원센터〉에서 지원하는 교육사업 전체를 센터 홈페이지에서 신청하고 정산할 수 있도록 구축한 홈페이지 고도화 사업.

된다. 2011년 혁신교육지구 초창기에는 협약한 사업 중심으로 학교로 프로그램이 들어갔다면 교육 정책이 변하며 새롭게 생긴 자유학기제, 고교학점제, 학교 자율교육과정 운영 등으로 학교는 더욱 주변의 지원이 필요해졌다.

혁신교육지구 시작에는 70여 개의 학교였으니 시간이 흐르면서 시흥시에는 초·중·고등학교의 수가 90여 개를 넘게 되었다. 인구수는 57만 명, 학생 수는 6만 명이 넘고, 교직원 수도 4천 명에 달한다. 〈시흥행복교육지원센터〉를 중심으로 한 지자체와 교육지원청이 함께 90개의 초·중·고등학교가 원하는 다양한 요구에 맞춰 지역 전체를 교육과정으로 연결하며 창의체험학교에서 시작한 원클릭시스템을 교육 사업 전체로 확장했다. 그러나 교사마다, 학교마다, 동네마다 원하는 것이 다르고, 지역 내 90여 개의 초중등학교에 일률적인 프로그램을 제공하는 것은 지금 시대와 맞지 않았다. 학교 하나하나에 맞는 지원이 필요하기에 〈행복교육지원센터〉가 그것을 감당할 수 없는 상황을 맞게 되었다.

3. 마을교육자치회와 마을교육 거점 센터

학교에 마을이 가진 교육적 자원이 학교의 필요에 맞게 들어와 교육과정 재구성이 되기 위해선[11] 기본적으로 마을과 학교의 협의체가 필요하다. 그 협의체의 모습을 시흥에서는 오랫동안 고민했고, 2018년 시흥 마을교육자치회[12]가 만들어졌다. 진정한 민주주의는 풀뿌리 자치를 통해 이

---

11 이 챕터는 학교 교육과정 자치 지원을 위한 지역교육지원체계에 대해 한정해서 말하고 있기 때문에 학교 중심으로 서술한다.

12 더 필요한 부분은 시흥시 발간 '마을교육자치회' 책자 참고

루어지듯 교육자치도 선언이 아닌 실제가 되려면 주민이 교육의 의제를 정하고, 실행하는 주체가 되어야 한다. 주민자치조차 어려운 우리나라 현실을 고려할 때 교육자치를 선두로 하여 점차 주민자치까지 뻗어갈 수 있을 것이란 희망이 마을교육자치회를 만든 마음이었다. 마을교육자치회는 시흥미래교육포럼의 한 분과로 마을교육의 방향을 제시한다. 제시된 마을교육의 방향을 시흥행복교육지원센터가 구체화한다.

시흥[13]은 마을교육자치를 적극적으로 실현하기 위해 조례[14]도 만들었다. 마을교육자치회의 시작은 풀뿌리 교육 자치에 있고, 시흥미래교육포럼 마을교육자치분과에서 논의된 사항들이 〈시흥행복교육지원센터〉를 통해 구체화되지만, 이를 실제로 실행할 수 있게 마을 안에서 지원하는 시스템이 필요하다. 특히 학교의 교육과정은 필요한 시기에 적절하게 인적, 물적 자원이 지원되어야 학사 운영에 지장을 받지 않는다. 마을 안에서 어떻게 이런 시스템을 구현할 것인가 하는 논의를 지자체와 학교, 교육청, 교육 단체, 시민들이 함께하며 마을교육 거점 센터가 만들어졌다.

---

13 '시흥'이라 명명한 이유는 지자체와 주민, 학교, 교육지원청 등의 지역공동체 구성원과 외부 단체들의 협력과 연대로 한 일이기 때문이다.

14 시흥시 교육자치 지원조례 2조 3항 "마을교육자치회"란 마을에서 생활하고 활동하는 교육 주체들로 구성되어 교육의제 형성, 마을교육계획 수립, 마을교육과정 발굴 및 시행 등의 활동을 통해 풀뿌리 교육자치를 실현하는 기구를 말한다.

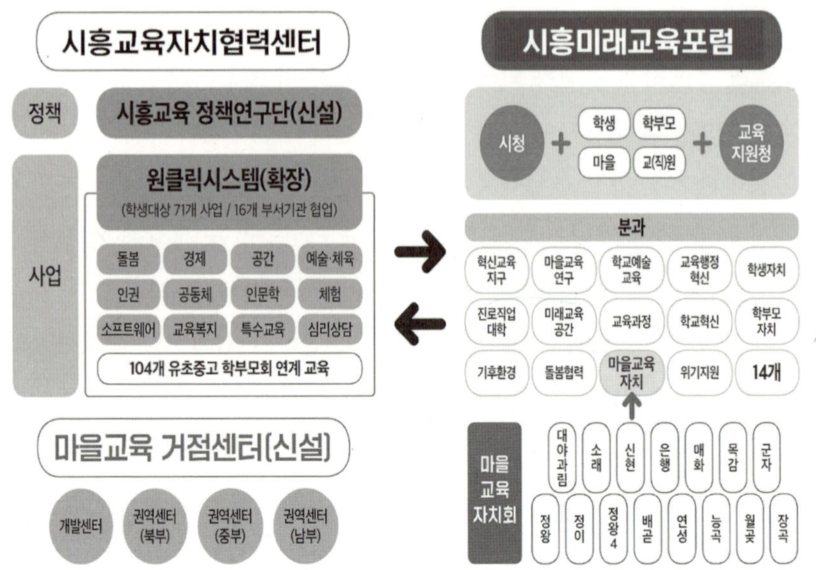

〈시흥교육자치협력센터와 시흥미래교육포럼 연계 구조〉

위의 그림을 살펴보면, 〈시흥행복교육지원센터〉(시흥교육자치협력센터로 이름 변경)에서 교육 정책과 사업을 진행한다. 협력 센터의 하부 조직으로 마을교육 거점 센터가 있으며, 거점 센터는 개발 센터와 권역 센터로 구성된다. 협력 센터에서 진행하는 교육 정책과 사업의 내용은 시흥미래교육포럼의 분과에서 연구, 논의를 통해 생산하며, 시흥미래교육포럼은 지자체와 교육지원청, 학생, 학부모, 마을 사람, 교사로 구성한다. 마을교육자치회는 동 단위이며, 시흥미래포럼의 마을교육자치분과로 활동한다.

마을교육 거점 센터는 〈시흥행복교육지원센터〉에 속하는 조직으로 동네의 마을교사와 마을공간, 프로그램을 학교로 직접 연결하는 역할을 하는 중간 조직이다. 마을교육자치회라는 협의체가 학교와 지역교육 단체, 주민들이 마을의 교육 비전과 교육을 매개로 함께 추구하고 실천할 활동 등을 논의하는 장[15]이라면, 거점 센터는 협의체에서 논의된 활동을 학교에서 교육과정으로 재구성하여 운영할 때 실질적인 지원을 하는 곳이라 할 수 있다.

예를 들어, 마을교육자치회에서 마을 사람들의 연대와 협력을 촉진하기 위해 마을축제를 하자는 결정을 내리면, 마을교육자치회에서 마을축제추진위원회를 구성한다. 마을축제를 하기 위해 비용이 필요하다면, 마을교육자치분과에서 마을축제를 학교와 마을이 하는 동에 예산 배정을 요구하고 협력 센터는 이 요구를 구체화하여 마을축제 공모 계획을 세우고 실행한다. 공모 계획에 따라 마을과 학교는 마을축제추진위원회에서 구체적인 일을 진행하고, 학교는 교육과정으로 만들고, 이를 수업으로 진행한다. 이때 필요한 마을교사나 공간, 프로그램 등은 거점 센터가 직접 지원한다. 지원하는 과정에서 학교와 거점 센터의 긴밀한 협의가 이루어지며 학교가 필요한 부분을 정확하게 파악해 지원하는 역할을 거점 센터가 한다. 학교를 지원하는 것이 곧 시민인 학생들을 돕는 것이기에, 학교가 원하는 것은 무엇이든 방법을 찾아 해결하는 게 마을교육 거점 센터의 역할이라 무엇보다 '섬세함'을 지향한다. 교육에 대한 지원을 더 가깝고 섬세하게 이루어내고자 한다. 마을의 상황에 따라 주민자치회와 마을교육자치회가 별개의 조직인 경우도 있고, 마을교육자치회가 주민자치회의 분과인 경우도 있다.

---

15 6조(마을교육자치회 기능) ① 마을교육자치회는 마을의 모든 교육자원, 교육공간, 교육프로그램과 유기적 협력 관계를 형성하여, 마을의 교육역량을 최대화하는 것을 목표로 하는 마을교육계획을 수립한다. ② 마을교육자치회에서 결정된 사항은 자체적으로 실행하거나, 〈시흥교육자치협력센터〉가 운영하는 거점 센터에서 실행하도록 한다.

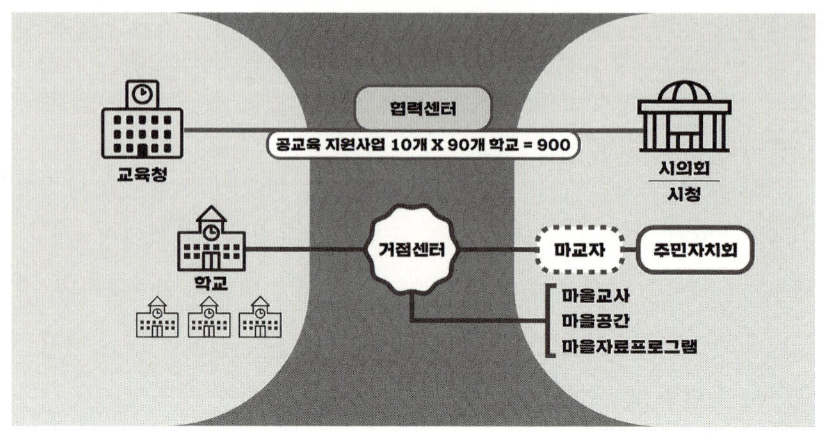

4. 마을교육 거점 센터의 구성과 역할

마을교육 거점 센터는 마을교육사업 활동가들의 성장을 돕고, 지역의 요구와 여건에 맞춰 권역별로 마을과 학교의 교육활동을 지원하는 곳이다. 마을교육 프로그램을 기획하고 동네 교육자원을 관리하며 학교와 마을을 연결하는 역할을 한다. 학교에서 마을교육과정을 위해 마을교사, 체험공간, 생태전문가 등 마을 자원이 필요할 때 연락하면[16] 도움을 받을 수 있다.

현재 거점 센터는 1개 마을교육 연구개발센터와 북부, 중부, 남부 3개의 권역 센터가 있다. 북부는 6개 동 28개교(대야·신천·은행·과림·신현·매화)를 담당하고, 중부는 6개 동 31개교(연성, 장곡, 능곡, 목감, 군자, 월곶)를 담당하며, 남부는 7개 동 31개교(정왕본, 정왕1~4, 배곧1~2)를 담당하여 마을과 학교를 지원한다. 또한 현재 구성된 마을교육자치회 15개소(17개 동)도 권

---

16 학교가 위치한 지역을 담당하는 권역의 거점 센터에 연락하면 활동가인 '동(洞)네언니'가 도움을 준다. 동네언니는 뒤의 장에서 다룬다.

역별로 나눠 지원한다. 거점 센터는 특정한 공간을 근거지 삼아 운영하기보다 주로 플랫폼 모습을 보인다. 그래서 권역별로 여러 마을과 학교, 공공기관의 공유공간을 활용해 다양한 교육활동과 정보를 나누고 지원한다.

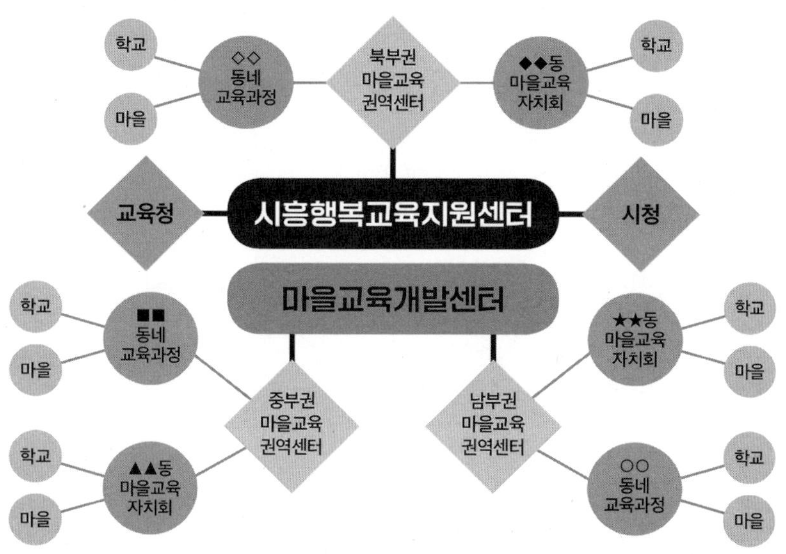

위의 그림을 살펴보면, 〈시흥행복교육지원센터〉는 교육청과 시청의 협업 기관이며 그 산하에 마을교육개발센터가 있고, 마을교육개발센터에 3개의 권역 센터가 있다. 권역 센터는 마을교육자치회와 마을, 학교의 교육에 대해 지원한다.

마을교육 거점 센터가 하는 일을 딱 꼬집어 말할 수 없다. 학교와 마을이 원하는 것은 지역마다 학교마다 다르기 때문이다. 우선 개발 센터가 하는 일은 마을자원 역량 강화, 교육 관련 정책 기획 및 연구, 혁신교육지구 평가와 성과 관리를 한다. 마을자원 역량 강화 활동으로 직무연수와 심화

학습을 통해 마을교사 또는 마을교육자치회 실무인력을 대상으로 마을교육활동가를 양성한다. 권역별 거점 센터의 동(洞)네언니 20명과 합동 연수도 매 분기 진행하고 있다. 2022년에는 시흥시 도시 해석, 교육도시의 조건, 마을교육 거점도시 의미와 제도적 개선점 등의 주제로 상호 토론식 연수가 진행되었다. 마을교육 심화연수로 마을교육공동체 관련 논문 및 보도 20여 건을 동네언니들과 읽고 정리하고 발표했다. 2023년에는 공신력을 높이기 위해 전문 영역으로 마을교육사 자격증 과정도 준비하고 있다.

정책 기획 및 연구 활동으로는 교육 관련 조례를 연구하고, 〈시흥행복교육지원센터〉와 민관학 정책연구단을 구성하고, 시의회와 조례 제(개)정 작업을 진행하고 있다.[17] 이외에도 학교복합시설 활성화, 시흥 고등학생 직업교육 촉진 등 제(개)정 초안 협의도 함께 연구하고 있다. 이런 활동이 진행되며 다뤄야 할 조례의 내용도 늘어나고, 연구에 참여하는 인원이 다양해진 것은 지역 전체로 의미 있는 일이다. 특히 특성화고 교사가 지역 고교생의 취업 촉진을 위한 조례를 연구, 조례안까지 만들어 제안하고, 학교 교장이 학교시설의 이용 효율을 높이려는 취지의 학교복합시설 관련 조례 개정안을 만든 것은, 지역교육활동가의 인프라가 두터워진 결과이기도 하다. 조례 연구와 제(개)정이 시청이나 시의회의 전유물이 아니라 시민의 참여에 의해 조사, 연구, 제안된다는 점에서 주민 참여를 통한 풀뿌리 민주주의를 실현하려고 애쓰고 있다.

또한 마을교육자치회 심층 인터뷰를 통해 연차별 현황과 과제를 정리하고, 마을교육자치회와 주민자치회의 연관성에 대한 소논문도 발표하

---

17   시흥시는 2018년'한국형 지방교육자치 모델 구현'을 위해 민관학정 정책연구모임이 시작되어, 2021년에는『시흥시 교육자치 지원 조례』가 제정되었다. 마을교육자치회, 시흥교육회의, 시흥교육자치협력센터의 주요 구성과 역할을 담았다.

고, 시흥 마을교육 협업 사례 연구로 유형별 〈마을교육 협업사전〉도 집필하고 있다. 2022년에는 마을교육과정도 개발했다. 2동(洞)네언니(마을수업매니저)와 학교 교사들과 함께 '도시재구성'[18]이라는 8차시의 프로젝트 수업을 개발하고 동네에 소재한 고등학교에서 시범 수업을 했으며, 개발된 '도시재구성' 프로젝트 수업은 시흥시 학교들이 여건에 맞추어 학교 자율교육과정이나 학년 교육과정으로 권역별 거점 센터의 지원을 받아 수업을 진행할 수 있다. 이 수업 사례는 다음 절에서 다룬다.

권역별 거점 센터는 북부 6개 동의 28개교(대야·신천·은행·과림·신현·매화), 중부 6개 동의 31개교(연성, 장곡, 능곡, 목감, 군자, 월곶), 남부 7개 동의 31개교(정왕본, 정왕1~4, 배곧1~2)로 나눠 마을과 학교를 지원한다. 마을교육자치회 15개소(17개 동)도 권역별로 나눠 지원한다. 거점 센터마다 특정한 공간을 근거지 삼아 운영하기보다는 주로 플랫폼 모습을 띤다. 그래서 권역별 여러 마을과 학교, 공공기관의 공유 공간을 활용해 다양한 교육활동과 정보를 나누고 지원한다.

마을교육 거점 센터는 다음과 같은 일을 한다. 동네의 교육자원을 파악하고, 청소년 교육에 도움이 될 수 있는 사람·공간·프로그램을 찾아 정리한다. 이렇게 정리된 정보는 학교에서도 유용하게 쓰인다. 또, 학교 수업에 함께하는 마을교사의 역량을 키우는 연수도 열고, 권역별 마을교육자치회 의제도 모은다. 이밖에 학교와 매칭된 동네교육과정 사업은 계약부터 회계 절차를 지원하며 실행을 돕는다. 학생들의 진로 교육을 위해 전문 직업인을 찾거나, 학교 교사가 가르치기 힘든 특별한 분야를 알려줄 마을교사를 찾기도 한다. 학교행사에 필요한 장비를 구해야 하고, 새로 오는

---

18 도시재구성에 대해 학습을 한 후 세계적으로 살기 좋은 도시를 탐구하고 시흥시를 어떻게 재구성할 수 있을지 연구하여 정책 제안을 하는 프로젝트 수업으로 총 8차시로 구성되어 있으며, 신청하는 학교에 마을교사가 들어가서 학교 교사와 협력하여 수업을 진행한다.

학교 교사들에게 동네를 안내하고, 교감협의회 등 교원이 모이는 자리에서도 동네에 대한 안내가 필요하면 나타난다.

이처럼 마을교육 거점 센터가 다방면으로 뛰어난 능력을 보이는 데는 마을교육 매니저인 '동네언니' 20명의 활약이 있기에 가능하다. 학교는 동네언니를 찾아 무엇이든 부탁한다. 이른바 동네교육 '콜센터'인 셈이다. 동네언니가 곳곳에 자리한 마을교육 거점 센터가 생기면서, 일반 행정과 마을의 학교 지원체계는 더욱 튼실해졌다.

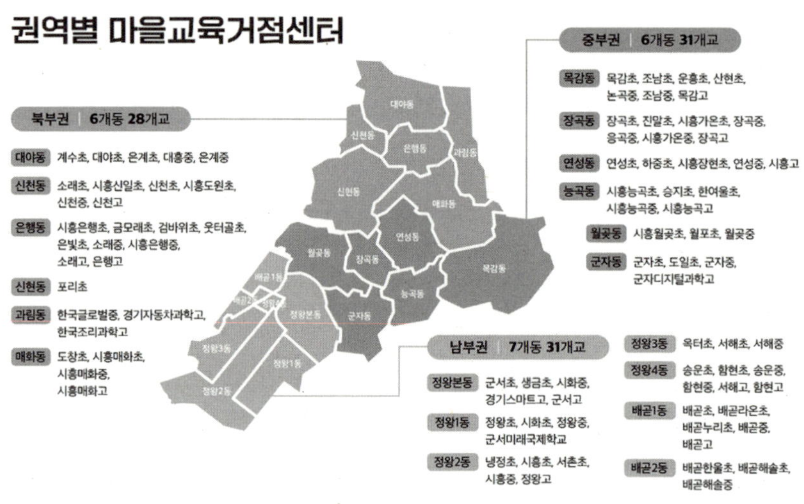

〈권역별 마을교육거점센터〉

위의 그림 〈권역별 마을교육거점센터〉를 살펴보면, 시흥행복교육지원 센터에서 운영하고 있는 마을교육 거점 센터다. 시흥행복교육지원 센터는 혁신교육지구 협약 사업-현재 시흥시는 원클릭 시스템 안에 돌봄 경제, 공간 등의 67개 사업이 학생 대상으로 진행-을 시흥시 전체 학교 대상으로 진행한다. 시흥행복교육지원센터의 조직으로 3개의 권역별 거점 센터가 학교와 마을의 교육자원을 연결하고 지원하는 역할을 한다. 지역에서 요구가 있다면 거점 센터의 수는 더 늘어날 수 있다.

5. 거점 센터의 꽃. '동(洞)네언니'

동(洞)네언니는 행정구획 명칭인 '동'을 사용한 것에서 엿볼 수 있듯, 실질적인 교육자치 활동이 가능한 행정단위인 '동'에서 활동하는 교육활동가를 의미한다. '언니'는 여성의 의미가 아닌 '동네에 먼저 살았기 때문에 도움을 줄 수 있는 사람'의 의미다.

동네언니는 학교와 마을이 원하는 것을 파악해 빨리 해결해 주는 학교와 마을의 연결자이자, 동네의 교육자원(사람·공간·프로그램)을 찾아 잘 관리하는 학교 밖 교육자원 관리자이며, 마을의 특성이 담긴 마을수업을 만들어 학교 교육을 돕는 프로그램을 기획하고, 각종 성장을 지원하는 연수 기획자의 역할을 한다. 또한 각 권역마다 학부모와 마을교육자치회 등 현장에서 요구하는 성장지원 주제를 모아 연수를 기획한다. 이것은 시 차원의 획일화된 성장지원이 아닌, 권역으로, 동으로, 마을로 좀 더 정교하고 작은 소리에 귀 기울이는 효과를 낳는다. 현재는 동네언니 모두가 이 역할을 다 할 수 있는 것은 아니지만, 개발 센터에서 진행하는 연수와 현장에서 발로 뛴 경험이 쌓이고 있으므로 활동의 깊이가 나날이 달라질 것이다.

6. 권역별 거점 센터에서 진행한 마을교육 지원 사례

거점 센터는 동네가 필요로 하는 교육적 요구를 전부 수용하여 실행한다고 해도 과언이 아니다. 연수부터 수업까지 언제든 요구가 있으면 찾아서 연결하고 기획하고 함께 진행한다. 학교가 동네교육과정을 만들고 싶다고 요청하면 마을교사와 연결해 마을수업에 대해 협의한다. 마을의 여러 사람, 공간, 프로그램과 지역 정보까지 나눠준다. 다문화 가정 아이들이 비교적 많은 지역은 예방적 차원에서 위기지원과 교육복지 현안을 해결하는 소통의 자리를 만들기도 한다.

① 마을의 요구를 담은 연수 기획과 진행

다음은 남부·중부·북부 권역센터에서 지역의 요구에 맞춰 기획된 연수들이다. 권역별 지역사나 권역별 학부모회에 맞춘 학부모교육(학부모성장, 느린아이 함께하기, 진로진학정책, 미래교육), 그리고 체인지메이커 활용, 학교교사와 함께하는 수업의 고수 등 마을의 요구에 맞춘 각종 연수들을 기획, 진행한다.

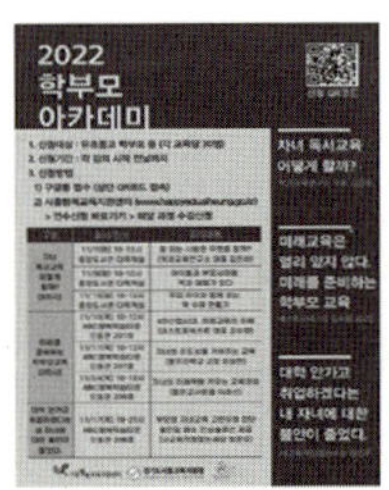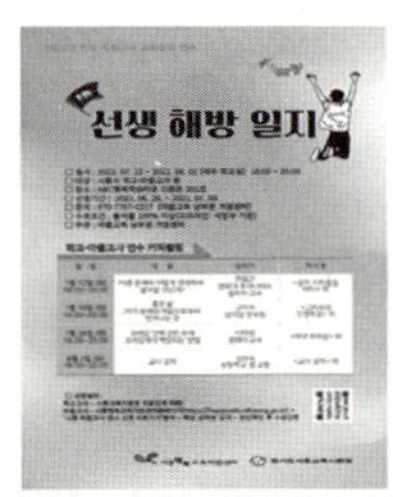

〈남부권 학교와 마을의 교육 요구에 맞춰 기획된 마을교육 연수〉

〈북부권 학교와 마을의 교육 요구에 맞춰 기획된 마을교육 연수〉

〈중부권 학교와 마을의 교육 요구에 맞춰 기획된 마을교육 연수〉

② 학교 자율교육과정 지원 사례

다음은 고등학교 자율교육과정을 권역별 거점 센터와 협력하여 운영한 사례다. 학교에서 자율교육과정을 만든 후 마을에 있는 전설 교사와 그림책 교사를 지원해 그림책 만들기를 한 사례다.

프로그램명	설화, AI와 협력하여 그림책으로 탄생하다					
유형(○표)	진로집중형	학습몰입형	보충수업형	동아리형	프로젝트형	학생주도형
					○	○

운영 기간	2023년 7월 6일(목) ~ 7월 14일(금)	운영 시수	(11) 차시
운영 대상	1학년 전체		
운영 과목명	국어, 영어, 통합사회, 한국사, 미술, 음악, 통합과학, 기술		
개요	우리 마을의 설화를 그림책으로 만드는 활동		

수업 특징 및 운영 방법	우리 마을의 설화를 재창작하여 이야기를 구성한 후, 그 이야기를 토대로 챗 GPT와 협력하여 스토리 창작, 영어 번역함. 이야기를 토대로 '빙 이미지 크리에이터'와 협력하여 그림 이미지 설정 후 그림책을 만듦. 이야기가 있는 쪽 하단에 영어로 번역한 이야기를 실음.

국어 시간에 챗 GPT와 빙 이미지 크리에이터 활용 방법을 수업함. 설화 전문 마을선생님들이 우리 시에 전하는 설화를 2차시 수업한 후 국어 시간에 설화 모티브를 챗 GPT와 협력하여 스토리 생성함. 생성한 스토리는 챗 GPT와 협력하여 영어로 번역한 후 영어 시간에 검수를 거침. 완성된 스토리는 그림책 전문 마을선생님들과 '빙 이미지 크리에이터'와 협력하여 그림책 만들기를 5차시 동안 함. 마을교사와 마을 이야기를 소재로 작업하는 교과통합프로젝트수업으로 마을교육과정이며, AI와 협력하는 미래 수업 모형으로 모둠별로 그림책 한 권을 만드는 학생참여 협력 수업임.

수업 세부 운영 계획	차시	주요 활동	비고
	1	AI 활용 방법 수업 (챗 GPT, 빙 이미지 크리에이터)	국어과
	2	그림책 탐구	사회, 과학, 기술 등
	3-4	전설 수업	마을교사(전설), 교과교사
	5	챗 GPT를 활용한 스토리 창작과 영문 번역	국어과
	6	영문 번역 검수	영어과
	7-11	만들어진 이야기를 토대로 AI와 협업하여 이미지 생성 후 그림책 만들기	그림책 교사, 사회과, 미술과, 과학과, 기술과, 음악과

학교 생활기록부 기록	국어과에서 그림책 만드는 상세한 과정과 활동을 하며 자신이 한 활동, 배운 점, 느낀 점 등 학생 활동이 잘 드러나게 활동지를 제작하여 학생들이 그림책 만들기가 끝난 후 작성하게 함. 작성한 활동지와 만들어진 그림책을 보며 담임교사가 개인별세부특기 사항에 입력함.

학교자율교육과정 '설화, 그림책으로 탄생하다'(2022.12.20.-2022.12.30.)에 참여하여 설화를 듣고 이를 재창작하여 이야기를 구성한 후, 이를 토대로 그림책을 만드는 작업에 참여함. 특히 설화를 그림책에 맞게 기-승-전-결의 구조로 재구성하여 완결된 플롯으로 만들며 그림책의 문학성을 높이는 데 기여함.

학교자율교육과정 '설화, 그림책으로 탄생하다'(2022.12.20.-2022.12.30.)에 참여하여 우리 마을의 설화를 듣고 이를 재창작하여 이야기를 구성한 후, 이를 토대로 그림책을 만드는 작업에 참여함. 그림책을 만드는 과정에서 우리말을 영어로 번역하여 그림책 하단에 넣어, 재미와 함께 학습의 용도로 활용이 가능하게 제작함. 특히 전체 그림 연출을 맡은 모둠원이 그린 밑그림에 선을 따고, 채색 후 스케치 자국을 지우며 협력의 중요성을 깨달았으며, 관심 이외의 새로운 분야를 접하며 개척 정신을 체험하는 기회를 가짐.

〈생활기록부 '개인별 세부 능력 및 특기 사항'에 입력한 사례〉

③ 창의체험 활동 지원 사례

다음은 고등학교에서 진행한 진로 탐색 캠프를 지원한 사례다. 학생들이 전문 직업인의 작업장으로 직접 찾아가 그들이 일하는 작업장과 일하는 모습을 참관하고, 직업과 관련하여 궁금한 점을 탐색하는 캠프를 기획했다. 동네언니는 학생들이 만나고 싶어 하는 직업인 67명을 동네에서 수소문해 찾고, 그들의 작업장에 방문할 수 있게 섭외했다. 그리고 학생들을 데리고 직접 작업장으로 찾아가 학생들이 직업에 대한 이해를 높일 수 있도록 탐색 활동을 지원했다. 또한 학교 축제에서 지역의 이야기를 담은 다양한 부스 운영을 요청받아 지원한 사례도 있다.

〈진로 탐색 캠프 지원 활동〉

〈학교 축제에서 지역 관련 부스 운영 모습〉

④ 마을교육과정[19] 개발 사례

다음은 개발 센터가 2022년에 마을교사와 동네언니, 학교 교사와 함께 개발한 '도시재구성' 수업이다. 총 8차시로 이루어진 프로젝트로 기존 중학생 대상 동네혁신 프로젝트인 '체인지메이커'가 동네를 바라보는 시

---

19 시흥시 교육자치 지원조례 제2조 4항 "마을교육과정"이란 시의 특색에 맞는 인문 · 예술 · 생태 · 평화 등에 대한 교육이 학교교육 과정에 체계적으로 반영될 수 있도록 제시하는 교육과정을 말한다.

선이 협소하고, 마을과 마을, 마을과 권역, 권역 사이의 연관성을 규명하는 데 부족했다는 점에서 상급 단계 교육과정으로 개발된 프로젝트 수업이다. 도시가 주민의 일상생활에 미치는 영향에 비추어, 학교 교육과정에 도시의 속성 또는 도시의 진화, 승패, 전략 등의 내용에 지역적인 특성을 반영했다. 좋은 도시의 조건으로부터, 세계 유수 도시의 사례를 통해 발전의 의미를 재정립하고, 시흥시의 도시적 특성을 분석한 뒤, 도시정책 제안을 위한 연구 활동을 수행하고, 주민참여예산, 정책발표회, 정책제안집 발간을 통해 학생들의 정책이 현실에 반영되도록 교육과정을 구성했다.

교과	성취기준
일반 사회 지리 통합 사회	[9사08-3] 도시문제를 해결하여 살기 좋은 도시로 변화된 사례를 조사하고 살기 좋은 도시가 갖추어야 할 조건을 제안한다. [9사(지리)08-02] 도시 중심부에서 주변지역으로 나가면서 관찰되는 경관과 지가의 변화를 분석한다 [9사(지리)08-03] 선진국과 개발도상국의 도시화 과정을 비교하고, 선진국과 개발도상국의 도시문제를 탐구한다. [10통사03-01] 산업화, 도시화로 인해 나타난 생활공간과 생활양식의 변화 양상을 조사하고, 이에 따른 문제점을 해결하기 위한 방안을 제안한다. [10통사03-02] 교통·통신의 발달과 정보화로 인해 나타난 생활공간과 생활양식의 변화 양상을 조사하고, 이에 따른 문제점을 해결하기 위한 방안을 제안한다. [10통사03-03]자신이 거주하는 지역을 사례로 공간 변화가 초래한 양상 및 문제점을 파악하고 이를 해결하기 위한 방안을 제시한다.
차시와 학습 주제	학습 내용
1. 좋은 도시의 요소	- 인간 중심 도시의 특성: 교육, 생태, 안전, 건강, 교통, 소통 - 교육 요인: 청소년 시설, 학교시설 - 생태 요인: 물길, 숲, 가로수길 - 안전 요인: 보행로 - 건강 요인: 체육시설 - 교통 요인: 노선버스, 전철, 우회로, 순환로 - 소통 요인: 매체, 벤치
2. 도시의 성장 전략	- 국내외 도시 성장 사례 - 도시 이미지: 랜드마크 - 성장 전략 유형: 해양과 내륙, 동양과 서양

3. 시흥시의 도시학적 분석	- 도시 이미지: 랜드마크, 성장전략 도시의 형성과 변천 과정 - 키워드: 길, 공영개발, 간척지, 교통망, 그린벨트 - 시흥시가 태생적으로 안고 있는 조건 설명 - 나누어진 도시: 그린벨트로 인한 도심 분산과 권역 내 신 구 지역 - 시로 승격한 1989년부터 2022년까지 시흥시 변화 과정 설명
4. 시흥시 권역별 특성	- 권역, 마을별 주민 요구 사항 반영 - 권역, 마을별 인문, 자연 지리적 특성 - 권역, 마을별 주요 인물과 그들의 지역 변화 의지
5. 도시 문제 이해와 해결 방안	- 대중교통/지선과 간선, 도시 간 도시 내 연결/철도와 자동차 - 안전/자동차, 범죄 - 주민참여/대표성, 관심사 - 복지 / - 공해 / - 교육여건 / - 소속감 /정체성, 자부심 / - 지역경제 / - 정치구도 - 체육시설 / - 도시미관 / - 신구 도시 조화
6. 주민참여예산 제도 취지와 사례	- 주민참여 예산제의 유래 - 브라질 알레그레시 - 우리나라 주민참여 예산제 - 주민참여 예산제의 정착과정 - 지역별 주민참여예산 우수 사례 - 시흥시 주민참여예산 사업 사례 - 시흥시 주민참여예산 신청 절차
7 도시재구성(안) 작성	- 대상 선정 예시 제시 - 대상에 대한 기본 사항 조사 - 제안서 양식 제공 - 제안 이유, 제안 내용, 기대 효과 등 - 예산 포함 실행 방안 방안
8 시흥시 도시정 책 제안서 작성	주민참여 예산으로 사업 제안 정책 제안서 시의회, 시청 전달 정책 제안 자료집 발표회 지역 오피니언 초청 정책 발표회

〈 '도시재구성' 교육과정 내용 〉

〈시범 수업〉   〈정책 제안 발표〉

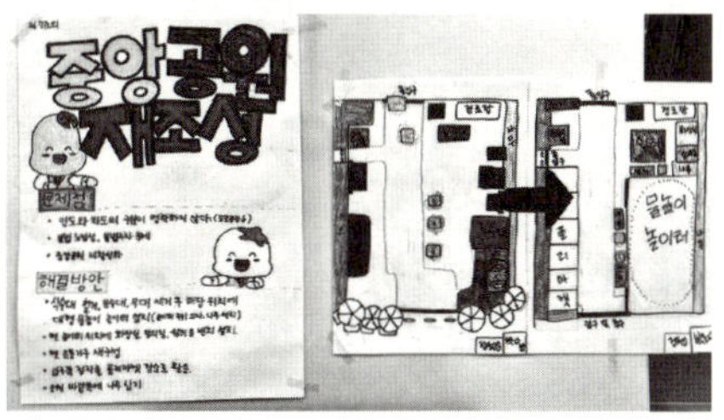

〈정책 제안〉

7. 향후 과제

학교 교육과정 자치 지원을 위한 지역교육지원체계로서 거점 센터와 교육활동가인 '동(洞)네언니'가 하는 일은 이루 헤아릴 수 없이 많고, 알수록 더 많은 일이 생겨난다. 그렇기에 그들이 배워야 할 것은 끝이 없다. 동 단위 마을교육자치회를 돕고, 권역별로 묶어주고, 마을수업을 학교가 다가가기 쉽도록 여러 지원 방식을 고민하고, 지역의 시선에서 마을교육을 들여다보고 연구하며 시와 교육지원청의 교육 협력에 힘을 보탠다. 끊임없는 학습 모임을 통해 학교 담장을 넘나드는 이해와 협력을 다지며, 동네언니는 학교에서 필요한 교육과정을 함께 만든다. 마을교사는 마을에 대한 소상한 정보를 쏟아내고, 학교 교사는 학교 수업에 적합한 교육과정을 완성할 수 있도록 힘을 합치며 선한 유능함을 드러낸다.

권역별 거점 센터인 동네언니는 학교와 마을의 협업 촉진자, 교육 관련 동네단체들의 연대촉진자, 마을교육 기획자 겸 실행자 등 다양한 역할의 중심에 서며 오늘도 진화를 거듭하고 있다. 개발 센터의 동네언니는 시흥시의 교육 협업, 혁신교육, 교육자치의 사례들을 정리하고, 기록해 홍보하는 일을 하고 있다.

시흥시의 청소년이 시흥에서 한 사람의 시민으로서 살아가는 것, 지역의 역사와 대화하고, 지역의 사람들과 대화하고, 교실의 친구와 대화하고, 자기 삶과 대화를 나누는 그런 교육도시가 되기를 꿈꾸며 학교와 거점 센터는 서로 협업하고 있다. 아직도 미진한 것이 많다. 동네언니 모두가 해야 할 역할을 제대로 할 수 있는 역량을 키우는 것, 학교가 거점 센터와 긴밀하게 협업해서 교육과정 자치를 할 수 있게 지원하는 것, 이를 통해서 시민의 교육자치를 실현하는 것이 현재 해결해야 할 과제다.

8. 마무리

혁신교육지구로 시작한 시흥의 마을교육공동체는 〈시흥행복교육지원센터〉를 중심으로 지자체와 교육지원청의 협력을 만들었다. 그 이후 시흥시의 수많은 인적·물적 자원이 발굴되고 체계화되어 학교 교육과정으로 들어가서 교육과정을 풍부하게 할 수 있는 원동력이 되었다. 또한 지역교육생태계가 만들어지는 데 큰 역할을 했으며, 학교와 지역, 지자체, 교육청의 긴밀한 협조 속에서 시민과 참여한 모두가 성장하는 결과를 낳았다.

서울의 변방이던 시흥이 교육에서는 중심으로 설 수 있게 되었고, 학교 교육과정 자치까지 구상하며 마을 안에서 학교를 지원할 수 있는 시스템을 마련하게 되었다. 그것이 거점 센터와 개발 센터로 나타났다. 이것은 실질적인 권한이 없는 교육지원청의 한계, 1년에 한 번씩 바뀌는 장학사와 지자체 담당자의 업무 등 길게 내다보고 협업해야 하는 현실을 보고 세운 대책이다. 결국 지역이 학교와 가까운 곳에서 서로 소통하고 협력하면서 교육다운 교육을 하자는 것이다. 현재 동네언니는 학교 교사, 마을교사가 만나 시너지 효과를 이뤄내며 더 크게 성장 중이다. 동네의 편한 언니처럼 서로 도우며, 아이들을 함께 키우자고 손을 맞잡은 학교 교사와 마을교사 덕에 학교와 마을의 협업은 점차 넓어지고, 점점 깊어지고 있다. 동네에 촘촘히 스며드는 동네언니를 통해 시흥의 교육은 아이 한 명, 시민 한 명에게 손길을 내미는 생활권 교육이 가능해지도록 노력하고 있다.

에필로그

김대현 (부산대학교)

8장

영어의 epilogue는 '뒤에 쓰는 이야기'라는 뜻을 가진다. 말뜻의 기원은 그리스 신화로 거슬러 올라간다. 그리스 신화에는 프로메타우스와 에피메타우스라는 두 형제가 등장한다. 프로메타우스는 '미리(pro) 아는 사람', 에피메타우스는 '일이 끝난 다음 뒤늦게(epi) 아는 사람'이다. 에피는 이와 같이 '일이 끝난 뒤'라는 뜻을 가진다. 그리고 영어의 logue는 '이야기'라는 뜻을 가지고 있어서, 에필로그는 '뒤에 쓰는 이야기'가 된다.

그런데 이 책에서 에필로그에 무엇을 담아야 하는 고민이 있다. 내용을 요약하는 것은 부질없는 일인 것 같고, 정리하는 것은 분에 넘치는 일로 생각된다. 고민을 거듭하다가 이 책에 등장하는 학교들이 지역 연계 교육에 성공한 이유를 찾아보자는 생각이 떠올랐다. 그리고 사례들을 유심히 살폈다. 이 과정에서 회현초등학교, 묘량중앙초등학교, 반송중학교, 홍동중학교 등의 '학교 사례'로 한정하는 것이 좋겠다는 생각을 하게 되었다.

아래에서는 이들 네 학교에서 지역 연계 교육이 성공할 수 있었던 공통적인 요인을 제시한다. 하지만 이러한 요인들은 필자가 선별한 것으로 개별 학교의 특성이나 실제 일어난 일을 모두 담지 못한 한계가 있다. 이 점을 감안하고 읽어주셨으면 한다.

- 학부모와 마을주민

네 개의 학교 이야기를 읽어보다가 학교 지역 연계의 출발점이 의외로 학교가 아니라 학부모와 마을주민이라는 것을 알게 되었다.

묘량중앙초등학교는 2000년 이후 학령인구 감소와 타지로의 인구 유출로 인한 학생 수 부족으로 폐교 위기를 맞았다. 이 과정에서 학부모와 마을주민이 자녀 입학, 지역 돌봄 강화, 유치원생 확보 등의 '학교 살리기' 운동을 전개한다. 이것이 계기가 되어 학부모는 학교와 마을을 소통시키는 가장 중요한 창구 역할을 하게 되고, 마을의 단체(여민동락, 깨움 마을학교)도 이때부터 학교 교육에 깊이 참여하게 된다.

회현초등학교도 상황이 크게 다르지 않다. 농촌 마을의 인구 격감에도 불구하고 자녀 교육에 깊은 관심을 가지고 모인 학부모들이 동아리를 형성하여 학교 교육에 참여하게 된다. 학부모의 자발적인 독서동아리 '좋은 생각'이 씨앗이 되어 나중에는 사랑수book(책 읽어주는 어머니 동아리), 따공(학교 시설물 개선을 도와주는 아버지 동아리), 다잇소(손뜨개 동아리), 회현소리(합창 동아리), 흙수다(도예 동아리), 칸타빌레(현악 앙상블 동아리) 등의 학부모와 주민 동아리가 학교와 연계하여 교육활동을 하게 된다.

부산에 있는 반송중학교는 재학생의 47.6%가 교육복지 대상이 될 만큼 사회·경제적으로 열악한 지역에 놓여있지만, 이미 마을공동체 조직이 결성되어 운영되고 있었다. 약 20년 전에 시민단체인 희망 세상과 느티나무도서관 등 총 15개 단체와 기관이 모여 '희망사다리 운동본부'를 발족한다. 본부는 교육 혜택에서 소외된 불우한 아동들을 위해 활동하는 교육복지 운동을 꾸준히 진행해 왔다.

충남의 홍동중학교가 있는 홍성군에는 지역주민들이 자치적으로 운영하는 협동조합 형태의 단체와 기관이 즐비하다. 또한, 대안 교육의 모범으로 알려진 풀무농업고등기술학교가 500m 이내에 있고, 귀농·귀촌 가정이 많으며, 친환경 농업이 활발하다. 학교가 손만 내밀면 협력할 수 있는 가정, 단체, 기관이 많아 학교 지역 연계의 기반이 잘 확립된 곳이다. 특히 학부모의 영화 감상 모임이 → 문화사랑방 → 학부모 아카데미로 발전하는 과정에서 학부모와 마을주민이 학교와 소통하고 참여하는 기회를 가지게 되었다.

- 교사, 리더 교사, 교장

아무리 자녀 교육에 관심이 많은 학부모와 학교를 지원할 마을의 단체와 기관이 풍부하다 하더라도, 학교의 교사, 리더 교사, 교장의 자발적이고 주체적인 활동이 없다면 학교 지역 연계 교육이 일어나기 어렵다.

학교는 수업, 생활지도, 행정의 기본 업무와 수시로 하달되는 정부나 시·도의 정책 업무 수행만으로도 벅차다. 학교 지역 연계 교육은 현재 '선택' 사항일 뿐 반드시 해야 할 '필수' 업무는 아니다. 또한 학교에 팽배한 개인주의 문화로 교사들 간의 협력을 이끌어내기 어렵고, 보수주의 문화로 새로운 도전을 하기 어려운 상황에서 학교 지역 연계 교육을 시도하는 것은 쉽지 않은 일이다.

네 학교 사례를 살펴보면, 학교 지역 연계 교육의 중심에 교사, 리더 교사, 교장이 있다. 묘량중앙초등학교에는 김종남 리더 교사가 있다. 그는 어린이 농부학교 프로그램 운영의 책임자다. 동시에 전 학년의 교사들이 마을교사와 함께 프로그램의 기획자와 조정자의 역할을 한다. 리더 교사와 일반 교사뿐만 아니라 교장의 역할도 중요하다. 묘량중앙초등학교에는 마을교육에 관심이 높고 경험이 있는 교장이 부임한 후 학교 지역 연계 교육이 더욱 활성되었다.

회현초등학교에는 양경아 리더 교사가 있다. 학교 지역 연계 교육에 대한 깊은 관심과 실천 의지를 가지고 회현초등학교로 전입했다. 교사들 또한 '부부리 마을' 교육과정이라는 새로운 학교교과목을 개발하고 운영할 만큼 열심이었다.

회현초 선생님들은 쉬운 길을 택하지 않았다. 환경생태는 우리 학교 안에 이미 체계화되어 있으니 우리 학교 아이들에게 꼭 필요한 다른 학교교과목을 만들어 보자는 도전장을 내놓았다. 그들은 또다시 깊은 고민 속에 빠지게 되었다. '회현의 아이들이 6년 동안의 초등학교 생활을 통해 무엇을 얻으면 좋을까?', '회현초가 우리 아이들에게 길러주고 싶은 힘은 무엇이지?' 끊임없이 서로에게 질문하기 시작했고, 서로 깊은 토론을 통해 얻은 결론은 '마을'이었다.

반송중학교에서는 교장의 역할이 두드러진다. 주강원 교장은 공모 교장으로 학교 지역 연계 교육에 대한 관심이 많다. 그는 수업 부담이 없는 학교장의 역할이 중요하다고 보고, 마을교육네트워크 조직의 핵심 주체이며 공동대표가 되어, 학교의 여러 현안을 마을주민 및 지역기관과의 공유를 통해 해결하고자 했다. 교내에서는 교사와 학생이 학교 지역 연계 교육에 관심을 갖고 참여하도록 하는 학교문화를 만들어갔다.

홍동 지역에는 초·중·고 교사가 함께하는 '범교과교육과정연구회'가 있다. 연구회는 주말학교를 운영하면서, 학교 지역 연계 교육의 발전을 위한 터전을 닦았다. 이정로 교장은 홍동중학교 전임 교장이다. 내부형 공모제를 통하여 교장으로 선출되었다. 복자여자고등학교에서 지역의 다양한 자원을 활용해 교육의 질을 높인 경험을 바탕으로, 홍동중학교에서 특성화 교육과정 개발과 돌봄 학교 운영을 통하여 학교 지역 연계 교육을 활성화하는 데 주도적인 역할을 했다.

- 정부와 시·도의 정책

학교 지역 연계 교육이 일어나기 위해서는 마을의 준비와 학교의 의지 및 노력이 필수적이다. 하지만, 정부와 시도의 정책이 갖는 영향력도 무시할 수 없다. 물론, 정부와 시도의 정책적 뒷받침이 있어야만 학교 지역 연계 교육이 가능한 것은 아니다. 산청의 간디학교나 홍성의 풀무학교 등 여러 학교들이 그동안 정부 정책과 무관하게 학교 지역 연계 교육을 해왔다.

또한 정부의 여러 정책이 학교 지역 연계 교육을 강조했지만, 교육 현장에서 그 의도가 제대로 구현되지 않는 경우도 적지 않다. 교육과정 지역화, 진로교육, 인성교육, 교육복지우선지원 사업 등은 학교가 지역과 연계하여 교육하도록 하고 있지만, 그 성과에 대해서는 여전히 회의적이다.

하지만, 정부와 시·도의 정책이 학교 지역 연계 교육을 촉진하는 촉매의 역할을 한 사례도 적지 않다. 방과후학교, 혁신학교, 혁신교육지구, 마을공동체, 마을교육공동체 사업은 학교 지역 연계 교육이 활성화되는 기폭제가 되었다.

묘량중앙초등학교의 학교 지역 연계 교육은 마을의 '여민동락'과 '깨움마을학교'와의 협력에 기반을 두고 있다. 전남교육청은 꿈, 추억, 행복 사업으로 2013년 마을학교 사업을 시작했다. 묘량면의 여민동락은 지속적인 학교 유지를 위해 특색 있는 교육프로그램이 필요하다고 생각해 마을학교 사업에 참여하게 되었고, 그 결과 2015년에 '깨움마을학교'를 설립하게 되었다. 전남교육청의 정책이 묘량중앙초등학교의 지역 연계 교육에 영향을 미친 것이다.

회현초등학교는 인근의 회현중학교가 2009년 내부형 공모 교장 부임을 계기로 2010년 전원학교, 2012년 혁신학교로 지정되어 전국 단위의 학생 모집이 가능한 자율학교가 되면서 학생 수 부족이라는 어려움을 덜게 되었다. 이러한 기반 위에서 회현초등학교는 혁신학교로 지정되고 이어서 혁신더하기 학교로 추가 지정되면서 교육청으로부터 학교 자율의 '학교교과목'을 개발하라는 요청을 받았다. 이를 기회로 삼아 회현초등학교에서는 '부부리 마을교육과정'이라는 학교 지역 연계 교육과정을 개발하고 운영했다.

홍동중학교에서는 국가교육과정의 개정에 따른 학교재량시간의 활용과 방과후교육 정책을 기반으로 지역과 함께 하는 '학교 특성화 과목'을 개발하고 운영했다. 또한, 교육부에서 추진한 '농산어촌 연중 돌봄 학교 사업'을 발판으로 기초안전망, 학습, 사회성, 문화·체험 영역에서 지역과 연계한 다양한 프로그램을 운영할 수 있었다.

- 학교 지역 연계 교육 거버넌스

거버넌스(governance)는 과거의 일방적인 정부 주도적 지배에서 벗어나 정부, 기업, 비정부기구 등 다양한 행위자가 공동의 관심사에 대한 네트워크를 구축하여 문제를 해결하는 새로운 국정운영의 방식을 말한다(오승은, 2006).

학교 지역 연계 교육이 체계적이고 효과적으로 이루어지려면 기존과는 다른 새로운 거버넌스 구축이 필수적이다. 관의 강력한 지시나 단위 학교의 노력만으로 학교 지역 연계 교육이 성공적으로 이루어지기 어렵다.

반송중학교에서는 학교의 여러 현안을 마을주민 및 지역기관과의 공유를 통하여 해결하고자 했다. 이를 위하여 교장이 마을교육네트워크를 조직하고 공동대표로 참여함으로써 학교 지역 연계 교육을 기획하고 운영했다.

홍동중학교에서는 학교가 학부모회와 긴밀히 소통하고, 특성화 교과목 운영에서 외부 강사와 외부 공간을 적극적으로 활용해 왔다. 또한, 돌봄학교 사업에서는 풀무학교, 학부모회, 여성농업인센터, 금당초등학교, 풀무신협, 하늘공동체 장수양로원, 돌봄 학교, 환경농업교육관을 협력 기관으로 지정해 학교 지역 연계 교육을 했다.

회현초등학교가 있는 마을에는 '너나들이' 마을 모임이 있다. 이 모임에는 회현초와 회현중학교의 학부모회, 아버지회, 담당 선생님, 면사무소 마을 담당자, 마을 사람이 참여하고, 정기 회의를 통해 마을의 다양한 행사와 마을 문제, 마을 아이들을 위한 교육 활동을 논의한다. 또한, 회현초등학교에서는 교육과정을 계획할 때 학생, 학부모, 교직원, 그리고 마을 사람들 등 '교육의 네 주체'가 만나서 학교의 철학을 공유하고 운영에 동참한다.

묘량중앙초등학교에서는 학교 지역 연계 교육을 위한 매우 체계적인 거버넌스를 구축하고 있다. '묘량교육공동체협의회', '마을교육과정 협의회', '희망농장 운영 협의회' 등이다. '묘량교육공동체협의회'는 학교와 마을 전체의 협력을 도모하기 위해 학생, 교직원, 학부모, 지역주민, 지역기관(단체)이 참여하는 가장 큰 거버넌스로, 학교와 지역이 어떤 관계를 맺어야 하는지 등 큰 범위에서 논의하는 중요한 협의체다. 마을교육과정 협의회는 학교 교사와 마을교사가 만나서 학교교육과정과 마을교육프로그램의 연계를 계획하고 점검하며 평가하는 협의체다. 희망농장운영 협의회는 4학년 '농부학교' 마을교육프로그램을 운영하기 위한 협의체다.

묘량중앙초등학교 사례에서 보는 바와 같이 학교 지역 연계 교육을 위한 새로운 거버넌스 체제는 학교, 학부모, 마을주민뿐만 아니라 지역의 단체(마을공동체, 마을교육공동체, 마을협동조합, 마을학교 등), 지역의 행정기관(교육지원청, 교육혁신지구의 중간지원조직, 기초자치단체) 등이 긴밀하게 연결되고 책임 있는 역할을 하는 협력 체제를 가리킨다.

- 학교 지역 연계 교육이 지향하는 목표

학교가 지역과 연계하여 교육을 하는 것은 학교 바깥에 양질의 교육자원이 풍부하기 때문만은 아니다. 학교가 지역과 연계하여 교육을 하는 것은 학교만으로서는 성취하기 어려운 목표들이 있기 때문이다, 우리는 이를 '학교 지역 연계 교육의 목표'라고 부르고자 한다. 그렇다면 네 학교에서는 학교 지역 연계 교육의 목표를 어디에 두고 있는가?

반송중학교는 학생들을 지원하기 위해 학교뿐만 아니라 학교를 포함하는 더욱 넓은 그물망이 필요하다고 보았다. 이와 함께 자율동아리 활동을 통하여 학생의 자기주도성을 개발하고자 했다. 이러한 전방위적인 지원과 자기주도성의 개발은 궁극적으로 학생의 행복과 성장을 위한 것이다. 학생의 행복과 성장은 학생이 살아가는 공간에 있는 사람들을 알고 그들에게 관심을 가지며, 그들의 문제에 공감하고 함께 책임지는 삶을 살아가는 가운데 성취된다고 보았다.

홍동중학교의 지역 연계 교육의 목표는 '더불어 살아가는 삶'을 가르치는 데 두고 있다. 홍동중학교에서 운영하는 특성화 과목은 '생명과 평화'라는 큰 주제 아래 세상과의 소통, 인간과 자연의 공존, 타인과의 관계에 초점을 두고 있다. 또한, 돌봄 학교는 기초안전망, 학습, 사회성, 문화, 사회·정서 지원에 둔 것도 사회적 약자를 지원하기 위한 것이라고 할 수 있다.

회현초등학교에서의 지역 연계 교육의 목표는 아이들이 주변 사람들(친구, 마을 사람들)과 소통하고 협력하면서 주변의 문제를 민주시민으로서 해결할 수 있는 힘을 기르는 데 두었다. 회현초등학교는 이를 마을공감능력, 공동체 의식, 민주시민 의식, 사람 이해 능력, 의사소통 능력 등의 역량으로 표현하고 있다.

묘량중앙초등학교에서는 지역 연계 교육의 목표를 로컬을 중심으로 하는 교육 전환을 통해 삶과 배움이 통합된 교육을 회복하고 작게는 자기의 삶을 결정하고 크게는 자신이 속한 지역공동체의 지속 가능한 미래를 일구는 사람을 키우는 데 두고 있다.

- 학교 지역 연계 교육 프로그램

학교 지역 연계 교육에서 프로그램의 개발과 운영은 매우 중요하다. 학교 지역 연계 교육의 목표는 어떤 프로그램을 개발하고 어떻게 운영하는가에 따라 성공 여부가 결정된다. 네 학교는 각기 독자적인 프로그램을 개발하고 운영해 왔다.

반송중학교에서 학교와 지역의 협력은 학생 자율동아리 운영에서 찾을 수 있다. 학생들이 자율적으로 동아리를 만들면 외부 목적 사업을 유치하여 예산을 지원하고 학교 밖 전문 강사를 초빙해 운영했다. 하지만 반송중학교에서 하는 학교 지역 연계 교육의 백미는 '주민과 함께하는 학생들의 진로 체험활동'이다. 학생이 희망하는 진로를 바탕으로 이에 관련된 풍부한 경험과 전문적인 식견을 가진 마을주민들을 연결하여 운영하는 프로그램이다.

홍동중학교에서는 '생명과 평화가 살아있는 교육'을 추구한다는 이념 아래 학년별 특성화 교과목을 편성하고 운영했다. 1학년은 〈마을과 진로〉, 2학년은 〈생태와 인간〉, 3학년은 〈삶과 생활〉이라는 교과목을 지역의 단체나 기관의 지원을 받아 강사 운영과 현장 체험의 방식으로 운영했다. 특히 마을의 할머니와 할아버지를 초청해 그들의 삶에 대한 이야기를 기록하고 홍동천 살리기 프로젝트 운영을 통하여 마을주민에 대한 이해와 함께 마을을 위한 역할과 책임감을 심어주고 있다.

묘량중앙초등학교에서는 1학년부터 6학년까지 학년별 마을 프로그램을 운영했다. 3학년에는 '우리 마을 역사탐험대', 4학년에는 '어린이 농부학교', 5학년 '마을 생태 과학교실', 6학년 '와글와글 마을기자단' 프로그램을 운영한다. 프로그램은 '창의적 체험활동의 동아리 활동'으로 운영되었으나, 운영 과정에서 자연스럽게 교과와 연계되었다. 프로그램 기획과 운영은 학년 담임교사와 마을교사 및 지역주민이 소통하고 협의하면서 진행된다.

묘량중앙초등학교의 학교 지역 연계 교육프로그램에서 눈에 띄는 것은 프로그램의 운영 주체, 영역, 대상, 지원 방식이 시간에 따라 변했다는 점이다. 운영 주체가 마을 학교에서 마을과 학교의 협력, 나아가 마을과 학교의 공동 운영으로 바뀌었다. 운영 영역은 학교 밖 영역에서 창의적 체험활동과 교과교육 등으로 나아갔다, 프로그램의 참여 대상은 희망 중심의 소수 학생에서 전 학년 학생 의무로 변화하였다. 지원 방식은 단순한 간식 제공과 시설 대여에서 행·재정의 체계적 지원으로 달라졌다.

회현초등학교는 부부리마을 학교교과목을 개발하고 운영했다. 부부리마을 학교교과목은 마을 공감 능력, 공동체 의식, 민주시민 의식, 사람 이해 능력, 의사소통 능력의 신장을 목표로 학생이 마을의 지리, 역사, 경제를 이해하고 마을 사람과의 만남과 마을 구성원으로서 문제해결 과정에 참여하는 것을 내용으로 삼고 있다.

따라서 부부리마을 학교교과목은 1학년 마을 속 우리 학교, 2학년 학교 밖 우리들, 3학년 마을의 역사, 4학년 마을 경제, 5학년 마을 사람들과의 소통, 6학년 마을 문제해결이라는 영역으로 구성된다. 영역은 다시 하위 주제로 나뉘고 성취기준을 설정하며 이를 기반으로 주제별 하위 내용을 구체화하고 시수 배정과 평가 기준 및 방법을 제시하고 있다. 부부리마을 교육과정은 1학년부터 6학년까지 학습해야 하는 내용을 매우 구체적으로 제시하고, 내용 간에 학년별 위계성을 갖추었으며, 성취기준을 바탕으로 국가교육과정과의 연계성을 잘 나타내고 있다. 학교 지역 연계 프로그램 개발의 좋은 모델이라고 할 수 있다.

- 학교 지역 연계 교육의 성공과 확산

여기서는 학교 지역 연계 교육이 잘되고 있는 네 학교를 살펴보았다. 이들 학교가 지역 연계 교육을 어떻게 시작하고 무엇을 새로이 했으며 그것이 어떻게 가능했는지를 찾아보았다. 이것은 이들 학교가 학교 지역 연계 교육을 성공하게 된 이유를 규명함으로써 다른 학교로 확산하는 것이 얼마나 가능한지를 알아보는 기준이 되기 때문이다. 네 학교가 학교 지역 연계 교육에 성공할 수 있었던 이유를 제시하면 아래와 같다.

첫째, 학교 지역 연계 교육은 교육에 관심을 갖고 활동을 해 온 단체나 조직이 있는 마을에서 일어난다. 특히 학교와 지역을 연결하는 가장 중요한 주체는 학부모 모임과 학부모와 지역주민으로 구성된 단체다.

둘째, 학교에서 학교 지역 연계 교육에 관심이 있고 실천 의지가 있는 교사와 리더 교사가 있어야 한다. 또한, 학교관리자가 학교 지역 연계 교육의 필요성을 인식하고 비전을 공유하며 교사들에게 심리적 지지와 행·재정 지원을 하는 것이 중요하다.

셋째, 정부와 시도의 교육 정책은 학교 지역 연계 교육의 활성화를 직접 그리고 간접적으로 지원하는 동력이 된다. 뒤집어 말하면, 이러한 정책적 지원이 없으면 학교 지역 연계 교육은 위축될 가능성이 적지 않다.

넷째, 학교 지역 연계 교육은 학교, 학부모, 마을 주민(단체나 조직), 관(기초자치단체와 교육청 및 교육지원청)의 여러 주체가 협력적 거버넌스를 구축하는 곳에서 성공한다.

다섯째, 학교 지역 연계 교육은 국가교육과정과 연결될 때 체계성을 갖고 안정되게 운영된다. 하지만 이러한 체계성과 안정성은 학교 지역 연계 교육을 지속적으로 추진하는 과정에서 자연적으로 획득된다.

주변에 학교 지역 연계 교육에 관심을 갖는 사람이 많다. 세미나나 워크숍도 자주 열린다. 하지만, 현실은 녹록하지 않다. 실지로 많은 학교가 학교 지역 연계 교육에 관심이 없다. 학교 지역 연계 교육의 필요성을 느끼지 못하는 교사도 적지 않다. 학교 지역 연계의 교육적 가치를 인정하는 교사조차도 행정과 재정적 제약이 많아 실행이 어렵다고 호소한다.

하지만 학교 지역 연계 교육에 참여한 경험이 있는 교사는 자신은 물론이고 주변에 있는 교사들이 함께할 것을 적극적으로 권유한다. '힘은 들지만 보람이 크다'고 말한다. 경험하지 않은 사람에게 '해 보니 좋더라'는 권유가 얼마나 설득력이 있을지 모른다. 더욱이 위에서 열거한 것처럼, 학교 지역 연계 교육이 성공하기 위한 조건들이 위와 같이 엄중한 상황에서는 더욱 그렇다.

그렇다고 손을 놓고만 있을 것인가? 학교 바깥에는 양질의 교육자원이 차고 넘치는데… 그보다 학교에서의 추상적 배움이 지역 속에서의 실천과 통합되어야 학생이 바른 몸과 정신을 가진 사람으로 성장할 수 있다는 것을 뻔히 알고 있는데…

참고 문헌

강현석, 노진규(2022). 지역 교육과정을 다시 생각해보기 : 지역 삶을 토대로 하는 인간발달의 교육과 교육과정 설계, 교육과정개발연구, 1(1), 53-92

김종선, 이희수(2015). 「개념지도에 근거한 마을학교 정체성 연구」. 평생교육학연구, 21(2), 73-107.

김필성(2009). 「대안적 유대공동체로서 기능하는 학원에 관한 연구」. 경북대학교 대학원 석사학위논문.

김향식, 최은수(2009). 「지역사회학교의 평생교육 실천적 함의」: 지역사회 학교의 평생교육 활동 사례를 중심으로」. 평생교육, 5(1), 1-23.

노성래(2003). 「한국 유스호스텔의 청소년 관광수련프로그램에 관한 연구」. 경기대학교 대학원 석사학위논문.

박정우(2023). 「대안학교장의 정체성 형성과정과 실천 양상에 관한 내러티브 탐구」. 건국대학교 대학원 박사학위논문.

반송중학교 교육공동체(2023). 『응답하라 반송중 : 다행복학교, 7년의 기록』. 부산 : 호밀밭.

배태원(1999). 「지역사회학교의 운영현황과 교사의 의식에 관한 연구」. 경성대학교 교육대학원 석사학위논문.

백진아(2022). 「학교현장의 변화를 위한 열린교육과 혁신학교 동향 비교분석」. 고려대학교 교육대학원 석사학위논문.

서용선, 김아영, 김용련, 서우철, 안선영, 이경석, 임경수, 최갑규, 최탁, 홍섭근, 홍인기(2016).『마을교육공동체란 무엇인가? : 탄생, 뿌리 그리고 나침반』. 서울 : 살림터.

안순억(2009).『아이를 꽃처럼 나무처럼 자라게 하라, 작은 학교 행복한 아이들』. 서울 : 우리교육.

양민영(2019).「제1차·제2차 미술과 교육과정에 대한 역사적 탐구」. 한국교원대학교 대학원 박사학위논문.

양병찬(2008).「농촌 지역 교육공동체의 주체 형성 과정」. 평생교육학연구, 15(4), 413-429.

양병찬, 지희숙, 박혜원(2011).「전업주부의 배움의 방식과 주체 형성」. 평생교육학연구, 17(4), 205-234.

양윤선(2018).「교수요목기 ~ 2차 교육과정기 중학교 국사교육의 변천」. 이화여자대학교 대학원 박사학위논문.

오승은(2006),「거버넌스론에 관한 제 접근」. 연세행정논총. 29권.

유제순(2013).「"책가방 없는 날"의 교육과정상의 의미와 시사점 탐색」. 초등교육연구, 26(1), 97-120.

이규선(2017).「평생학습마을만들기 참여실천연구 : 시흥시 사례를 중심으로」. 공주대학교 대학원 박사학위논문.

이혁규(2019).「한국의 수업 연구 역사에 대한 일 견해」. 교육문화연구, 25(2), 57-82.

Dewey, J. (1899). School and Society. the University of Chicago Press.

Lieberman, G., & Hoody, L.(1998). Closing the achievement gap : Using the environment as an integrating context for learning. San Diego, CA: State Education and Environment Roundtable.

Newmann, F. M. (1996). Authentic Achievement: Restructuring Schools for Intellectual Quality. Jossey-Bass.

Newmann, F. M. (2015). Authentic Intellectual Work: Improving Teaching for Rigorous Learning. Corwin.

Olsen, E. G. (1946). School and Community. Hassell Street Press.

Olsen, E. G. (1958). Is th Communiyt school "anti-intellectual"?. the education digest, 24(4), 8-10.

Olsen, E. G. (1972). Enlivening the community school curriculum. community education, 54(3), 176-178.

Smith, G. A., & Sobel, D. (2010). Place- and community-based education in schools. NY : Routledge.

| 혁신학교 | 성열관·이순철 지음 | 224쪽 | 값 12,000원 |

| 행복한 혁신학교 만들기 | 초등교육과정연구모임 지음 | 264쪽 | 값 13,000원 |

서울형 혁신학교 이야기 — 이부영 지음 | 320쪽 | 값 15,000원

혁신교육, 철학을 만나다 — 브렌트 데이비스·데니스 수마라 지음 | 현인철·서용선 옮김 | 304쪽 | 값 15,000원

대한민국 교사, 어떻게 가르칠 것인가? — 윤성관 지음 | 320쪽 | 값 15,000원

아이들을 어떻게 가르칠 것인가 — 사토 마나부 지음 | 박찬영 옮김 | 232쪽 | 값 13,000원

모두를 위한 국제이해교육 — 한국국제이해교육학회 지음 | 364쪽 | 값 16,000원

경쟁을 넘어 발달 교육으로 — 현광일 지음 | 288쪽 | 값 14,000원

혁신교육 존 듀이에게 묻다 — 서용선 지음 | 292쪽 | 값 16,000원

다시 읽는 조선 교육사 — 이만규 지음 | 750쪽 | 값 37,000원

교실 속으로 간 이해중심 교육과정 — 온정덕 외 지음 | 224쪽 | 값 13,000원

대한민국 교육혁명 — 교육혁명공동행동 연구위원회 지음 | 224쪽 | 값 12,000원

포스트 코로나 시대의 교육 — 성열관 외 지음 | 224쪽 | 값 15,000원

내일 수업 어떻게 하지? — 아이함께 지음 | 300쪽 | 값 15,000원

핀란드 교육의 기적 — 한넬레 니에미 외 엮음 | 장수명 외 옮김 | 456쪽 | 값 23,000원

한국 교육의 현실과 전망 — 심성보 지음 | 724쪽 | 값 35,000원

독일의 학교교육 — 정기섭 지음 | 536쪽 | 값 29,000원

교실 속으로 간 이해중심 통합교육과정 — 온정덕 외 지음 | 224쪽 | 값 15,000원

초등 백워드 교육과정 설계와 실천 이야기 — 김병일 외 지음 | 352쪽 | 값 19,000원

학습격차 해소를 위한 새로운 도전
보편적 학습설계 수업 — 조윤정 외 지음 | 240쪽 | 값 15,000원

● **경쟁과 차별을 넘어 평등과 협력으로 미래를 열어가는 교육 대전환!** 혁신교육 현장 필독서

학교의 미래, 전문적 학습공동체로 열다 — 새로운학교네트워크·오윤주 외 지음 | 276쪽 | 값 16,000원

마을교육공동체 생태적 의미와 실천 — 김용련 지음 | 256쪽 | 값 15,000원

학교폭력, 멈춰! — 문재현 외 지음 | 348쪽 | 값 15,000원

학교를 살리는 회복적 생활교육 — 김민자·이순영·정선영 지음 | 256쪽 | 값 15,000원

삶의 시간을 잇는 문화예술교육 — 고영직 지음 | 292쪽 | 값 16,000원

미래교육을 디자인하는 학교교육과정 — 박승열 외 지음 | 348쪽 | 값 18,000원

코로나 시대, 마을교육공동체운동과 생태적 교육학 — 심성보 지음 | 280쪽 | 값 17,000원

| 혐오, 교실에 들어오다 | 이혜정 외 지음 | 232쪽 | 값 15,000원 |

| 수업, 슬로리딩과 함께 | 박경숙 외 지음 | 268쪽 | 값 15,000원 |

| 물질과의 새로운 만남 | 베로니카 파치니-케처바우 외 지음 | 이연선 외 옮김 | 240쪽 | 값 15,000원 |

| 그림책으로 만나는 인권교육 | 강진미 외 지음 | 272쪽 | 값 18,000원 |

| 수업 고수들 수업·교육과정·평가를 말하다 | 박현숙 외 지음 | 368쪽 | 값 17,000원 |

| 아이들의 배움은 어떻게 깊어지는가 | 이시이 쥰지 지음 | 방지현·이창희 옮김 | 200쪽 값 11,000원 |

| 미래, 공생교육 | 김환희 지음 | 244쪽 | 값 15,000원 |

| 들뢰즈와 가타리를 통해 유아교육 읽기 | 리세롯 마리엣 올슨 지음 | 이연선 외 옮김 | 328쪽 | 값 17,000원 |

| 혁신고등학교, 무엇이 다른가? | 김현자 외 지음 | 344쪽 | 값 18,000원 |

| 시민이 만드는 교육 대전환 | 심성보·김태정 지음 | 248쪽 | 값 15,000원 |

| 평화교육 과거, 현재 그리고 미래를 그리다 | 모니샤 바자즈 외 지음 | 권순정 외 옮김 | 268쪽 | 값 18,000원 |

| 마을교육공동체란 무엇인가? | 서용선 외 지음 | 360쪽 | 값 17,000원 |

| 강화도의 기억을 걷다 | 최보길 지음 | 276쪽 | 값 14,000원 |

| 체육 교사, 수업을 말하다 | 전용진 지음 | 304쪽 | 값 15,000원 |

| 평화의 교육과정 섬김의 리더십 | 이준원·이형빈 지음 | 292쪽 | 값 16,000원 |

| 마을로 걸어간 교사들, 마을교육과정을 그리다 | 백윤애 외 지음 | 336쪽 | 값 16,000원 |

| 혁신교육지구와 마을교육공동체는 어떻게 만들어지는가? | 김태정 지음 | 376쪽 | 값 18,000원 |

| 서울대 10개 만들기 | 김종영 지음 | 348쪽 | 값 18,000원 |

| 선생님, 통일이 뭐예요? | 정경호 지음 | 252쪽 | 값 13,000원 |

| 함께 배움 학생 주도 배움 중심 수업 이렇게 한다 | 니시카와 준 지음 | 백경석 옮김 | 280쪽 | 값 15,000원 |

| 다정한 교실에서 20,000시간 | 강정희 지음 | 296쪽 | 값 16,000원 |

| 즐거운 세계사 수업 | 김은석 지음 | 328쪽 | 값 13,000원 |

| 학교를 개선하는 교장 지속가능한 학교 혁신을 위한 실천 전략 | 마이클 풀란 지음 | 서동연·정효준 옮김 | 216쪽 | 값 13,000원 |

| 선생님, 민주시민교육이 뭐예요? | 염경미 지음 | 244쪽 | 값 15,000원 |

| 교육혁신의 시대 배움의 공간을 상상하다 | 함영기 외 지음 | 264쪽 | 값 17,000원 |

| 도덕 수업, 책으로 묻고 윤리로 답하다 | 울산도덕교사모임 지음 | 320쪽 | 값 15,000원 |

| 교육과 민주주의 | 필라르 오카디즈 외 지음 | 유성상 옮김 | 420쪽 | 값 25,000원 |

| 교육회복과 적극적 시민교육 | 강순원 지음 | 228쪽 | 값 15,000원 |

| 비판적 미디어 리터러시 가이드 | 더글러스 켈너·제프 셰어 지음 | 여은호·원숙경 옮김 | 252쪽 | 값 18,000원 |

| 지속가능한 마을, 교육, 공동체를 위하여 | 강영택 지음 | 328쪽 | 값 18,000원 |

대전환 시대 변혁의 교육학	진보교육연구소 교육과정연구모임 지음 l 400쪽 l 값 23,000원
교육의 미래와 학교혁신	마크 터커 지음 l 전국교원양성대학교 총장협의회 옮김 l 336쪽 l 값 18,000원
남도 임진의병의 기억을 걷다	김남철 지음 l 288쪽 l 값 18,000원
프레이리에게 변혁의 길을 묻다	심성보 지음 l 672쪽 l 값 33,000원
다시, 혁신학교!	성기신 외 지음 l 300쪽 l 값 18,000원
백워드로 설계하고 피드백으로 완성하는 성장중심평가	이형빈·김성수 지음 l 356쪽 l 값 19,000원
우리 교육, 거장에게 묻다	표혜빈 외 지음 l 272쪽 l 값 17,000원
교사에게 강요된 침묵	설진성 지음 l 296쪽 l 값 18,000원
왜 체 게바라인가	송필경 지음 l 320쪽 l 값 19,000원
풀무의 삶과 배움	김현자 지음 l 352쪽 l 값 20,000원
비고츠키 아동학과 글쓰기 교육	한희정 지음 l 300쪽 l 값 18,000원
교사에게 강요된 침묵	설진성 지음 l 296쪽 l 값 18,000원
마을, 그 깊은 이야기 샘	문재현 외 지음 l 404쪽 l 값 23,000원
비난받는 교사	다이애나 폴레비치 지음 l 유성상 외 옮김 l 404쪽 l 값 23,000원
한국교육운동의 역사와 전망	하성환 지음 l 308쪽 l 값 18,000원
철학이 있는 교실살이	이성우 지음 l 272쪽 l 값 17,000원
왜 지속가능한 디지털 공동체인가	현광일 지음 l 280쪽 l 값 17,000원
선생님, 우리 영화로 세계시민 만나요!	변지윤 외 지음 l 328쪽 l 값 19,000원
아이를 함께 키울 온 마을은 어떻게 만들어야 할까?	차상진 지음 l 288쪽 l 값 17,000원
선생님, 제주 4·3이 뭐예요?	한강범 지음 l 308쪽 l 값 18,000원
마을배움길 학교 이야기	김명신, 김미자, 서영자, 윤재화, 이명순 지음 l 300쪽 l 값 18,000원
다시, 남도의 기억을 걷다	노성태 지음 l 332쪽 l 값 19,000원
세계의 혁신 대학을 찾아서	안문석 지음 l 284쪽 l 값 17,000원
소박한 자율의 사상가, 이반 일리치	박홍규 지음 l 328쪽 l 값 19,000원
선생님, 평가 어떻게 하세요?	성열관 외 지음 l 220쪽 l 값 15,000원
남도 한말의병의 기억을 걷다	김남철 지음 l 316쪽 l 값 19,000원
생태전환교육, 학교에서 어떻게 할까?	심지영 지음 l 236쪽 l 값 15,000원
어떻게 어린이를 사랑해야 하는가	야누쉬 코르착 지음 l 송순재, 안미현 옮김 l 396쪽 l 값 23,000원
북유럽의 교사와 교직	예스터 에크하트 라르센 외 엮음 l 유성상·김민조 옮김 l 412쪽 l 값 24,000원
산마을 너머 지금 뭐해?	최보길 외 지음 l 260쪽 l 값 17,000원
전문적 학습네트워크	크리스 브라운·신디 푸트먼 엮음 l 성기선·문은경 옮김 l 424쪽 l 값 24,000원

교육사상가의 삶과 사상 2	김누리 외 지음 l 유성상 엮음 l 432쪽 l 값 25,000원
선생님이 왜 노조 해요?	윤미숙 외 지음 l 교사노동조합연맹 기획 l 328쪽 l 값 18,000원
교실을 광장으로 만들기	윤철기 외 지음 l 212쪽 l 값 17,000원
초등 개념기반 탐구학습 설계와 실천 이야기	김병일 지음 l 380쪽 l 값 27,000원
다시 읽는 민주주의와 교육	존 듀이 지음 l 심성보 옮김 l 620쪽 l 값 32,000원
자율성과 전문성을 지닌 교사되기	린다 달링 해몬드, 디온 번즈 지음 l 전국교원양성대학교총장협의회 옮김 l 412쪽 l 값 25,000원
선생님, 완벽하지 않아도 괜찮아요	유승재 지음 l 264쪽 l 값 17,000원
지속가능한 리더십	앤디 하그리브스, 딘 핑크 지음 l 정바울, 양성관, 이경호, 김재희 옮김 l 352쪽 l 값 21,000원
남도 명량의 기억을 걷다	이돈삼 지음 l 280쪽 l 값 17,000원
교사가 아프다	송원재 지음 l 300쪽 l 값 18,000원
존 듀이의 생명과 경험의 문화적 전환	현광일 지음 l 272쪽 l 값 17,000원
왜 읽고 쓰고 걸어야 하는가?	김태정 지음 l 300쪽 l 값 18,000원
미래 교직 디자인	캐럴 G. 베이즐 외 지음 l 정바울 외 옮김 l 192쪽 l 값 17,000원
타일러 교육과정과 수업 설계의 기본 원리	랄프 타일러 지음 l 이형빈 옮김 l 176쪽 l 값 15,000원
시로 읽는 교육의 풍경	강영택 지음 l 212쪽 l 값 17,000원
부산 교육의 미래 2026	이상철 외 지음 l 384쪽 l 값 22,000원
11권의 그림책으로 만나는 평화통일 수업	경기평화교육센터·곽인숙 외 지음 l 304쪽 l 값 19,000원
명랑 10대 명량 챌린지	강정희 지음 l 320쪽 l 값 18,000원
교장이 바뀌면 학교가 바뀐다	홍제남 지음 l 260쪽 l 값 16,000원
교육정치학의 이론과 실천	김용일 지음 l 308쪽 l 값 18,000원
더 나은 사고를 위한 교육	앤 마가렛 샤프·로렌스 스플리터 지음 l 김혜숙·박상욱 옮김 l 432쪽 l 값 25,000원
세계의 대안교육	넬 나딩스·헬렌 리즈 지음 l 심성보 외 11인 옮김 l 652쪽 l 값 38,000원
더 좋은 교육과정 더 나은 수업	이형빈 지음 l 290쪽 l 값 18,000원
한나 아렌트와 교육	모르데하이 고든 지음 l 조나영 옮김 l 376쪽 l 값 23,000원
공동체의 힘, 작은학교 만들기	미셸 앤더슨 외 지음 l 권순형 외 옮김 l 262쪽 l 값 18,000원
어떻게 어린이를 사랑해야 하는가-개정판	야누시 코르착 지음 l 송순재, 안미현 옮김 l 396쪽 l 값 23,000원
토대역량과 사회정의	알렉산더 M 지음 l 유성상, 이인영 옮김 l 324쪽 l 값 22,000원
나는 어떤 특수 교사인가-개정판	김동인 지음 l 268쪽 l 값 17,000원
북한교육과 평화통일교육	이병호 지음 l 336쪽 l 값 22,000원
능력주의 시대, 교육과 공정을 사유하다	한국교육사상학회 지음 l 280쪽 l 값 19,000원

교사와 학부모, 어디로 가는가?	한만중, 김용, 양희준, 장귀덕 지음 I 252쪽 I 값 17,000원
프레네, 일하는 인간의 본성과 교육	셀레스텡 프레네 지음 I 송순재 엮음 I 김병호, 김세희, 정훈, 황성원 옮김 I 564쪽 I 값 33,000원
지속가능한 마을교육공동체 운동	양병찬, 한혜정 지음 I 268쪽 I 값 18,000원
평생학습으로 두 나라를 잇다	고바야시 분진 지음 I 양병찬, 이정연 편역 I 220쪽 I 값 15,000원
초등 1학년 교실, 궁금하세요?	이경숙 지음 I 324쪽 I 값 19,000원
정의로운 한국사	김은석 지음 I 272쪽 I 값 17,000원
세계의 교사 교육	린다 달링 –해먼드. 앤 리버맨 편저 I 전국교원양성대학교총장협의회 번역 I 320쪽 I 값 21,000원
'좋아요'와 '싫어요'를 넘어: 우리를 위한 미디어 리터러시	여은호, 원숙경지음 I 268쪽 I 값 18,000원
남도 항일독립운동가의 기억을 걷다	김남철 지음 I 292쪽 I 값 19,000원
에듀테크, 교육에 좋은가?	닐 셀윈 지음 I 유성상, 배정현, 김범주 옮김 I 238쪽 I 값 18,000원
독일 정치교육	볼프강 잔더, 케르스틴 폴 지음 I 504쪽 I 값 32,000원
혁신교육과 마을교육의 도전과 전환	윤양수 지음 I 212쪽 I 값 17,000원
성덕에 입덕하다	성덕초등학교 교육공동체 지음 I 268쪽 I 값 18,000원
홍여울 흐르는 소리 – 함께 흘러온 홍성여고 혁신학교 10년의 이야기	홍성여자고등학교 지음 I 234쪽 I 값 17,000원
차암 좋은 혁신학교 – 새싹에서 씨앗으로 자라나는	차암초등학교 교육가족 지음 I 208쪽 I 값 17,000원
한국의 교사와 교원노조	박정훈 지음 I 344쪽 I 값 21,000원
위선자가 되지 않는 법	아담 스위프트 지음 I 곽덕주, 이승현, 이진호, 배춘환 옮김 I 316쪽 I 값 19,000원
교육의 정치적 중립성	김용 외 12명 지음 I 420쪽 I 값 25,000원
다시, 학교의 길을 묻다	김영인 지음 I 296쪽 I 값 18,000원
본능에서 개념적 사고까지	비고츠키교육학실천연구모임 지음 I 312쪽 I 값 19,000원
손상과 보상	레프 세묘노비치 비고츠키 지음 I 비고츠키 연구회 옮김 I 432쪽 I 값 28,000원
인공지능시대 인간중심교육	한만중 지음 I 324쪽 I 값 20,000원
비고츠키의 교육 심리학	L.S 비고츠키 지음 I 배희철 옮김 I 488쪽 I 값 29,000원
푸코의 권력과 아렌트의 삶	현광일 지음 I 304쪽 I 값 19,000원
질문8-인천교육의 길을 다시 묻다	도성훈 지음 I 316쪽 I 값 20,000원
존 듀이의 흥미론과 심리학	존 듀이 지음 I 김무길 옮김 I 332쪽 I 값 23,000원